师道师说

中国文化书院八秩导师文集

名誉主编 汤一介

主　　编 王守常

沈昌文卷

沈昌文 著

人民东方出版传媒
東方出版社

图书在版编目（CIP）数据

师道师说. 沈昌文/沈昌文 著. —北京：东方出版社，2016.9
（中国文化书院八秩导师文集）
ISBN 978-7-5060-9256-2

Ⅰ.①沈… Ⅱ.①沈… Ⅲ.①社会科学—文集 ②自然科学—文集 ③出版工作—中国—文集 Ⅳ.①Z427 ②GB239.2-53

中国版本图书馆 CIP 数据核字（2016）第 240354 号

师道师说：沈昌文卷
（SHIDAO SHISHUO：SHEN CHANG WEN JUAN）

作　　者：沈昌文
责任编辑：刘　莹　胡淑芳
出　　版：东方出版社
发　　行：人民东方出版传媒有限公司
地　　址：北京市东城区东四十条 113 号
邮政编码：100007
印　　刷：北京京都六环印刷厂
版　　次：2016 年 11 月第 1 版
印　　次：2016 年 11 月第 1 次印刷
开　　本：700 毫米×960 毫米　1/16
印　　张：24
字　　数：334 千字
书　　号：ISBN 978-7-5060-9256-2
定　　价：52.00 元
发行电话：（010）85924663　85924644　85924641

《中国文化书院导师文集》
编辑出版工作委员会

中国文化书院简介

中国文化书院由著名学者梁漱溟、冯友兰、张岱年、季羡林、朱伯昆、汤一介、庞朴、李泽厚、乐黛云、李中华、魏常海、王守常等共同发起，以及杜维明、傅伟勋、陈鼓应等港台及海外著名学者共同创建，于1984年10月在北京正式成立。

中国文化书院的宗旨：通过对中国传统文化的研究和教学活动，继承和阐扬中国的优秀文化遗产；通过对海外文化的介绍、研究以及国际性学术交流活动，提高对中国传统文化的研究水平，并促进中国文化的现代化，为推动中国文化走向世界、世界文化走向中国作贡献。

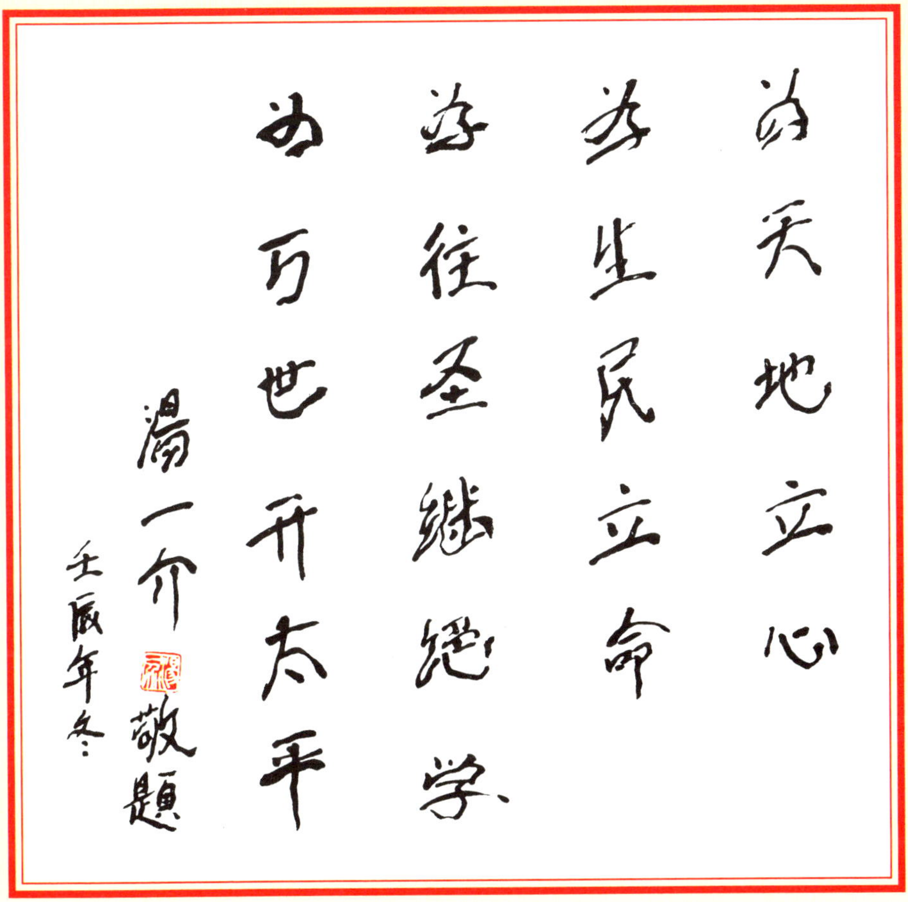

著名学者、北京大学资深教授、中国文化书院创院院长汤一介先生为《中国文化书院导师文集》题词：

北宋张载“横渠四句”——“为天地立心，为生民立命，为往圣继绝学，为万世开太平”。

著名学者、北京大学教授、中国文化书院院长王守常先生为《中国文化书院导师文集》题词：

“返本开新”。

总序一

中国文化书院创办于1984年，是一所在众多老一代著名学者梁漱溟、冯友兰、张岱年、邓广铭、周一良、任继愈等先生的支持下，由一批中青年学者办起来的民间学术文化团体。到今年（2011）已经有二十七年的历史，一个纯民间的学术团体在艰难的情况下，能坚持下来，而且对推动中国学术文化的建设多多少少出了点力，是可以感到欣慰的。

自1949年后，民办的书院在中国大陆逐渐消失了，1984年中国文化书院的建立也可以算是一件新事物。据我所知，如果说中国文化书院不能算1949年后第一个颇有影响的纯民间学术文化团体，大概也是最早办起来的少数几个中的一个了。自中国文化书院建立后，全国各地出现了众多的新办书院，并恢复了多所在历史上有影响的书院。因此，说中国文化书院对民办书院起了个带头作用，大概也不为过吧！

我认为，对中国文化书院来说，也许最为宝贵的是，书院集合了一批有志发展和创新中国文化的老中青三代学者。老一代学者如梁漱溟、冯友兰、张岱年、邓广铭、周一良、任继愈等，他们的学术风范，无疑是当时维系书院的精神力量。1984年底，文化书院在中国社会科学院近代史所开会，当时我们没有院址，也没有什么经费。任继愈先生说："草棚大学可以办，我们连草棚都没有也要办。"因此，1985年3月中国文化书院借青年干部学院场地举办了第一期"中国传统文化讲习班"。这次讲习班是梁漱溟先生自1953年后的第一次公开演讲，当时梁先生已经88岁了。我们请他坐着讲，而梁先生一定要站着讲，他说这是一种规范。梁先生在演讲中高声地说："我是一个拼命干的人，我一生都是拼命干。”这对在场二百多名听众是极大的鼓舞，也给了中国文化书院在风风雨雨艰难的环境中得以支持下去的一种精神力量。

一个希望在中国发生良好作用的学术团体，应该是一个“思想自由、兼容并包”的开放型群体。中国文化书院在走过的二十多年中虽然存在过这样那样的问题，但它却是一个能容纳不同学术观点，无门户之见，有良好学术风气的团体。例如在中国文化书院中，对中国传统文化，既有持激进批判态度的青年学者，也有被视为致力复兴中国传统文化的大师，还有努力寻求使中国传统文化与西方文化接轨的中坚力量。这些在文化问题上具有不同认识的学者集合在一起，虽然对中国文化发展路向的考虑有所不同，但他们所抱有的一种推动中国文化从传统走向现代、走向世界的愿望则是一致的。在这一时期，中国文化书院也和国内外的许多学术团体和非学术团体建立了良好的合作关系。在中国文化书院导师队伍中不仅有众多的我国第一流学者，而且还聘请了一批美国、加拿大、日本、德国、澳大利亚、新加坡以及中国台湾和中国香港地区的著名学者作为导师。

中国文化书院的“宗旨”是：“通过对中国文化的教学和研究，继承和发扬中国文化的优良传统；通过对海外文化的研究、介绍和学术交流，提高对中国文化的研究水平，促进中国文化的现代化。”我们有一个共同的认识：弘扬中国文化在世界走向全球化的时刻要有一个观照全球的眼光，我们一方面要坚持自身文化的主体性，另一方面我们也要有吸收和融化其他民族文化的开放性。根据这样的认识，中国文化书院一直在努力使它成为一个更加有主体精神、更加开放、能容纳多元趋向的有朝气的学术团体。

回顾中国文化书院二十多年的历史，在它将进入“而立”之年时，我们从2010年起开始筹备编辑出版一套已故去的和现仍在世的九十岁以上导师每人一册的“文集”。在这套“文集”中，收入他们有代表性的论文和他们的子女、学生的纪念文章。这套“文集”不仅为了表示对他们的怀念和尊敬，而且它也从一个侧面反映出现代中国文化走过的历程。

在我们编辑的过程中，江力同志出力颇多，东方出版社的同仁给予大力支持，并由东方出版社出版，特此致谢。

汤一介

2011 年 12 月 1 日

注：此序为汤一介先生为《中国文化书院九秩导师文集》所作。

总序二

星转斗移，历史沧桑，时间过得真快，去年编辑出版了《中国文化书院九秩文集》，而今年就着手编辑《八秩文集》。我们在编辑这两部丛书的时候，似乎在重新认识、理解二十世纪的“学人生活史”。

我曾经多次谈过，中国文化书院已逝去的90岁以上的导师，他们用生命写就了二十世纪中国学术史上最恢弘的著作，指引着后辈学者的学术前行。

我想，如没有这辈学者融会中学与西学，从而在二十世纪三十年代于人文、社会学科建构了中国学术范式，我不知道二十一世纪中国学术该如何发展？

十九世纪末或二十世纪初，在欧风浸荡下的国难中，他们以一己之学术良知与社会担当去拯救中国，他们有过幸福，有过迷茫，有过痛苦，有过期盼，相继于二十世纪的八十年代带着“这个世界还会好吗”的追问，离开了这个让他们梦牵不舍的祖国。

读其书，念其人，思其学，心会痛！

而今编辑《八秩文集》时。我熟悉的这代学者在这寒冷的深夜一一呈现眼前！

他们大多生于二十世纪的三十年代，又在二十一世纪前十年左右相继去世。今天，健在学者已是花果飘零。读这代学人的学术生活史，更令我有扼腕之叹！

他们在中学毕业时代满怀喜悦且自责的心态去迎接新中国的建设。尔后在“左倾”思潮的一浪接一浪中，不断否定自我价值，努力改造自己心中的“小资产阶级王国”。在那求新求变的荒诞年代，没有一座安静书房容纳了他们承接前辈父辈的学业，以便更好地投身于新中国的建设大潮中。纠结且痛苦，让他们在中年时代，荒废了他们的学识智慧。

好在充满“思想启蒙”、“文艺复兴”气象的梦幻般的八十年代，又燃起他们的文化自觉。

他们像孩子般似的夜以继日“补课”。他们在思考西方学术的理论与方法，并理性地批评扬弃；他们在各自的学术领域承继前贤学术成果，且又开创了新的研究课题方向。同时他们针对社会丧失文化的主体性及自我价值的根源，作出深刻反思并发出肺腑之言。

作为学生的我，在课堂、在各讲座中经常听到他们最爱张载的四句教：“为天地立心，为生民立命，为往圣继绝学，为万世开太平。”我们深切地知道，他们矢志不渝地践行他们的人文关怀。

我不禁要问，如果没有这一辈学者，二十一世纪学术如何延续与发展？我开始思考，在今天全球化思潮的中国人，如何“返本开新”，如何做到文化自觉、自信、自强？

在中国文化书院成立三十周年之际，编辑八秩导师文集，每每想到这辈导师的声容与教诲，我不敢懈怠！

唯有坚持，唯有努力，唯有守正，让中国文化书院面向历史，立足现在，走向未来。

谢谢我敬爱的导师！谢谢你们带着我们，带着温暖的光明的信仰，找到自己，“找到了家”。

让我们可以告慰——“这个世界会好起来的！”

王守常

2014 年 12 月 10 日深夜谨识

目　录

纪　事

一个工人的求知故事

不管怎么撇清，在我这个“知识分子”的成长过程中，充满了种种奇怪的故事。上帝不让我用正常手段获得知识，我只能“非法成长”了。《光明日报》邀我写文谈谈自己的求知经历，我只好借机再向亲爱的读者坦白一些自己的糗事。

我的父亲不到三十岁就去世了，身后背了一屁股债，于是全家四处逃亡避债。我那年四岁，起初逃到宁波，后来潜回上海。在上海，住在一个棚户里。住了几年，要上学了。折腾了一阵，我祖母想出一个办法：让我改名换姓，作为上海工部局职工的子弟，设法进有名的工部局北区小学。我本名“沈锦文”，现在改为“王昌文”，作为时任工部局职工的我们的亲戚王某人的孩子，免费入学。于是我从小就用假名生活、上学，担惊受怕地过日子。快毕业时，学校知道真相，找我谈话。我很紧张，以为会被开除。不料校长葛鲤庭说，只要改回本名就行了。真想不到，校方会如此善待我。

好事还在后头。将毕业前几天，校长对我说，你如果能考取工部局办的中学，可以给你一笔奖学金，免费入学。原来工部局教育系统的元老沈恩孚先生八十寿辰，有一笔礼金，捐助为奖学金。我后来考取了工部局育才中学，就用“沈昌文”的大名作为免费生入学。

但是，到了初中二年级开学不久，校方说奖学金用完了，要我自己支付学费。我这时已经学会做上海的“小滑头”，满口称是，其实下周就溜之大吉了。

1945 年 3 月，我开始做上海银楼（金银首饰店）的学徒。我开始学习制作首饰技艺，但我不甘心放弃读书求知。起初进补习学校，学过会计、英语、速记、电信，但学费不少，花不起。后来听说，首饰店不远的法国公园里清早有人免费教书。我早起去一看，不得了，好多人在那里讲课。特别是，育才中学的英语老师丁文彪和一位教语文的赵老师都在。这里不需要报名、缴费，你到时候坐下听课就是。丁老师讲英语的《泰西五十轶事》，赵老师讲《古文观止》。于是我每天一大清早就去耐心听讲，回到首饰店站在柜台边认真默诵。丁老师在英国牛津大学留过学，在育才中学很有名，我们都叫他 Doctor Ting，不知为什么他要一大清早到公园里去免费授课。说来不信，这两位老师让我好好地打了文科基础，毕生受用。20 世纪 80 年代我同汪道涵老同志时有接触，说起外国古典文学，我漫不经心地背了几句《泰西五十轶事》中的英语，他大为惊异。

1947 至 1948 年光景，上海大乱，黄金不准买卖，首饰店停业了，不少店员被解职。我算侥幸，留在店里做 boy，但是留职停薪，没有任何收入。这机会来得正好，我更有时间读书求知了。没有收入怎么办？不怕。我前些时候在夜校学过会计，现在派上用场：给人做假账，所得收入付现在的补习班学费足足有余。

不久又有了新情况：店主家乡（宁波镇海）经常来些人，找朋呼友，在店里打牌、饮宴。后来知道，他们其实来自苏北，是共产党的地下工作者，来上海采购物资、联络人员。为首的一位叫虞天石，他干脆就在首饰店旁边租房住下。虞天石对古典文学很有修养，常常指点我读唐诗。过些时候，忽然来了一个年轻病人，要住在首饰店里。现在店里只有我这小 boy，就只能把我的床给他，我睡地铺。他叫李俍民。时间长了，才知道他是富家子弟，去苏北参加革命，现在得病来上海。他病好后不再去苏北，要在上海读大学。店主让我为他办理一切上大学的手续，交付各种费用。办完手续，送走了李俍民，我真想大哭一场：我自己怎么上不起大学呢?!

李俍民上大学后还常来首饰店玩。他见我读英语很勤，忽然说：你干吗不学俄语？将来俄语用处可大了。这话启发了我。我这小上海当然很会投机，不过我们那时对国民党统治也实在不满，又天天同那些地下共产党在一起，他们对我这个“小瘪三”真好。我知道，那时上海霞飞路一带有白俄人教俄语，于是马上报了名。那些白俄老师我也很喜欢。后来知道，他们其实都是苏联的大知识分子。其中一位夏青云老师，俄文原名：别列列勋，是位诗人。从此我就刻苦学俄语了。记得单单为了学会发卷舌音 P，我就在做各种体力劳动的同时足足奋斗了一个来星期。

1949 年以后，又进了夜大学，学新闻。1950 年三联书店招收工作人员，我满怀热情地去投考。我想这么一个革命单位，肯定会欢迎我这个自学的工人去投考，于是把上面的故事大概齐地向他们说了一通。不料店方答复说，我们要招收大学生，不招收工人。

这场不成，我学乖了。过一年人民出版社在上海招考，我伪造了种种证件，证明我是个正规大学生、年轻知识分子，于是考取，成为新中国的革命出版工作者。

1953 年，“忠诚老实”运动中，我的一切伪装伎俩以及做假账等违法行为都被揭发，人事科长要把我这个坏蛋遣返上海，辞退了事。可是，就在那时，我从俄语翻译的作品陆续出版了。当年的出版社领导人看了所有这一切，悍然决定：把沈昌文评为“青年社会主义建设积极分子”，工资从三十三元提为九十九元，级别从办事员提为副科长，今后调任社领导专职秘书。

这是我上小学以来用种种不合法手段求知得到的最好结果。

直到现在，我对自己使用过的种种不合正规的求知手段并不后悔，因为舍此别无他途。我只是万分怀念丁文彪博士这样的贤达。现在的牛津博士中间还有这样的君子吗？

2014 年 5 月

出版学徒生涯纪程

我在最近一些文章中戏称，现今中国大陆存活的出版人，大抵可分三类：老的一代，可以称作“革命型”。他们大多是因投身革命而搞出版，或者是因搞出版而投身革命。他们谈起出版，总有强烈的使命感，大多可以说出许多可歌可泣的献身业绩。最新的一代，可以称为“学者型”。他们多半是改革开放以后的新科学士、硕士、博士……，说起出版来，自然要同我辈觉得费解难明的“语言霸权”“耗散结构”“集体无意识”“词义向心”之类语词挂钩，使人肃然起敬。中间的一类人，既可挂在前边，说自己在二十世纪五六十年代某个岁月就已“投身革命”；也可挂在后边，说自己总算赶上了某个“后……主义”。不过认真说来，若非你今天瞧上去两鬓斑白，人们出于礼貌，语词上稍有尊崇，其实是两边都不会认你。我于是干脆把他们另列一类，称这些人为“学徒型”出版人。

我自己就是一个典型的“学徒型”出版人。

所谓“典型”，不只是因为年份关系。我 1951 年“投身革命”，也就是到出版这行业中来，可说是此型中较早的一人。也不只是职务关系。我从校对员干起，最后当上一社之“长”，诚如“文革”中人们对我的“老底”的“揭发”，所谓“因缘时会”因而“跻身上层”。更主要的，我确实是“正科”学徒出身。十三岁就弃学就业，拜师学艺（不是象征性的说法，而是确确实实在一块红毡条上磕三个响头拜师），如是在社会底层讨生活六年。那时学的不是出版，但倒由此认识好些新派和老派的出版人，同我以后有条件时考进出版社当校对员不无关系。这是我一生中学徒的第一次。

十九岁到四十九岁，1951 年到 1980 年，足足在一家出版社干了三十年，大多时间是给领导当秘书。这可以说是我当学徒的第二次。那时的出版，无所谓“策划”“营销”……，成天嚷嚷和兢兢业业学习和实行的，总的说是“认真”两字。天天费力在认真消灭错字，认真规范写法，认真统一译名，以及认真地把一本书里面文件或经典中没有过的说法消除掉。我有幸的是给五六位有学问的领导当秘书，于是可以天天听到看到他们除了认真消灭错字以外在别的方面怎样的“认真”，比如说，怎样认真执行“双百”，怎样认真地动员老作家“翻箱倒箧”，把旧作整理出版，尤其是，怎样认真地了解和阅读、研究国外学术信息。看起来，他们在后面这些事上的认真并不符合“认真做好出版工作”的要求。所以，到了1959年，其中的一些位挨整了，1966年，几乎全都挨整了。我被认为只不过是一个他们的“小爬虫”，幸免于大难，但也由此着实学了不少乖。我还清楚地记得，自己在1959年怎样同一位女友一起去参加对一位老领导的批斗会。会后，我同这位女友看法歧异，我显然是被这场面吓破了胆，竭力证明这么批斗的合理性，于是，我们终于分手。要说揭发我如何“因缘时会”，由是“平步青云”，其实这位女友最有资格，可惜的是，她因长年抑郁，早已不在人世了。

经过这三十年的出版学徒生涯，可以说，我们这一代人，在认真做好出版的各项细枝末节上，在认真执行出版纪律上，的确是做到了前无古人，也恐怕是后无来者。我感谢这三十年可以说是正规的学徒训练。说它是“学徒训练”，在一个意义上并不为过，因为它注重的主要是技艺和服从这两项，同我此前六年里师傅训练我的东西，精神上并无很大歧异。但是就我个人说，还要感谢前一阶段六年学徒生涯中师傅给我的上夜校的特许和自由，让我居然混到中学、大学学历，从而得以混迹于知识层中。更要感谢在第二阶段三十年的学徒生涯里，我所侍奉的各位领导的言传身教，让我知道在认真消灭错字以外，还要认真地“睁眼看世界”，要认真了解外国和古人，因此也有了认真掌握外语工具的意向。现在想起来真是奇怪，当我学德语的时候，同学即是当时的首长。白天我管这位领导的用车、出行，开会为他做记录，晚上他同我一起背诵*Immensee*，他还老要我帮他纠正发音。

这样，到1980年起，当我开始第三次学徒生涯时，一方面觉得种种突兀和惊讶，另一方面也觉得自己已有不少准备，不免暗自高兴起来。

说来惭愧，我是以快五十岁的年龄，在1980年3月，才开始真正地做起出版学徒来，算是进了出版这一行业。此前种种，自然不能过分轻薄，斥为枉度，但怕也只能说是真正进这行业以前的准备。

我在这时开始编《读书》杂志。这个杂志为我打开了一个新世界，让我了解什么是中国当代文化人，什么是我们的文化前景，我们这些出版人的职分何在。这次学徒，学了整十五年。现在可以说，从出版人的角度看，有了这十五年，此生才不算虚过。

《读书》创办于1979年4月，等我进去，已经办了将近一年，业绩已经非常辉煌。创刊时一篇《读书无禁区》，振聋发聩。接着又一篇《国必须四门大开》，作者是我的一位前领导，1959年挨整以后雄风依然。我以后要做的事，已经不是“创业”，而只是“曹随”罢了。事实上，十五年里，我之所为，也仅止于此。

十五年里，我看到的出版人风格，同这以前迥然不同——尽管人往往还是这些人。他们的主要一条，就是把出版这行业看成是传播真理，而不是只此一家，限制传播。我亲眼目睹这些当年的革命的老近卫军，怎样拍案而起，怎样据理力争，怎样字斟句酌，怎样夙宵匪懈……他们不是党内异端，而应当说是更忠实的共产党人。当杂志产生风波时，一位老人对我说，我们要相信党中央，相信十一届三中全会，相信十二大、十三大……，至于某个部门领导的什么什么说法，你就要自己鉴别了。由此，我常在编辑部内提倡，“相信中央，尊重领导”。对领导，自然要尊重，但不能领导的话句句必信，而要根据中央精神分析鉴别。这是我在《读书》学到的第一招。

一次，一位极其负责的领导派人送来一文，批判某位教授写的咏事诗为反党反社会主义。出版社内一位负责人批示必须发表。编辑部吓坏了。反复讨论，一位党的老近卫兵斩钉截铁地说，《读书》欢迎发表不同意见，但是绝不可打棍子。你们要打棍子，我就退出《读书》。于是退稿。由是，我们明白了“争鸣”同“棍子”的区别，让我这个学徒又学到了一门新的学问。

说到这里，我不得提到一位老同志——史枚同志。这位老人在1957年后即已沉寂，人们不大知道他。《读书》创办时，他任执行副主编。后来，他因某项原则问题同一位极其负责的领导有争论。按组织程序，他当然被认定为犯了错误，并且开会作了结论。那天下午，他同我说了几句对上面提到的某位负责人的情绪很低沉的不满的话，照例挟了一大包稿件徒步回家了。第二天清早，消息传来，老史当晚脑溢血发作，等我赶到医院，已经人事不省。史枚同志虽有“老右派”之称，其实我了解他是对党的出版事业极其负责的有正义感的人。在干校时，我们一起劳动。虽然备极辛劳，他工余必然要站读马列著作个把小时（很奇怪，他读书时一定要肃然起立，不像我那样欢喜提倡“卧读”）。我第二次当学徒时，1951年，他已是编辑部主任，同我的贵贱相去不可以道里计。以后他成“右派”，我们不通音闻更有如许年。但在《读书》共事几年，特别是他临终的那件事，给我极深的刺激。我知道作为一个出版人，要传播真理，有时还得“死谏”。

办《读书》，全靠一批读书人支持。联络这些读书人，不是易事。按我在20世纪50年代所受教育，这当是出版人天经地义该做之事。当时我们领导提出过“以文会友”的口号，在整个出版社中，提倡经常访问作者。1954年，在一位领导倡议下，开了十一次作者座谈会，我参与去吃了十一顿饭，算是盛举。当时访问作者最成功的，是一位张梁木先生，每次访问后必写有专篇访问记送领导，其中分析文化形势，提出写作可能，绘声绘色，煞是精彩。可惜，1957年此公远戍北大荒，从此什么“以文会友”之类口号顿绝。20世纪60年代，有领导将我联络一些译者，按月付给生活费，实际上还是为上面的“反修小组”干活。“文革”一来，这变成“投降纳叛”，成为本人一宗不小的罪名。在这情况下，又说要联络读书人，自然心理负担极大。但是，在《读书》杂志一些老领导人带领下，毕竟是打开局面了。杂志创办之初，陈翰伯、陈原、冯亦代带领编辑，去全国若干主要城市。钱钟书、金克木等著名文化人，便首先是他们这些老辈联络来的。

我与三联书店的三段因缘

我的出版生涯，同三联书店密切相关。打从十五六岁起，生活书店（三联书店的前身）就是我的偶像、我的憧憬。但是，尽管我千追百求，当年我无缘成为它的员工，进不了它的大门。几十年后，我行年五十有余了，因缘时会，我忽然成了北京三联书店的第一把手——总经理。这里说说其中的故事，也趁便谈谈三联书店近几十年来的变迁史。

小"仆欧"眼中崇高无比的三联书店

我 1945 年十四岁光景就失学进银楼当学徒工。才一年多，中国的大局势有了变化。1947 年前后，蒋经国到上海"打老虎"，不久禁止黄金买卖。于是银楼就关门了，店员都遣散了。在这种情况之下，老板考虑到以后可能还有复业的希望，就把我留下。我没正经事，只伺候老板和他的朋友们天天饮宴和打牌，成为了一个十十足足的上海滩的小"仆欧"（boy）了。

我没有工资，一无收入，直到 1951 年 3 月。现在来看，有这几年经历倒也好。第一，我趁伺候人的机会认识了一些人，特别是进步的文化人，以及当年的生活书店员工，这关系到我今后的发展。第二，我有了时间上夜校，做一个半吊子的学生，为解放后进入文化界创造了条件。这两点，使我成为现在的沈昌文。

老板的表弟贺尚华，是生活书店出身的。来上海后，自己在上海四马路开了一家"上海书报杂志联合发行所"。没开的时候，邮件都托我这小鬼收转。我经常收到解放区寄来的书报，大开眼界。有一次，读到寄来的《李有才板话》，是我接触到的第一本中国红色文学。贺先生自己的店开业后，我也常去。

贺先生曾经带来不少朋友，我印象最深的是一位黄宝珣女士。这位女士也是生活书店出身的，那时在上海经营一家耕耘出版社。他们常在饭桌上谈论业务，以及生活书店的往事。黄女士谈锋颇健，常常让我旁听得入迷。她的先生，一个四川人，食物非辣不能下咽。这就苦了我这仆欧——他一来，就要我上街去买什么“鱼香肉丝”。这也是让我难忘的。

老板让我伺候的人各种各样，就政治身份说，有国民党、青年党，更有大量的共产党。后来我发觉来的人中间，共产党越来越多。宁波有一个地方叫四明山，据说新四军被打散的时候有一个“三五支队”退到这个地方，所以以后宁波人就称共产党为“三五”。老板有个堂兄叫赵鸣皋，据说就是“三五”。他就住在这家银楼里，常常同我们谈时局，对我们很有启发。他也常要我读生活书店的书刊。真也凑巧，那时的生活书店就在离我做工的商店不远，吕班路上。于是我常去浏览。那里有卖好看的书，我最喜欢一套《青年自学丛书》，对其中沈起予先生写的《怎样阅读文艺作品》特别入迷。后来据说，沈起予就是夏衍。

在我自学的长途上，对我帮助极大的还有一位是店主的弟弟赵振尧先生。他 1946 年前后自大后方来上海，看我喜欢书本，常勉励我。一次，他把当年我接触到的第一本新文学方面的书借我看。那是骆宾基写的《萧红小传》。我由此才知道新文学，想起初中一年级时语文老师陈汝惠先生提到过的一些人。后来，振尧先生为上海书报杂志联合发行所编校一本讲希腊神话的书，要我做些抄抄写写之类下手的事情，由此我才知道什么是编辑出版工作，并且喜欢上了它。

还可以讲一下我同著名的台湾女作家於梨华的结识。老板的一个同乡叫於升峰，留法的化学家，1946 年从大后方到上海，要转道去台北，借住在老板店里。於先生的大小姐梨华小姐跟保姆说要找书看。他们说我们这店里没有书，只有楼下的小屋子里边有个小鬼他还有一点书。大小姐屈尊专门来找我。我记得借给她看的是生活书店的《世界文库》。那是我从废物堆里捡来的，不知是哪位贵宾留下的，自己正在愁看不懂。我把我所有的品位最高的书借给她，於小姐见到这书，一定以为我是有学问的人了。

在这样的氛围下，到上海解放前后，我就自居为“文学青年”，开始不多看流行的小报，而读《文汇报》和《观察》，至多看看《东南日报》。也买了《生活日记》，喜欢得要命，很想写些什么。

从《生活日记》和生活书店别的一些书刊上知道他们在香港办了一个持恒函授学校。据介绍，那里的老师都是我素所仰慕的民主人士，如孙起孟、葛琴、邵荃麟、胡绳等。我非常想进去。不过当时我在学无线电收发报和俄语，钱都交了学费，再也凑不出钱，于是报了名没有去汇交学费，无法入学。

1949年刚解放不久，听说三联书店（生活书店的新名称）在招收员工。我满怀热情，写信去报考。那时以为，像三联书店这样的进步单位，一定会欢迎我这个“自学成材”的工人。于是在报考的信中把自己的“自学”经历和打工生涯刻意描述了一番，又把我对同生活书店的憧憬大大张扬了一下。我以为，三联书店一定会欢迎我。不料三联书店给我一个回信，说是本店需要的是大学生，不需要工人。我于是满头灰气，只得另筹出路。当然，三联书店那时投考要求上是说得很清楚，要招的是大学生，一切是我自作多情。

但不论如何，我同三联书店的因缘，从20世纪40年代中结下，但到20世纪50年代初又断了。

“名存实亡”的三联书店给我的启蒙教育

1951年3月，我吸取经验，不再张扬自己是工人，弄了一个大学生的身份考进了人民出版社（北京），当校对员。从此，我以为自己同三联书店无缘了。但事情真凑巧，就在那一年，三联书店合并到人民出版社来了。

这种合并，明显的是学习了苏联出版工作的“先进经验”。我不知道那时领导层对此有没有不同意见。就我在下面看到的，几乎是一片赞同声。这样，三联书店名义上成为人民出版社的“副牌”，实际上是不存在了。我本人那时正在积极贩卖苏联经验，以此作为“向上爬”的本钱，自然对此一无异议。

合并以后，对我来说，一个最主要的好处是，我可以常常去原来属于三联书店的韬奋图书馆看俄文书。那里俄文书真不少，还有许多20世纪50年代以前的书，据说都是苏联人赠送的。我后来找了一两本谈出版的，学习翻译过来。这使我不久以后被评为“青年社会主义建设积极分子”。这个图书馆后来销声匿迹了。我现在恰好住在北京东城区外交部街三联书店旧址上这个图书馆的楼上，经常念及三联书店这一往事，不胜感慨。

三联书店真的就消失了？不。没有多久，情况忽有变化。1954年中，人民出版社收到一个中央文件，名：《关于改进人民出版社工作的决定》。我借当时担任秘书工作之便，至今还保存了一份上述文件复印件。全引太繁，扼要说些。

首先，文件批评当时出版社的工作“没有长期的打算，没有远大的眼光，表现了相当程度的盲目性。其次是，除了马克思列宁主义经典著作以外，没有有计划地翻译出版比较重要的理论著作，本国作家的学术著作所出无几……著作稿件的缺乏虽有多方面的原因，但出版社对组织作家写稿不够积极和热心是重要原因之一。出版社在作家稿件的处理上的积压拖延的现象及书籍的出版时间过长，也引起作家的不满，因而影响了写稿的积极性。”

接着，这文件特别强调三联书店的重要性。它说：“为使人民出版社集中力量做好上述工作并提高工作质量，应在人民出版社内部设立三联书店编辑部（目前三联书店并无单独的编辑机构，也没有独立的编辑计划），编制上仍为人民出版社的一部分，但须有独立的编辑方针与计划，以充分发挥现有译著力量。”

“三联书店应当更多出版著作书籍，以便使党员和非党员作者的各种虽然尚有某些缺点，但有一定的用处的作品都能印出来。”“许多旧的学者的著作，特别是关于中国历史的各方面材料的整理和考据的著作，对于我们还是有用的，这类著作……可酌量选印。”

根据这个报告的精神，马上在人民出版社内设立了一个“三联书店编辑部”。这样，我这个当年进不了三联书店的人，又同“三联”发生关系了。自然，我不是三联编辑部的成员。但因为这是根据上面的意思成立的，单位里特重视，我作为社领导的秘书（那时已从校对员爬升到社领导的秘书了），也就经常去走动。何况陈原是这编辑部的兼主任，我当时就坐在他的对面。他是我专门伺候的对象之一。

三联编辑部一成立，人民出版社就热闹了，各种编辑活动轰轰烈烈展开了。

那时上面（据说是胡乔木）提出，作家是出版社的“衣食父母”。过去我们习惯编辑领导作者，现在要反过来。根据“开门办社”和“衣食父母”论的精神，人民出版社以三联书店名义做了一些前所未有的创举。例如，社内举行了几次大讨论，公然辩论某部书稿的取舍。记得一个是关于《美国侵华史》的讨论。已经有一位党内权威专家刘大年先生写了一本《美国侵华史》，用人民出版社名义出版。当时是抗美援朝之后，这书当然是大热门。一位权威写过以后，别人能不能再写？按过去惯例是不大行的。恰好有一位卿汝楫先生，燕京大学的老教授，党外人士，又写了一本《美国侵华史》，很多说法和刘著不同。当时曾彦修先生主张三联书店一定要出卿著。激烈争辩多次，终于出版。我做多次讨论的记录员，大开眼界，由是知道我们在用苏联以外的办法做出版。（后来我知道，卿先生同汉奸胡兰成有很多关系。假如革命群众早知此事，曾老在1957年肯定又多一罪状了。）

20世纪50年代初的出版社是不必出去组织稿件的，所以在三联编辑部成立以前，出版社根本没有什么组稿活动。1954年上述文件下达之后，在本市，用三联书店等名义一口气开了十一场座谈会，会后都有饮宴。（我很自豪地说一句：这些饮宴都是我具体参与安排的。）在外地，陆续出去六七个组稿团，都由主要领导带队。组稿团的任务，明确是要出去“翻箱倒柜”，组织到高质量的书稿。这一来，当然组织到不少稿件。例如西北大学教授陈登原教授的《国史旧闻》，就是陈原去组稿的。这稿子来了之后，我记得很清楚，陈先生在序里面最后一句话说："稿成，有书贾来，乃付之去。"我看了大吃一惊。怎么能把党的领导陈原叫"书贾"呢？我向陈原提出，他一笑置之，照样放行。还有一本岑仲勉先生写的《黄河变迁史》，书里有这么一段话，说黄河怎么变迁的，很多人考察过，都不如我的考证清楚，因为我是根据古今的记载讲的，所以比实际考察准确。我说这有点违反实践论了。陈原说我们应该允许各种不同的意见。这本书改革开放以后也印了。总之，一时间，开门办社，衣食父母，翻箱倒柜，传播知识，那些口号响彻云霄。那时的中宣部的一位处长、历史学家黎澍同志，推荐我们到上海去找老记者陶菊隐，后来出版了他的《北洋统治时期史话》，三联书店出版后也有很大影响。

还有一件当年让我很惊异的事。那其间，毛泽东忽然提出要批判胡适，这在知识界震动很大。人民出版社根据上级指示，要出版《胡适批判文集》。这是大事，大家很尽心，先后一共编了八辑。但奇怪的是，到第一本快出的时候，得到通知，出版名义改为"三联"。三联版的书，在政治上是低一头的。从这里，我开始意识到，做出版、干编辑，真不能头脑发热。连批胡适如此大事，上面说得热闹，做起来也讲尺度的。

更重要的，我参与的最多的，就是要编一个十二年的翻译规划，规定十二年出版一亿二千万字外国名著的译本。明确提出的口号是要学习日本明治维新，认为日本现代化之所以能够成功，原因之一是他们翻译出版了大量的外国经典。这据说是胡乔木提出来的。这个规划我参与了。规划印出来是蓝皮的，所以叫"蓝皮书"。我记得出的第一本是黑格尔的《小逻辑》。下面一本是凯恩斯的《就业利息货币通论》，是一位北大教授翻译的。这本书是列宁在帝国主义论里严厉批判了的。出这本书以后领导有点害怕，所以接着又赶紧出了一本《就业利息货币通论批判》。

当时我做这事很有兴趣，因为从这里学了不少编辑的基本功，读了不少书。记得陈原和史枚都要我多读马恩的书，从那里找他们对西方经典名著的评价。我读了恩格斯的《反杜林论》后，才知道杜林的书大可一出。

当然，尽管用“三联”名义出书大为放宽尺度，但是有些还是出不了。我记得，大约1955至1956年的某一天，潘光旦先生挟着一大堆稿件亲自来访，社领导都不在，由我这小秘书接待。潘老希望出版他翻译的恩格斯《家庭、私有制和国家的起源》，特别是他煞费苦心写的大量注释。我在韬奋图书馆读过霭里斯书的俄文本，似懂非懂，以后读到潘老的译本，特别是他的注释，十分钦佩。那天我同潘老又大讲宝山方言，非常兴奋。我以为出他的译本是没有问题的。不料，领导们最后研究结果，不但不能用人民出版社名义出，连三联书店名义也不可能。那时，还在讨论一位陈达教授关于人口问题的著作，大家很感兴趣，但后来也否决了。领导人对此都很遗憾。我后来估计，他们一定已经听到什么消息，上面要对社会学下手了。

除了组织和审读稿件以外，还学到些什么呢?

那就是如何编辑加工稿件。有一本叫《中国史纲》，张荫麟先生的名著。编辑加工时，删掉了一些话，如说到昭君和番，去和番的美女“未必娇妍”。编辑把“未必娇妍”删了，认为写得庸俗。后来，曾彦修等几位领导认为，这事做得过苛，我们应当允许作者有自己的表达方式，特别是像张荫麟先生这样有成就的学者。诸如此类，都大有异于过去的方式。

至于文字，更主张著者有自己的自由。当年出版总署叶圣陶副署长是主张语言规范化的，后来人们有点误解，以为编辑必须大刀阔斧地为作者“统一”规范。记得有位张蓉初教授，他译的俄国史著作里说某人的病“一日日好起来”，编辑把“一日日”改为“一天天”。领导也认为不必。总之，他们认为，当编辑的，要抓大事，小事不要拘泥。

所有这些，都说明当年从上到下都比较注意张扬“三联”能容纳多种不同意见的个性。

在社领导中间，陈原先生最年轻，名次排在最后。他当然也参与决策，例如多次带组稿团外出，还主持十二年翻译书的规划等等。此外，他的特别的贡献，就是认认真真地做出版社的管理工作。大家知道，在20世纪50年代初期，出版工作是不讲正规化的。无论做什么，都喜欢搞“游击作风”。陈原为此大加整顿。例如编辑访问作者，事后必须写详细的访问报告。对书稿的修改，必须有记录。陈原经常表扬一位张梁木先生，他的档案记录写得最多，写得最好。陈原提出建立书稿档案管理制度。还主张编辑工作中很多事要“挪前做”。就是在做选题的时候考虑到约稿，约稿的时候考虑到来稿，来稿的时候考虑到加工。还有一个观念是陈原非常强调的，也因此得罪了不少人，就是上面说过的尊重作者的文风。说实话，那时很多年轻人学《语法修辞讲话》学得走火入魔，有人甚至要改鲁迅的文章。例如鲁迅不大用“和平”一词，总说“平和”，有人就主张修改鲁迅的文章，陈原竭力阻止。这问题我觉得现在还有现实意义。要保存作家的风格，不是一件简单的事。

这个三联书店编辑部，实在人才济济。不知道什么原因，上面调了不少高级的政界和知识界的人物进来。在那时的人民出版社里，这个编辑部加上还有一个世界知识编辑部，其中知名人士据我记得就有：

何思源：北京市老市长，没到台湾去，对北京的解放有功。他是很活跃的一个人。山东人，跟我非常熟。我跟他学过法语，他又介绍人教我德语。他很愿意帮助我们年轻人。

刘仁静：共产党第一次代表大会的代表。跟毛泽东在一起干过革命，可是他以后参加了托洛茨基派。他专门翻译俄文的东西，中国人中就他见到过托洛茨基。他也跟我谈得来。他在编辑部专门翻译普列汉诺夫的东西，不用来上班。我每个月见他一次，向他拿稿子，同时给他九十块钱。

彭泽湘：1922年的老共产党员，为北京的和平解放出过力。

舒贻上：湖南名流，据说给齐白石算过命，还当过毛泽东的老师。

郭根：《文汇报》的名记者。

还有一位应德田。他是张学良的秘书，也留下来了，他是专门编中国历史书的。

还有董秋水。他也是东北军的，张学良下面的人。也是搞历史学的。女作家张洁的爸爸，跟张洁的关系据说很坏。他很会表现自己，例如，共产党有什么重大活动，他就要在墙上贴一幅诗词，以示庆贺。

除此之外，三联书店原来还有一些名编，如：朱南铣。清华大学哲学系毕业的，“红学”专家，笔名“一粟”。他古文和英文、德文都非常好。常带我出去上小饭馆饮宴，边吃边讲文坛种种故事，使我大开眼界。他鼓励我跟他研究中国游戏史，可惜我那时的兴趣还在外国，没有进入门下。他饮酒不喝到醉卧在马路上不停止，我只能想办法把他抬回来。这类知识分子真叫放浪形骸。他老是跟我说，规规矩矩的人做不出学问来。还有一位张梁木，最长做组织工作，负责地理书稿，做出很大成绩。可惜后来成为被处分最严厉的“右派分子”，一身的本领都施展不了。

另外，当年出版总署的编译局也并过来了，成为三联书店编辑部的成员。我经常请教外语的郭从周、石宝嫦、王以铸、杨静远等老师，就都是那时熟悉的。

曾彦修其人平时疾言厉色，可是内心是非常慈祥。他当年极力主张资料室开架，对我辈年轻人的成长有很大作用。一开架之后，我觉得一进去就出不来了，实在美不胜收。

但是，所有这一切，到1957年“反右”斗争起来，全都烟消云散。不仅此也，以曾彦修为首的积极从事“三联”事业的一些名编，不少划为“右派”。人民出版社大院内南北楼上著名的三联书店编辑部，从此烟消云散了。

这一段的故事可以说到这里为止。需要补充一下的是，在这以后，三联书店的名义被用到一个特别的用途：出版反面教材，主要是翻译的内部材料，尤其是所谓“灰皮书”。我那时就被分配去专门做这方面的编辑工作。

我不知道这是哪一级领导来的方针，就是那时组译翻译稿，可以“废物利用”，就是可以找有学问但是政治上有问题的人。我凭这方针，大力开展工作，找到了一大批真正名副其实的老师。我在这方面，说实话，有一长处，就是一点不以他们的“政治污点”为忤，而是真正拜他们为师。这可以说是我无意中得之的一个善为书商的法宝，决定了我以后的一生。

我最早的老师是李慎之、董乐山等几位，他们都是新华社的大“右派”。李老是“新华社右派改造队”的队长。董是所谓的“极右分子”，其实听说他只是批评了当时的集权主义而已。我对他们执礼甚恭，他们也就对我十分亲切。可以说，从这时开始，到整个20世纪末，他们都一直在帮助我工作。没有他们，我在改革开放后是怎么也没法做成事情的。

其实，那时还有一大批“废物”，是我无法结识和请教的。那是北京清河劳改农场的犯人。北京市把他们组织起来，从事译作，发表时一律用笔名“何清新”（“何清”指“清河劳改农场”，“新”指“自新”）。据说译日文最佳，因其中颇多“伪满”时期的官员。

当然，我所仰仗的，还有一大批当年的并非“废物”，例如中共中央马恩列斯著作编译局的诸君子。他们既有学素，又很开明，同我一起做“灰皮书”，大多出诸他们的努力。我最记得一位副局长林基洲。此公精通俄语，一度不知什么原因，食宿都在办公室。于是我乘兴同他每周共度假日，一起在办公室狂饮啤酒，研讨问题，然后一起呼呼大睡。如是一起研究批判托洛茨基、布哈林等人，却也有趣。至于局内殷叙彝、郑异凡诸君子，至今还是我的老师。

从1954到1977这二十多年，三联书店只活跃了三个年头，其他时间，成为了出版界正面积极作用的反衬。不仅此也，在“文革”期间，它真正成了“反面教材”。那时整个三联书店的历史被全面改写，连邹韬奋先生都被说成资本家，其余种种，不一而足。这些故事，说来太伤心，就不多述说了。

就我个人说，我几乎参与了这一所谓“有名无实”的三联书店的一切活动（除了“文革”期间外），它为我在以后改革开放时期的出版活动做了思想和文化上的准备。尤其是1954到1957这几年，曾彦修、陈原各位前辈做的，在我看来，实际上就是后来的改革开放，只是那时被无情地终止了。

这样，邹韬奋等前辈所创立的革命出版事业，在革命胜利后将近三十年里，仍然是个“有名无实”的单位，而且一度还蒙受极大恶名。我并没有参加那时三联书店名义的活动，但是作为一个目击者，而且可以说，是至今犹存的比较全面的目击者，我在那些年头受到的出版启蒙教育，是我终生难忘的。

改革开放年代三联书店终于现身

1978 年底中国开始改革开放，这是中国历史上一个极其重大的事件。改革开放了，大家都想做点事。我当时因为在人民出版社内部有点人事摩擦，业务上又只担任一个闲职，内心不免骚动。当时，我比较接近的出版界的元老是陈原，跟他比较熟，于是向他多次要求到他领导的商务印书馆去工作。在 1980 年初某一天下班的时候，范用找我谈，他说听说你要去商务印书馆，现在不必去了，我让你留在这里负责《读书》杂志。我马上去跟陈原商量了一下，他同意了。事后我想，这大概是他们已经商量好了的。

1980 年 3 月，我调去编《读书》杂志，名义是新成立的“三联编辑部”的主任。去了之后，我才发现，《读书》杂志实际上是三联书店的雏形，主办者的用意，实际上是要通过办杂志，逐步恢复三联书店。

《读书》杂志是 1979 年 4 月创刊的。它的实力十分雄厚。名义上是出版局研究室（那时的出版局相当于现在的新闻出版署）的杂志，由人民出版社代管。总头头是陈翰伯兼。他是老党员老干部，当年出版局的代局长。燕京大学毕业，爱德伽·斯诺的学生。斯诺当年到延安据说就是他张罗的。他一直在国统区工作，是一位老报人，国际问题评论专家，笔名梅碧华。但他在《读书》杂志不出面，居幕后，出面的是陈原，担任主编。此外范用起很大的作用。他名义上是人民出版社的副总编辑，我之所以进去工作完全是他安排的。他脾气耿直，人缘不佳，跟很多人有矛盾，跟陈原也有矛盾。我去了不久他就跟我讲，要我听他的不要听陈原的。这是比较麻烦的问题，是我面临的一个僵局。由这开始，就注定我在很长时间内处于一种“一仆二主”的处境，直到自己退出三联书店这一出版舞台。

《读书》杂志为未来的三联书店做的准备，首先是思想上的解放。创刊号《读书无禁区》一文是前辈们为此作出的光辉榜样。此外，陈原经常说要把可读性和思想性结合起来。杂志的文章要有思想性，言论要敏锐，可是一定要可读。文章要写得好，这样才能够打动人。其次是联系了海内外的大批作译者，而且学会采取比较生动活泼的形式。第三是培养了一些人才。主要是后来担任总经理的董秀玉女士。另外吴彬、贾宝兰、郝德华等，也都是那时培养的。

大概在 1984 年，上面正式确定要筹备成立三联书店。在这以前，一批三联书店老前辈如胡绳同志等就已提出要恢复三联书店，但都只是呼吁而已。到了 1984 年，进入操作的阶段了，正式成立一个筹备小组，具体负责人是范用。我是工作人员，不过我从来也不过问筹备的具体事宜。我知道，自己不是 1949 年以前参加工作的“三联老人”，只不过因为当时在行政上当了一个部门的负责人，所以在筹备三联书店的重大活动中被列名，如是而已。到了 1985 年筹备工作比较成熟，到年底要确定哪一天正式宣布三联书店独立了，这个时候来一个戏剧性的事情：忽然宣布范用退休。他是人民出版社的多年老领导，1923 年生，到 1985 年的时候才过六十不多。他突然退休，是非常意外的事情。退休的同时，又来一个意外：宣布三联书店独立，筹备工作完成，而新任命的总经理，居然是我。这事情背后，据说有不少内幕。我是“老土地”，当然听说过不少，但我的级别无法从正式渠道得知确实消息，这里也不便多说了。我在这里只能担保，我本人当时没为此做过任何幕后活动。

不论如何，我这个多年密切关注三联书店而无法实际介入其中的人，在 1986 年 1 月 1 日，居然当起它的总经理了。当然，我自知德薄能鲜，而三联又是老店，所以立即成立一个编辑委员会，成员大多是三联老人，而由范老任主任。

我要做的第一件事，是跟人民出版社分家，包括资金和版权。实际上，这些都是范用退休前规划好的。资金分得三十万元，版权得到一二百本书。范用不喜欢看翻译书，他就要了一些老三联版的著作。特别遗憾的是没要房子，一点房子都不要。范用的口号是要自力更生。后来我跟人民出版社商量，把人民出版社的宿舍的地下室租给我们。

未来三联书店的性格，我希望办成小出版社，这一点跟老同志们很一致。我个人的习惯是主持一个小单位，十几二十个人。什么事情都由我自己来决定，甚至操作。第一把手不按老规矩称社长，而命名为总经理。这方面，我特别请教了陈原老前辈。三联书店的英文名称，照当年国内的规矩，出版社英文名字都不叫 Company，要叫 Publishing house。陈原坚决要我改过来，叫 Company，同国际接轨。这些做法，应当说都是国内在改革开放后的首倡。

三十万资金不够用怎么办？我向一些老同志呼吁帮忙。当时有一位老同志很愿意帮忙，他叫王益。他跟我介绍了一些有钱的人，去要求投资。我记得最早去找一位“中信”的总经理王军先生。我拿介绍信去找王军，第一次看到大公司的排场。坐了好一会，他来了，我给他讲了一讲情况，他表示同情。可他在我临走的时候跟我说了一句话，让我大为惊讶。他说我们中信一千万以下的项目是不做的。在 1986 年，我听到一千万这数目简直吓晕了，以后就再也不敢找他了。这样我就始终在三十万块钱里兜圈子，用它来维持一个出版社，维持出书。

中国的出版社是有分工的，或者按地区分工，或者按照专业分工。三联书店到 20 世纪 80 年代中才冒出来，它的专业分工是什么？这是我上任之后第一个要考虑的事情。我很为难，因为任何的专业都是“小姑居处已有郎”了。这正应了列宁的名言：殖民地已经分割完了。难道还要按照列宁的说法去打一场争夺战？这我肯定打不过。只能是另找出路。毕竟是改革开放年头，思想比较活跃。我们第一个念头是想到港台等境外的文化资源。当时中国还没有这方面的专业出版社。另外，在筹备三联书店的时候，范用他们很大的精力都放在港台方面，尤其是同香港联合出版集团有密切关系。我们一起举行过几个很大的活动，比如说傅雷的作品展。范用他们长期在白区工作，做统战还是很有经验的。所以在三联独立以前，我们跟港台文化界已有很好的关系。记得刚改革开放的时候，廖承志同志们他们在香港要成立一些“小骂大帮忙”的刊物，而确定这个刊物的国内工作由我们三联书店来做。香港出了个有关杂志，我记得第一期寄来好几百本，可是不久忽然上面的方针改变了，不搞“小骂大帮忙”了，那些杂志在我任内不得不回炉了事。

范公那时同香港的联络，经办人员是董秀玉女士。董女士很会做工作，港人非常欣赏她、佩服她。所以，后来有一个机会，她就调到香港三联书店去当领导。她去了以后，对北京这一摊帮助更大，我们同海外华人知识界的关系因而更加密切了。

那么，用什么来统战呢？我们又想出一个词：文化。后来把这词扩而大之，广泛使用。比如要出杨绛的《洗澡》。这是小说，属于你的分工范围吗？于是打报告，说明这小说有“深刻的文化内涵”，因而符合三联书店的性格，上面也就批准了。又如出金庸的武侠小说，也强调它的文化性格和文化意义，尽管那时查禁武侠小说甚严，我们的方案还是被批准了。

范用同志是编委会主任，他是非常高兴出点子的。以他的地位，他的点子当然必须执行。他的点子大多非常高明，例如主张出巴金的《随想录》和有关译作，还有《傅雷家书》，都是大手笔，为当年的三联书店创造了极大声誉。而且此公主张出的书，从稿件直到装帧、版式，都必须亲自过问，要做得精妙绝伦，这些都为我辈所不及。他还主张出版一些学者的文集，如王若水、李洪林等位。

但是，范公所为，我们尽管亦步亦趋，但有时还是紧跟不上。第一是他不大喜欢过问市场和营销，不爱顾盈亏，只管花钱，不管赚钱。而更主要的是，他个性极强，喜欢“犯禁”。例如出版《随想录》，他主张把香港报纸所删的部分全部恢复，并且说，上面一旦问起，让人家直接找他。他再三对我进行革命传统教育，说明履行韬奋精神就该如此。但是我们不少人（包括我，而且恐怕首先是我）还是没有出息，非常害怕因“做饭（范）”而犯错误。

在这情况下，我们觉得不妨自己努力做一些别的题目。于是我们这些小角色也大干起来。刚开始，我们是少去“做饭”而努力“做菜”。

何谓“做菜”？就是努力出版海外漫画家蔡志忠的作品，菜者，蔡也。蔡先生的作品，既生动又有深刻的文化内涵，我一发现，就喜欢得离不开手。而蔡先生又对我们非常宽容，一切稿费版税都存在我们账上，让我们挪用。后来他在香港又指定董秀玉为她的代理人，我们就更自由了。

另外，“做饭”必需“摆台”，我就竭力在社内提倡了解台湾文化情况，出版台湾学人论著。记得最早出的是杭之（陈忠信）的书，林毓生教授推荐的。以后，陈鼓应教授等，多了起来。我在三联，亲自编的最后一本书是唐文标纪念集：《我永远年轻》。这本书引起我对台湾思想史的极大兴趣。

做一桌“饭（范）”既不易，我们就又想法另做一桌“饭（翻）”，那就是出翻译书。这方面我是内行，而且有不少高人指点。高人就是我当年联络的高级“废物”——李慎之、董乐山等前辈。李老的一个主意：要我“向后看”，即研究、出版西方的老书，翻译出来“古为今用”。这高见让我受用无穷。我们从房龙入手，特别那本《宽容》，还有茨威格《异端的权利》等等，出后都有很大影响。外国老书的原本有时找不到。名翻译家施咸荣知道这事，也伸出援手，设法帮我们从美国免费运来许多他们不要的旧版书。当然我们也做外国的新书，例如保加利亚的《情爱论》，美国的《第三次浪潮》。

我做翻译书，常对原书内容作删节，原因当然是怕出事，胆子太小。《情爱论》删得最多，但人们不易发现。那本《第三次浪潮》一删，就引起轩然大波。有的研究者发现书中把作者阿尔文·托夫勒否定马克思主义的话都删了，认为这样一来不是把此人美化了吗？这是错误的。我们很赞成乃至欣赏学者的批评，但是，出当代的翻译书，舍此还有别的办法吗?!

外国新书还做了一本《戴尼提》，这也引起轩然大波。原来，这书在美国曾引起过风波。上海有人认为，我们出这书也同这风波有关，其实是误会了，解释以后也就没事。至于《戴尼提》这本书，我觉得还是大可一读的。

这一桌“饭”（翻）越做越大。后来，脑筋动到外国驻华使馆等单位身上。由于做外国老书，我知道20世纪50年代香港有个“今日世界”出版社，出版过不少有价值的译自英语的美国经典作品。我很费劲地找到一些，读后大感兴趣。不仅其中大量是所谓美国的“老书”，符合我们的要求，而且不少书译笔奇佳，例如张爱玲的译品。我如获至宝，赶紧同美国有关单位联系。他们也十分配合，不仅免版税，而且还能提供补助。我不敢要补助，但让他们买了不少书，实际上同补助差不多。用这类似办法，我们还出了一套《法国文化丛书》，一套《德国文化丛书》。后来还想出版《英国文化丛书》，却一事无成。英国人不肯理我，大概是因为我的 English 实在太差劲了。

讲到这里，必须谈一谈同“文化：中国与世界”编委会的合作。上面说过，我喜欢主持小出版社，不喜欢搞大。但是，“饭”“菜”越来越多，自己做不过来，怎么办？只有一个出路：动员社会力量。那时听说一些青年学者组织了一个这样的委会，赶紧寻求合作。他们已经同有的出版社有联系，我们表现了极大诚恳，终于拉过来了。从20世纪80年代中起，大约不到十年光景，他们编了《现代西方学术文库》三十多种，《新知文库》近八十种，《文化：中国与世界》丛刊五辑，成绩可谓大矣。

我不想再具体讲我们著作编辑部同仁的贡献。他们编的《中华文库》，1992年开始出版，我那时已退居二线，再没有过多少年就索性退出历史舞台，所以所知不多，但显然那是一个大工程，厥功至伟。

说这说那，弄来弄去，三联书店“复活”多年，依然地没一垅，房没一间。最困难的时候，这么一个多少有名单位的几十号人要在北京市内东、南、西城四五个地方分散办公，可谓苦矣！这时，有一个人帮我们来了。此人是吴江江先生。他那时是新闻出版署的计财司长。有一次他忽然找我说你们现在这么困难，何不盖个办公楼？我说哪里有钱盖房子？于是他介绍我去拜见国务院副总理邹家华的秘书。找他之前，我做了一些准备。我当过人民出版社的资料室主任，就把资料室里面当年韬奋图书馆报废的旧书找了一些，那些书上“韬奋”两字上都打了叉。

我把这个找来复印转给邹家华，据说他看后很气愤地说：真想不到，三联书店解放之后居然有这种遭遇。最后又由吴找到出版总署宋木文署长，由他会同郝建秀同志研究，最后批给我们八千万块钱。吴江江不但给我们找到钱，还通过他的努力，把北京市中心美术馆东街一块热门的地皮弄过来。于是大兴土木，盖起楼来，成为现在这样子。

到 1995 年底，大楼盖好了，装修完成了。这时我已退居二线，三联书店的业务已不过问。那年头，我只想起一件事：当年老前辈们先办杂志，后筹独立，通过杂志培养人才，准备条件，确是高见。这应当也是更早以前的前辈韬奋先生他们的经验。而通过我们以后的体会，也深知办刊物对出书大有助力。我一下子头脑发热，向新领导董秀玉建议再办些杂志，董首肯，让我写报告。我写报告时又歇斯底里大发作，建议一下办十个刊物。上面当然没有发作歇斯底里，只批准了一个《三联生活周刊》。现在《三联生活周刊》大为兴旺，我对这刊物没出过一点力，只是当年有此故事而已。

好了，在改革开放的大好年代，对中国革命事业作过极大贡献而在阶级斗争为纲的年代不准有多作为的三联书店，终于重新站立起来了。我作为目击者，讲一点与我有关的故事，供有心者了解。

在追求特色中前进

人类的精神文化活动，可贵之处在于各具特色，出版工作并不例外。认识这一点，对三联书店说来尤其重要。如果丢掉特色，三联书店一年十二本刊物、五十种书，会在当今浩瀚的“书海”里淹没。从这个意义上说，追求特色是我们的唯一出路。三联书店从 1983 年成立独立的编辑部以来，在范同、倪子明、戴文葆等老同志的亲自领导和指挥下，就正是这么做的。

我们要追求的，首先是内容的思想特色。我国的所有出版社都遵循同一思想政治路线，但决不能由此认为，所有出版社都没有各自的思想特色。这里因为各出版社的读者对象和工作对象不同，侧重点不同。三联书店以中等以上知识分子为对象，他们的特点是思想敏锐，精神需求的层次较高，迫切要求使祖国赶上世界前进的步伐。因此，我们出版物的思想特色就应当是，在坚持四项基本原则和同党中央保持一致的前提下，积极宣传爱国主义，大胆提出问题，勇敢揭示矛盾，努力引进有益四化的新观念、新认识。这么做，有时分寸不好掌握，有的书的确很费斟酌，但如果做得好的确是受到读者欢迎的。有时也会招致一些误解，如我们出版《傅雷家书》《第三次浪潮》，起初都没有得到社会上的普遍承认，有的报刊对《傅雷家书》甚至不敢介绍。但最后这问题还是解决了，看来社会效果还是好的。这里，我们的体会是，第一，要严格按照中央的文件精神办事。各种传闻、消息可以了解，但不能成为行动依据。第二，绝不可把追求思想特色同整个出版方针、路线对立起来，偏离总的方向。第三，注意方式方法。而要做到以上三点，更重要的是办出版社的人要有一种思想抱负和理想。书是有思想内容的。历来老出版家的经验都证明，不首先为书的思想内容而奋斗，出书的意义就不大了。

内容特色的另一方面是：注意文化积累。这是周扬同志在三联书店五十周年纪念时提出的。我们领会，这句话可以包括两层意思，第一是要继承过去优秀的文化传统，接受、传播过去历史上留下来的文化成果；第二是要出好现在的书，把现在的文化成果记录下来传诸后世，丰富整个文化积累。从这个理解出发，我们力求使自己的出版物具有长期效果、重版价值，成为一种可以被积累的文化。对读者的影响，我们着重在提高人的精神境界、文化情趣，而不着重在一时一事。我们认为，所有这些是同建设社会主义精神文明这个总要求一致的。我们出版的《文化生活译丛》《外国知识读物》，就是在这种理解下产生的。

在说到特色时，还不能不指出，书的内容特色归根结底首先是作者的特色。当编辑的必须像列宁所指出的那样，“小心翼翼地保存作者的特色”。目前注意出书的系列化，是必要的，但不能排斥每本书的个性化。保存作者特色不是易事，有时不易划清特色与败笔之间的界限，要认真探索。

那么，是不是编辑不必表现自己的特色呢？也不然。目前，有的编辑过于轻视自己劳动的意义，以为编书一事行之甚易，于是草率从事，降低质量。其实，一本书是否精编精校，是表现编辑特色的一个重要场合。编校得好的书，编辑的特色可以贯穿全书。至少，我们以为编辑要写好出版者的话、编后记、注文、内容提要等所谓书的“附件”，使一本书没有明显的错误，是必须做到的最低要求。

在三联书店的许多老同志看来，出版物是一个完整的艺术品，它的特色不能不也表现在书的形式上。我们这些年来刻意追求这方面的特色，下了一点功夫。主要的做法是：一、领导重视，亲自动手。一本书的装帧设计图样要反复斟酌，一再推敲。不仅抓设计，而且要抓施工，即印装，鼓励管理印装的同志不只把出书当做生产任务，也把它当做一项艺术任务来完成。二、形成风格。根据我们的读者特点，逐步形成一种典雅、洁净、含蓄的风格。三、总体设计，即不仅注意外部装帧，而且注意内文版式。

凡是在装帧上下了工夫的书，在知识界地位较高，作者尤其喜欢。有的作者甚至表示：你们要肯给我们出一本这样的书，不要稿费也可以。

要保证做到上面内容、形式两方面的特色，必须在工作步骤、作者工作、干部培养等方面下功夫。

制订选题，我们过去的做法是讲究系统、完整，理想化成分很大。现在我们为了保证特色、保证质量，多半采用“倒过来”的办法，即从了解作者的专长、兴趣、计划入手，尽可能同他们充分交换意见，谈得入港，再商定题目列入选题。特别是研究著作，一定得采取这种步骤。这样，出的书可能不成系列，但能发挥作者专长，保证质量。为了保证特色，订选题时还必须注意避免“一窝蜂”、赶时髦。“一窝蜂”是特色的敌人，但这不是说不要关心当前大家普遍注意的问题。即使是人人在编、在写、在出的题目，你仍可从“特色”这角度出发，印出新人耳目的书。我们的《情爱论》一书，就是这么出来的。

用“倒过来”的办法订选题，就要同作者广泛交往。出版界很早就提倡编辑同作者要“以文会友”，作为组稿的主要方法。但这在过去很难做到。现在看来，不仅要“以文会友”，而且要能够为作者做些服务工作，使彼此关系更加融洽。很多知识分子多年受创伤，想法很多，要做好这方面的工作不是易事。当然，这里必须划清必要的工作关系和庸俗交往之间的关系，更不能搞“关系学”。

有特色的书稿，不是一下子就能找到的，要广泛选择，因此必须强调信息。提倡编辑多读论文，了解已有书刊、学术界的情况。这方面，我们办的《读书》杂志给了搞图书的同志很多帮助，因为它每月举办《读书》服务日，陈列全国的新书，可以使我们有一种参考和比较。编辑翻译书尤其要注意信息，同时这种信息工作也较好做。我们三四个翻译编辑，主要是青年。他们的任务首先不是看稿，而是研究外国情况。结合刊物，要求好书不漏。定期开外书信息会，邀请社会上有实力的部门，共同讨论。一有好书，通过海外关系去找。我们出版翻译书不多，但是每年为这些书下的工夫是并不少的。

我们人少事多，很多工作是组织社会力量做的。在出版社说，应当是能包出去做的工作尽量包出去。但是，还必须注意，这么做不能使你这出版社的特色受损失。你必须过问工作的一切关键环节，“大权”不能旁落。我们发现，在组织社会力量问题上，开头是同志们不大肯找外力，但后来又出现了新情况，就是过分依赖社会力量，自己都不大管了。社会力量当然越多越好，但是，社会上任何人要为出版社做出合适的工作，编辑部都要下工夫，不能说行就行的。所谓“组织社会力量”，就要在组织上出力。这在开头，比自己做还难，还费事。出版社必须打开大门，组织社会力量，但不能彻底到把自己的围墙都拆光，把自己应做的工作也取消了。

要出有特色的书，必须有高水平的干部。我们单位小，待遇低，工作量大，这方面困难是很大的。尝试过一些办法，收效并不大。我们以为，目前比较可行的办法还是用自己对出版工作的理想，用自己的出书特色来吸引干部。有的青年还是对出版工作满怀热忱，准备献身的。我们现在成长比较迅速的一些同志，大多是因热爱三联的这种编书特色才来参加工作的。他们虽然待遇较低，仍旧能热情工作。我们经常同一些青年接触，发现有人的确喜欢“三联”，生了“三联病”，如果能力也可以，就想法吸收进来。由于人事制度，即使如此，吸收也不易，但是即使把这些同志团结在出版社周围，也是好的。

我们是个小单位，这些做法有很多局限，对许多大社未必适用，只能供参考。

1985 年 11 月 28 日

开放·品格·服务

——纪念三联书店恢复建制五周年

三联书店恢复建制，到现在正好五年。这五年，我们全体同志无疑做出了很好的成绩。我们在十分困难的条件下，力争维持三联书店的传统和信誉，这是很了不起的。我们在近乎白手起家的状态下，坚持工作。特别是，这五年里，有三分之二的时间出版行业很不景气，我们既要存活、发展，又要维系一家大出版社的信誉，其间艰辛，只有亲自参加过这项工作的人才能体知。我在前几个月的一个会上曾经说过，到今年年中，“坚冰已经打破”。到现在，又经过几个月的努力，我想可以说，我们已经为乘风破浪前进创造了比较良好的条件。

这五年，我们的工作当然也有很大缺失。我们在刚恢复建制的时候，有一种盲目的乐观，对客观困难估计过低，急于事功，而相当地忽视了人员的教育、培养等基础工作。表现在工作上就是人心欠齐、章法不够、质量不稳。等到出版不很景气之际，我们又过于紧张、被动。所有这一切，都同我这个主要主持人的缺点有关。我们这里从事工作的，大多是青年同志，缺少经验。工作中的缺失，无疑我应该负更多更大的责任。

经过这五年，我们赢得了存在的权利，取得了进一步发展的可能。这是否可以说，我们已经可以高枕无忧了呢？绝不。我们面前的困难还很多，离一个大出版社的标准还很远。图书市场疲软并未过去，我们面临的压力仍然很大。在这种情况下，我希望同志们绝不要放弃努力，继续团结一致，艰苦奋斗。乘今天的机会，我想特别同同志们研究今后继续前进的取向和办法。我个人认为，并同林言椒、高文龙等同志进行了初步商讨，我们今后工作的主要方针大致包括三个方面。我甚至想说，这三个问题，是否也可以成为一种三联的企业文化，即“三联文化”。这三个方面就是：开放、品格、服务。

我们想以“开放”作为“三联文化”的首要表征。大家知道，“三联”之恢复建制，是在一个物质上极其贫乏而精神上极其丰富的时刻。老辈们告诉我们，三联曾经有大量产业，例如全国有近百家支店。但是，几经沧桑，而今安在？我们不免为此感到遗憾。但是，物质财富究竟不是最重要的，我们更应看到前人为我们创造的丰富的精神财富、精神遗产。这精神遗产是什么？其中大量的当然是老三联的办社经验、思想品格、精神风貌。而更重要的，是老辈们在 1949 年以后出版行业几经挫折之后，在 1979 年总结出来的一条出路，这就是改革开放。找到这条出路，三联尽管物质遗产荡然无存，也还有振兴恢复之日。因此，我们不能总是欷歔叹息，自悲勿如，而必须更好地运用“开放”这一重要的精神遗产，把它作为振兴的主要因素。

这五年里，我们是注意了开放的，也有成绩。甚至可以说，我们之所以能够存在，就得力于我们奉行了这一方针。我们出版社在引进海外成果方面，成绩是众所周知的。但是，看来还要大力改进。例如，从选题上说，除了引进还要系统和加强外，更要注意向外开发，打入海外市场。而要做到这一点，又要更加注意出版物的系列化、形象化、个性化。要好好发展优良的通俗读物，扩大读者覆盖面。我们的组稿、审稿和加工、装帧乃至排校，都要力求打破陈规，采取开放政策，更好地运用社会力量。不去大规模地运用社会力量，开放只能是一句空话。这方面，我们已经有了不少经验，但是还没有使之条理化、制度化，还显然只是小手小脚。我们的党务、财务、行政、发行、出版，都要创造出一套新的办法，来保证开放方针的贯彻。头几年里，我们比较强调依袭大出版社的老规矩行事。这是为了保证秩序。现在看来，有一个缺点，就是守成多了，创新不足，以后要大力改进。

开放就是创新，就会促进改革。这一阵来，有一种呼声，认为开放搞糟了。包括三联书店在内，什么问题都是因为开放引起的。是的，我们在执行开放方针中犯过这样那样的错误，但是，开放方针依然是我们的命根子。没有它，根本不可能有三联书店。我们只能继续更好地，同时也是更大规模地奉行开放方针，才有出路。在“开放”这一意义上说，我们还必须清除旧观念，解放思想。目前我们绝不是做得太多，而还是做得太少。三联存在一天，就要开放一天。

但是，我们也必须认识到，开放一事，就像自由、民主等其他美好的事物一样，有其限度，有其制约。我们过去的缺失，不在主张开放，而在于在执行过程中没有具体分析其限度。因此，我想提出，我们要做的第二件事就是：在改革开放的同时，注意坚持一个出版社的品格。开放是打开门窗，而不是要把梁、柱、墙全拆光，这些梁、柱、墙，就有点像一个实体的“品格”。开放到一定程度，也许也需要换梁加柱，但不论怎么做，总是为了加固房子，而不是把这房子弄塌。即使有朝一日改建房舍，但也是为了有更好的蔽身之地，而不是要弄得无立锥之地。不然，开放不是成了毁坏基业的行为？

每个出版社都有其品格，三联书店尤其重要，因为它已经存在了近一个甲子，已经有良好的声誉，已经形成了一种既定的品格。

具体来说，我们所需要的品格，包括：

第一是政治品格。三联书店有关心国是、忧国忧民的传统。这种传统发展到了今天，就是要为社会主义现代化建设进行不懈的斗争。我们进行任何工作，从事任何开放，都不能忘掉这一点。如果反其道而行之，就是失去品格。从这一点出发，我们不能不拒绝某些出版物，争取某些出版物。政治品格也可以叫风骨，这方面弄错了是很危险的。希望同志们始终关心这一点，不要走到邪路上去。

第二是文化品格。大家知道，文化是有品位高下之分的，作为三联书店，只能从事高品格的文化，而不能把注意力放到低俗的东西上去。不然，我们也就丧失了自己存在的权利。这方面，不是没有教训的。我们也曾试图降低一些品格，出些虽然庸俗而还不到讨厌的程度的书，结果是，你低一分，人家低三分，你低三分，人家低五分。这样比赛下去，真是“伊于胡底”？看来，不论再困难，还得坚持相当的品格，不论出版物的学术性、思想性，都不能太降低。

这里要顺便解释一下，我们说要“高品格”，不是说不要通俗读物。恰恰相反，我们正是要大力发展通俗读物。所谓“文化品格”，不是指读者的知识层面。低层面读者需要的通俗读物要大力发展，而且要更加生动、形象，要追求图文并茂。我们还要发展中小学生的读物。即使学术论著，也希望不要过于干枯，而要生动活泼。这些做好了，有助于提高我们的文化品格，而不是相反。

第三是出版品格，这也就是常说的出版质量，即编审、加工、文字、排校、装帧、印装质量。应当说，这一方面，全社会的水准是大大降低了，三联书店的水准也在下降，至多只能说还不像有的出版社那么剧烈。这是一个要引起我们严重注意的问题。我们要时刻记住，出版工作是一个长命的工作，就像西谚所说，“比人长寿”。白纸印上黑字，印上彩图，想抹也抹不掉。我们做出任何一本不合出版品格的书，到你有了更多经验的时候，摩挲自己的旧作，会有一种羞耻感。这方面的问题说来话长，今天无法穷尽。我只是提出来，希望特别是没有出版文化素养的同志注意。有些同志从事出版多年，至今不能对一个出版品的出版质量有强烈的感觉，坏了不觉得，好了不知道，或者知其然而不知其所以然，这就还不能成为一个合格的出版工作者。我们的同志大多是新参加工作的，这方面更要好好学习。

我们注意到出版物的品格，就使我们的开放、创新、改革有了依循。当然，对品格的价值评估也是相对的。开放、创新之后，会引起对品格的再思考。也许过去认为不入流的，在开放之后，变得入流了。不过，这是一件十分审慎的工作。在目前条件下，我们更要谨慎从事。也有同志会说，你把这两方面都说得那么重要，两者又互相制约，那么工作不就难做了？其实，天下没有好做的工作，没有不被制约的原则。运用之妙，端在一心。我们只要认真实践、体会，总会越来越掌握得更好。

但是，要把这两者运用得更好，除了个人才智、聪明和实践经验之外，还需要一个根本条件，就是服务精神。据我个人观察，我们之所以在这方面或那方面做错了事，包括我本人的工作在内，都由于认识不到或执行不了这一“服务”的宗旨。因此，我将之列为“三联企业文化”中的最后一条。

文化工作，说到底，是个服务行业。文化工作者，都是为群众服务的。邹韬奋先生早就提出“竭诚为读者服务”这一口号。我看，它应当成为三联的店规。我们的一切工作，都要从“服务”这一基本点出发，并把它作为评估成绩的基点。全社的工作，一环扣一环，你为我服务，我为你服务，归根到底，都为读者服务。有了这个基本准则，事情就好办得多。创新、开放也容易出主意了，也不会有邪门歪道了。内部团结容易达到了，品格也自然能够坚持了。有许多问题，必须从服务着眼，才有意义。例如，我们现在正在大大加强销售这一环节，这当然与利润有关，但更主要的，是为了把书发到读者手里，更好地为读者服务。我们要加强版权业务，这又是为了更好地为作者服务。我们内部扯皮总是没完，大家应当想一想，如果互补短长、互相服务，不是能更好地为读者服务么？有些同志工作犯了错误，做了不该做的事情，应当回想一下，不管你当时说得如何好，用意是否真在为读者服务。有些领导，例如我，爱发脾气，动不动暴跳如雷，就很少想到，你当领导，本来就是要为大家服务的，就是人家做得不好，也何必那么动肝火，你难道不能认真耐心地做工作吗？至于三联工作人员，大多生活清寒，收入一般低于同业，我也只能希望大家从“服务”这个角度去思考，才能使自己略为安心。

这里，我想特别说明一下服务同经济的关系，我个人过去常常认为，服务多了，影响收益。1988 年 3 月，我参加新闻出版署的一个会议，一位当时的领导人提出，出版工作的基础是经济效益，没有经济效益，什么都说不上。此言听来似乎近理，但是细究下去，人们不禁会问：经济效益由何而来呢？我看，还得从你的良好的服务工作中来，你有了“竭诚为读者服务”之心，读者信任你，同时就带来了经济效益。当然，有时产生经济效益同进行服务不是“如响斯应”的。这别着急，功到自然成。我在上面说过，出版就是一种长命的工作，性急的，想立竿见影的人，往往干不成功。它要耐心、坚毅、等待。等到工作进入良性循环，那就可以应付裕如了。所以，我主张，我们要从“竭诚为读者服务”中来讨经济效益。这么做，开始会苦一点，希望大家不要丧气。特别在工作困难的时期，坚持一下，有时要坚持几下，等你为读者信任了，工作也就顺畅了。

在这五周年之际，我个人一方面为三联已有的成就高兴，另一方面也实在抱愧。我工作的一大缺失，就是没有始终明确地用这种三联的优秀传统来律已教人。我很想把三联的工作搞上去，但是，上面说明，抓立竿见影的事多，抓具体的事情多，而不注意基本建设，即基本观念、基本思路。一个单位没有了这些，建立不起适合自己特性的文化，要发展总是难的。现在，我们领导班子加强了，已逐步建立起编辑和生产经营这两大系统，可以在两个主要方面对出版社工作起重要领导作用。我们这个领导班子，加上全社同志，如果能对一些基本思路有一个统一的认识，工作就会更有起色。这五年的风风雨雨给我们带来一大好处，就是使我们更加确认这些基本观念之必要。让我们大家一方面庆祝已有成就，同时为进一步发展而反思工作，展望未来。我想，一个新的、有朝气的“三联”的大踏步发展，在未来的若干年内，是必定可以实现的。

1991 年 3 月

读《论战斗唯物主义的意义》

十年浩劫，使人憬然有悟：封建主义是我国许多灾难的一大祸根，不肃清封建主义残余的影响，我们很难大踏步前进，成功地建设一个现代化的社会主义强国。

不过一说肃清封建主义残余影响，有的同志还是忧虑重重。一件放心不下的事是：资产阶级是反封建的，我们现在批判封建主义思想，资产阶级思想会不会泛滥起来？因此认为，我们反封建主义残余不能沾资产阶级的边，不要利用资产阶级反封建的提法、口号、论著乃至字眼，应当站在无产阶级立场上，只能用马克思主义来批判封建主义思想。当然，我们是社会主义国家，以马克思主义为指导思想，当然要站在无产阶级立场上来反封建，而不能像资产阶级那样，反封建的目的是为了建立资产阶级国家。我们肃清封建主义思想影响的目的是更好地建设社会主义，而不是走向资本主义；从这个意义上说，确实是不沾资产阶级的边的。

我们说，要从无产阶级立场、要用马克思主义来肃清封建主义思想影响，这些都是对的、必要的。问题只是在于：正是马克思主义告诉我们，无产阶级肃清封建主义思想影响，不但不必回避资产阶级，而且要利用和传播资产阶级革命家的某些言论、著作，要同他们结成“联盟”。这个道理，列宁在《论战斗唯物主义的意义》一文中说得十分透彻。重新学习这一著作，对于我们认真地批判封建主义思想是很有好处的。

《论战斗唯物主义的意义》是列宁写的最后一篇哲学论文，1922 年 3 月发表在《在马克思主义旗帜下》杂志第 3 期（中译文载《列宁选集》第 4 卷）。当时，苏维埃国家刚刚结束国内战争，面临和平建设社会主义的任务。文化思想领域里的一个突出表现就是宗教势力和唯心主义相当猖獗，特别在农村里，宗教还有根深蒂固的势力。我们知道，俄国宗教迷信的盛行是同它的农奴制的残余密切相关的。俄国走上资本主义道路比较晚，当其他资本主义国家相当发达的时候，它还保存着严重的农奴制残余。因此，进行反宗教的无神论宣传，在一定程度上说，也就包含反对封建主义残余的问题。

据克鲁普斯卡娅回忆，列宁在写这篇文章之前，在一个疗养地看了当时出版的反宗教的书籍，对于在无产阶级专政国家如何进行反宗教宣传的问题，作了充分的考虑。列宁经过深思熟虑，在这篇文章中提出一个重要的思想：在反对宗教迷信时，无产阶级要利用18世纪资产阶级无神论者的著作，同他们结成联盟。列宁明确指出："恩格斯早就嘱咐过现代无产阶级的领导者，要把18世纪末叶战斗的无神论的文献翻译出来，广泛地传播到人民中去。我们惭愧的是，直到今天还没有做这件事（这是证明在革命时期夺取政权要比正确地运用这个政权容易得多的许多例子之一）。"他又说："18世纪老无神论者所写的那些锋利的、生动的，有才华的政论，机智地公开地打击了当时盛行的僧侣主义。那些政论在唤醒人们的宗教迷梦方面，往往要比充斥在我们出版物中的常常歪曲（这是不容讳言的）马克思主义的文字更适合千百倍，因为这些文字写得枯燥无味，仅仅是转述马克思主义，几乎完全没有选择适当的事实来加以说明。"列宁在这里把这个工作看成是夺取政权比正确地运用政权容易得多的例子，说明他对这个工作的重视，也说明当时要这样做是很遇到一些阻力的。

阻力何在？列宁举了一些反对这样做的"'动听的'理由"，"例如说18世纪无神论的老文献已经过时、不科学、很幼稚等等"。当时的俄国存在着一种极左的思潮，例如"无产阶级文化派"的某些头头宣扬的那一套对两千多年来人类思想和文化发展中一切有价值的东西，都采取虚无主义的态度，而要凭空臆造自己特殊的"无产阶级文化"。对于这种态度，列宁非常生气。他把这些理由称为"冒充博学的诡辩"，进行了驳斥。他没有溢美这些资产阶级启蒙思想家，承认他们有幼稚和不科学之处。然而，他说，我们难道不能对他们的论著加以删节，不能在书后附以短跋加以补正？尤其是在无产阶级专政国家里已经出版了许多马恩著作的时候，难道群众不会根据马恩著作来纠正这些资产阶级革命家的不足和错误之处？列宁斩钉截铁地说："不敢同18世纪（资产阶级还是革命阶级的时期）的资产阶级代表人物结成联盟，就无异是背叛马克思主义和唯物主义。"多年来，我们习惯于引述列宁对考茨基之流背叛马克思主义的责备，却很少去考虑和研究列宁对这一类背叛的责备。事实上，这种貌似革命的背叛，同样危害革命的事业。具体到肃清封建遗毒、反对宗教迷信的问题上，这就会使肃清封建遗毒的工作不能彻底，让人民群众依然处于蒙昧黑暗之中。

问题真有这么严重么？没有资产阶级革命家的著作就批判不了封建主义思想了吗？马克思主义的威力到哪里去了呢？请看列宁在本文中的阐述："一个马克思主义者如果以为，被整个现代社会置于愚昧无知和囿于偏见这种境地的千百万人民群众（特别是农民和手工业者）只有通过纯粹马克思主义的教育这条直路，才能摆脱愚昧状态，那就是最大的而且是最坏的错误。"马克思主义当然是有威力的，然而你只用马克思主义的条条去进行枯燥的空洞说教，群众就不会信服，就不会收到宣传的效果。同资产阶级革命思想家结成"联盟"，主要就是因为这些思想家的作品犀利、生动、机智，提供了大量事实材料，具有反封建战斗的激情。（多少资产阶级革命家是为写出这些作品而牺牲生命的呵！）他们代表了人类文明发展的一个重要阶段。马克思主义要吸收人类创造的一切文化知识，为什么独独对于这些思想财富畏之如蛇蝎呢？当前，我们编写的有些政治理论读物读者寥寥，有些读者（特别是青年）有兴趣于阅读资产阶级启蒙思想家的著作，对于这种情况，有的同志就忧心忡忡，唯恐青年们走偏了方向。照列宁的有关论述看来，这是大可不必的。不仅如此，我们反而应该向读者推荐、介绍这些作品，同时也检查一下，我们的那些不很受欢迎的读物是否也有"文字写得枯燥无味，仅仅是转述马克思主义"的毛病，需要力求改进。

当然，这不是说不要引导，让群众全盘接受资产阶级启蒙思想家的思想。前面说过，列宁认为对于这些作品可以删节、加跋。不仅如此，列宁甚至还提出：除了肯定这个资产阶级思想家的进步方面外，对于他的反动的方面，还要起而“坚决地揭露他们”。他举了德国宗教史学家德列福斯（1865—1935）写的《基督神话》为例。此人当然不属启蒙思想家之列，但他继承了这些思想家的某些传统，在《基督神话》一书中揭露和驳斥了宗教偏见和神话，证明根本就没有基督这个人。列宁认为这有助于反对宗教黑暗势力，应当把这本书译出。但是德列福斯是个唯心主义者，主张用一种新的宗教来代替陈旧腐朽的宗教偏见，在这本书中也宣扬这一反动思想。对此，列宁主张进行批判和揭露。一方面在反对宗教迷信问题上不厌弃同德列福斯这样的人“通过某种形式在某种程度上”结成联盟，另一方面又在这些人走向反动时加以揭露，肃清他们的流毒。这是列宁的正确态度，也是我们在肃清封建主义思想的斗争中对待资产阶级思想家所应采取的态度。

我们在当前批判封建主义思想、肃清封建遗毒的时候，采取列宁所指出的这种辩证的态度，难道可以认为就是向资产阶级屈膝投降，就是走资产阶级反封建的老路吗？事实上，随着资产阶级走向没落和反动，资产阶级革命家的思想正在被他们所抛弃，他们倒是乐意保留像宗教这类“中世纪的霉菌”，宣传从封建社会留存下来的蒙昧主义的。从这点来说，与资产阶级革命家结成联盟来批判封建主义思想，不但不是向资产阶级投降，而且还包含着反对已经走向反动、没落的资产阶级制度的意义在内的。

1980 年 8 月

大陆出版事业经营现况和发展

——一个个人的观察

这是中国大陆出版业中一个将近半世纪的从业人员的个人观察。这个观察先天地具有两个局限：第一，由于作者脱离岗位已近五年，所见想来是不够切合现实的；第二，由于是从大陆的角度谈历史和现状，所见可能不是客观的。凡此种种，阅者谅之。

一

大陆出版业自20世纪50年代起，努力走“苏联的道路”，完全抛弃本世纪以来已有的传统和经验。这种“以俄为师”的学习热情的炽烈，以及抛弃旧物态度的决绝，是空前的。作者正是在这种氛围中学习、成长起来，现在大陆已退休的一代老出版人亦大多出自这种背景。应当说，“以俄为师”这一过程颇有反复，但是由于整个社会沿着同一道路前进，而最终逐步形成一种全新的出版格局。这种格局，根据一位书业前辈的概括，大致有六个方面：

一、出版事业实行专业分工，“把出版事业分成出版、印刷、发行、物资四个部门来管理”，“出版就是出版社，印刷就是印刷厂，发行主要是新华书店，物资是纸张供应公司和印刷物资公司”。“在这四个部门中实行专业分工。出版社有两种，一种是综合出版社，什么门类的书都可以出，没有限制。如果出书有门类限制，只能出一类或儿类书，这种出版社叫专业出版社。”

二、“出版事业的四个环节（出版、印刷、发行、物资供应），或者说三个方面（产、销、供）都在出版行政机关的统一管理之下，成龙配套，形成一个完整的系统。”

三、“出版事业是文教事业，但出版单位基本上都实行企业化经营。”因此，“出版单位要向国家纳税，如有利润要上交国家，如亏损则由国家补贴”。

四、出版社全部是全民所有制。“出版社必须牢牢地置于党的绝对领导之下，所以没有集体和个人经营的。”出版社必须经新闻出版署批准成立，发给统一书号。“即使是正式批准成立的杂志社也不能出书。机关、团体、学校出版内部用书是可以的，但不能公开出售，否则就是违法的。”

五、“出版事业的单位少，但每个单位的规模比较大。”据说1949年，光上海就有二百多家出版社，20世纪70年代整个大陆共一百多家，现在也才五百多家。

六、“在行政管理方面，国家对出版单位，在中央和地方，实行两级管理；在中央，实行主办部和归口部双重领导。”例如冶金出版社是冶金部委领导，但在出版工作的方针政策、出版规划、稿酬书价等共性的问题方面，则受新闻出版署的领导和管理。

上面这六条，应当说，二十年来有了不少变化，但是，总起来说，还并没有根本的改变。这是因为，人们认为，这六个方面“体现了社会主义的优越性，保证了党对出版事业的领导，保证了出版事业方针任务的贯彻执行，保证了出版事业的顺利发展”。这里不是论证以上六方面应兴应革的论坛，而只是对情况的介绍。所以，不论如何，海外各位同业先进，要与大陆出版发行业有所交流、合作，必须因应这一基本的国情。

二

下面，我想介绍一下近二十年来在出版方面的变化和改革。在这之前，我想以业中过来人的身份，先简单叙述一个历史事实，即上面提到的，从20世纪50年代以来，我们“以俄为师”的过程中“颇有反复”

这一点。这种“反复”，据我观察大致从1954年间即已开始。当时有人倡导重印1949年前的学术专著，翻译西方学术名著，鼓励老辈文化人“翻箱倒箧”，做了不少工作。1956年，有人主张成立“同人出版社”，办“同人杂志”，以及成立私人的创作室、研究室，也有人反对稿费的统一标准，有人主张恢复版税制。对发行的单一渠道，也啧有烦言。但是，到1957年以后，这些主张均已风流云散。在沉寂二十来年后，到20世纪70年代末，在“改革、开放”的新号召下，才风云又起。有这些背景，我们再来看近二十年的出版经营方面的改革开放，也许不会太感突兀了。

最近二十年来，在大陆出版界，可说是日新月异，好事不断。为叙述方便，这里仍按上述六个方面来说。

第一，出版业的专业分工。这方面就总体说，似乎改变较少。所谓四大门类（出版社、印刷厂、书店、纸张公司）的分工，基本存在。但是出版社同书店的区别在缩小。出版社自己办发行、开书店，蔚然成风。现在又提倡“造大船”，成立出版集团。这种“大船”眼下似乎只是出版社间的“强强”联合，发展下去，难保不会自办印厂和经营纸张。至于出版社之间的分工，表面上似乎存在，实际界线也在“淡出”。事实上，生活的发展也使得这种界线不能不淡出。因为原先的界线是按学科分的，现在“跨学科”提到日程，又何以去谈严格的、说一不二的“划界”呢？当然，大致上，凡是已经得到专业分工保护的出版社，颇不喜欢这种分工上的“模糊”。这是利益所趋，难以细说了。

第二，四个环节的统一管理。应当说，原来我们颇为自豪的产、销、供的统一布局，现在先从销、供方面有一突破。上面说到的出版社办书店，还可说没有越出“统一管理”的范围，那么发行方面“二渠道”即新华书店以外的发行系统的形成，就似乎很难用“统一管理”的范式来解释了。我根据个人的生活经验，不能不向大家指出一个小小的事实：例如，生活在北京，作为一个文化人，近十几年你几乎不能不经常光顾私营书店和私营书报摊，不能不在生活中求助这些“统一管理”以外的形式。新华书店、邮局这些主渠道年来当然也有很大改进，不宜贬低，但是，所谓“二渠道”，他们有时已经在要求“反客为主”了。这目前还只停留在论争阶段，但不论如何，有人已经提出这个问题了。

第三，出版社当然还是企业经营的文教事业，但是“出版企业”的观念已日益深入人心，甚至已经出现正式的要求，希望实现彻底的出版社企业化。在企业经营这个问题上，照我表面观察，至少已经有了下面这些变化。第一，在一个出版社内，销售部门的地位日益提高，出版社主管人员的决策除了靠“红头文件”外，主要依靠对市场即销售前途的估计。优秀的主持人，善于把“红头文件”即上级的精神和销售前途合二为一，即所谓使出书产生“两个效益”。那种只为贯彻上级意图出书如我辈者，自然要退出舞台。这是一个个人的悲剧，却是一个历史的进步。其次，在编辑部内，“策划”占据重要的地位。“策划编辑”是现代大陆编辑中最受尊重最可贵的成员，因为他们善出“点子”，即想出产生“两个效益”至少是有经济效益而又不致产生“负社会效益”的点子。第三，出版社内部人事和报酬制度逐步改革，吃“大锅饭”的现象逐步减少（自然远未绝迹），人才较易涌现。有些出版社，优秀的编辑和销售人员报酬，大概还不及外商公司员工的水平，可能也相去不远了。第四，对知识产权的重视。这方面，我们这些计划经济体制下成长的老人体会尤深。因为我们在五十、六十、七十年代这几十年里，所受的教育都是反对“知识私有”。“知识产权”当年曾作为资产阶级出版事业的一个特征，是我们批判的目标。现在要来一个一百八十度的大转弯了。另外，稿费问题。虽然国家仍然规定最高稿酬，实际上已经可以说没有一个出版社忠诚执行这个规定。在对作家报酬问题上，出版社明显地从市场出发，违背了当年领导对出版人耳提面命的列宁的教诲：知识分子的待遇只可以比工农好一点（要点在“一点”二字）。

第四，出版社的全民所有制，这是绝对不允许改变的。海外盛传“三、五、八”；大陆一个刊物上说，出版业要来一个“深呼吸”，即允许办私营出版社——所有这些，照目前情况看，大概可以用上面同一刊物记载的一位官员的话作答："没门!"当然，即使如此，个人问鼎出版事业的仍然不绝于途，办法在于目前存在这样一种许可：合作出版。此中颇多玄机，我本人虽从业出版近五十年，还不能参透其中全部奥妙，只能书此供高明研酌。

第五，出版社小而规模大。二十年来，出版社增加三四倍，当然还是太少。不过"规模大"一说却已不大能成立。除了几家大社外，许多新出版社均以人少见胜，当然，再少，也不可能在十人以内的。出版社相当地少，带给大陆出版业一个特点。这就是出版作为一个行业，人均获利较为丰厚，据说往往占全大陆行业的第三、第四位。这是大陆内不少人垂涎出版这个行业的重大因由。

第六，两级管理。这也几乎没有改变。中央、地方，主办部、归口部之间，往往关系复杂，忽焉此重彼轻，忽焉此轻彼重，端在因应操作。这大概是从来办事场所的规矩，可不赘。

这里是否概括了二十来年出版经营的整个改革特色，实未敢必。但是，可以说，在绝对保证出版物内容上相当的思想要求这一前提下，大陆出版业已经竭尽其能，在向"市场"靠拢了。

大陆出版业的"市场化"产生了十分积极的效果。二十来年前，我们记得很清楚，当时大陆简直无书可读。作者当年从业的一家杂志创刊号上发表了一篇题为《读书无禁区》的文章，立即纸贵洛阳，因为它说中了无数读书人的心曲。现在，经过二十年的努力，读书人和主管当局面临的却是另一问题：书太多了。

三

是的，"书太多了"，这四个字大概可以概括目前书业的主要麻烦。自然，对这四个字需要界说。一个十二亿人口的国家年出十几万种书，说多也不太多。问题是，比较起来，好书较少，庸劣之作太多，才成问题。"市场"促发了大陆出版业的生机，但"市场"又带来了无穷问题，它简直是个“潘多拉宝盒”。“两个效益”毕竟是最高境界，高而难求，而在市场和销路的推动之下，庸劣之作容易占领市场。而其中，一大困难是提高大陆读者自身的鉴别能力。这涉及全民素质，实非短期之内一蹴而成之事。关于大陆大量涌现庸劣图书，以及出版物质量下降的种种实情细节，详说起来不只多占篇幅且易伤害人和，此处不多述说，这里只提一下眼下及今后可能出现的出版界的因应之途，亦可说是未来趋势：

第一，对出版“市场”和书刊“商品化”的界定和限制。这种呼声，出现已久。大陆在舆论上一直认为，书刊是“特殊的商品”，不能等同于一般商品，而以为“出版市场”并不同于单纯的市场经济。不过，如何做到“特殊”，主管当局多年强调的还是“正确引导”，即鼓励出版社出好书，而不是用行政措施限制庸劣之作。事实上，对任何人说来，限制非法之作易，限制庸劣之作实难。但不论如何，出版将日益成为大陆国民经济中的一个产业，而不仅仅是社会公益或单纯的宣传机构。这是不争的事实。

第二，强调出版品的文化品位，即所谓“精品意识”和“品牌意识”，提倡出版品的“长期效应”。这是所谓“正面引导”的一个重要措施。一位新闻出版署的负责人曾说，“精品反映一个国家的文化水平，代表一个国家文化发展的方向”，并且援引马克思的话：“我们的事业并不显赫一时。”在这种思想引导下，不少出版社挟其雄资，将不断有大制作问世。另一方面，主管机构将用各种措施，控制出版物数量（品种）的增长。人们希望年增长率不超过百分之二、三。

第三，“造大船”的趋势，方兴未艾。上海已经首创第一家，估计今后将不断有后继者。其实，中国大陆的出版，全部均属于国营，本已是一条“大船”。各地出版总社，又各自为其“大船”。在这基础上再造“大船”，如何运行，颇费斟酌。看来极有可能的前途是，新的“大船”会使印刷文化和电子文化逐步融合，使书刊的产、销逐步融合，特别是建立强有力的“中盘”。再者，则是用“大船”之力，瞄向国际市场。

第四，因此，对国际市场的开拓，无疑是今后若干年内大陆强势出版社的业务重点。大陆尽管改革开放多年，出版方面同国际出版界的接轨，似仍缓慢。国际上的各种书展，当然时有出版社领导人参加，但是那些真正负责其事的“策划编辑”，颇少参与。出国访问，似乎不少仍属于礼节性交往。更重要的是，大陆至今没有正式的驻海外版权机构。这些情况，相信都会改进。对外购置版权，尤其是海峡两岸的合作出书，估计这些年会大力加强。我个人特别希望台湾同业注意及此。大陆眼下还不允许台湾同业去开设出版社、办事处，但可以同大陆出版社携手合作出书，乃至书上印有双方的LOGO。此事如果徐缓行之，我估计，将有大量盗版黑手，伸向台版图书，特别是没有政治内容的图书（因为非政治方面图书的盗版，即使查获，处分较轻）。

第五，出版社的内部管理，会逐步走向现代化。这首先表现在将高新技术引入管理领域，特别是电脑的广泛使用。至于员工的收益，现在出版社的重大举措是所谓“承包制”。此举虽然仍在许多社占据优势，在舆论上已经成为“过街老鼠”，有人甚至认为是质量低劣之根源，看来非改不可。当然，在“两种效益”的要求下，完全搬用国外现成的管理模式十分困难。但即使如此，在营销、市场等方面，各出版社仍然大有作为，特别是一些所谓“王牌”出版社和一些享有较多“专利权”的出版社。

第六，出版业的人才引进，将会日益呈现新貌。老一辈的，如我等“学徒型”出版家，几乎全部已经退出历史舞台。近一代的新锐分子大多是“知青型”出版家，他们正执牛耳，挥斥方遒。必须严重注意的，现在有一大批新科硕士、博士参加出版机构。这批新生力量，必将使出版业呈现新貌。北京国际书展上出现的不少出版界的新生力量，据台北“《中国时报》”报道，已引起国际出版界的重视。目前的问题是有关从业人员的职业训练还待加强。在我们这些“学徒加政治”型出版家看来，新秀们似乎费心去研究“的、了、吗、呢”之类雕虫小技还不够，不免是一个缺陷。此外则是职业修养的问题。大陆的

“道德真空”，极易传染出版界，这是一个出版界的“急症”，正在认真医治。

第七，图书的宣传、评论会更加受到重视。整个说，大陆的顾客、读者比较别处更容易受到广告、舆论的操纵，此点已引起有关出版社的注意。我看那些“西方马克思主义者”对鼓励推介工作之“文化霸权”作用的理论，也许在大陆出版界更易找到佐证。任何重要图书的出版，出版社必然要费很大的财力在广告、推介上，这是中国大陆图书市场经济发达的表现。缺点是独立的图书评论仍然不足。

第八，对大众文化特别是农村读物的重视。农民富起来以后，亟需图书。这方面主渠道似乎更有工作可做。这个局面一打开，估计无论文化上、经济上都会使大陆出版界产生空前的剧变，我们当拭目以待之。

第九，出版品的“高科技化”。在大陆“知识经济”的热潮下，高科技日益发展，电子出版物已引起人们重大关注。很多有力量的出版单位，已在这方面做了很多工作，三几年内，必有重大突破。

第十，个体出版家的涌现。上面说过，这方面的“门”已经关死，但是，尽管如此，在门外徘徊、试探的知识人仍然络绎不绝，他们中有的人组织了各种个体的工作室，寻求各种出书可能。一旦此“门”洞开，他们也许是一些重要的出版力量，我们纵观一部世界出版史，重要的出版家，大多是由一些爱读书、爱鼓捣、喜欢多事的知识人发展而成，起先他们可能只靠同学集资，搞一个“皮包出版社”，几年、几十年后，屡经选汰，或许成长而为国际巨擘。有能力的出版家的出现，如果全都要靠科举式的选拔和推举，会有一定局限。在大陆的经济更加成熟发展之后，这种局面也许并非完全不能。当然，这一点眼下恐怕只是戏言，聊供谈助而已！

上面，我大致描绘了一幅玫瑰色的前景。实际上，前景当然不会全是玫瑰色的，至少，如何减少庸劣之作，恐怕三五年内，难以奏效，因为上面说过，这涉及国民素质，还有市场的成熟程度，都不是一下子就可克服的，何况，我们往往要花大得多的精力去注意出版品的思想内容，这就相对地减少了对出版品文化品位优质化的重视。此外，积弱之邦，一旦奋起，极易浮躁，20 世纪 80 年代以来，大陆的文化、出版人在这方面吃亏太多。现在来看，大陆出版市场的浮躁往往还可免，中华民族的雍容大度传统还待传承。在出版上，我们成为一个真正够质量的大国，虽可期以必成，尚须假以时日！

回忆《读书》

朋友们约我回忆《读书》杂志，当然可以让我满足自己的发表欲，但更重要的是，觉得应当趁这机会把编杂志的真实情况说说。我在这杂志年头不少，不过所干的活，充其量是一个“管家”。我们（我和几位长期坚持的同事）之所以可以在中国社会转型的最复杂年代里，把一个思想评论杂志长期坚持下来，读者越来越多（从两三万到十三四万），靠的无非是认识到自己的局限和无能。为了写这回忆，把这意思同老同事吴彬、赵丽雅她们商量，大家都赞同这看法，因一己之无能，才能联络到那么多的能人，把这么一个其内容远远超过我们知识水平的杂志，有声有色地办了恁多年——这可以说是我们的共识。

下面是一些回忆片断，大体上按时间顺序写的。

一、思想评论杂志

《读书》杂志创刊于 1979 年 4 月，实际筹划工作是从 1978 年底开始的，1978 年底，这是中国历史上的重要时刻。20 世纪 80 年代人们熟知的“十一届三中全会”，就在这年 11 月召开。想象得出，这次会议过后思想界包括出版界的活跃盛况。在这种情况下怎么会产生这么一个杂志，我无法言其详，但有一点是确定无疑的，那就是在当时的思想氛围下，一些屡经沧桑的老人想重新办起一个他们创办过的理想的杂志。我后来在《陈原出版文集》中读到：

“抗日战争胜利后，我回到上海。生活书店把原来一个宣传推广的刊物《读书与出版》改成一个以书籍为中心的思想评论的综合性杂志，由史枚主编，1947 年春史枚调香港，由我接办。编委会有周建人、杜国庠（守素）、戈宝权、陈翰伯和我五人，我们每个月聚会一次，定选题、分任务，一直出到1948年冬，因政治环境恶化而停刊。回头一望，这个杂志在那‘黎明前最黑暗的’时刻，起了我们预想不到的作用，特别是第一线刊物《民主》《消息》《文萃》相继被迫停刊，这个小刊物对国统区广大读者还是起到一定作用的。”（第464页）

很明显，后来确定的《读书》杂志的宗旨：“以书为中心的思想评论刊物”，所来有自。我当时并不很知道这个宗旨的分量，无非是执行而已。有一天，听一位舆论界的领导人在嘟囔：一家出版社，怎么办起思想评论杂志来了，那不已经有了《红旗》吗！这一下，我才怵然有觉，知道自己在干什么。

回头看看创刊时的组织安排，应当也是大手笔所为。《读书》创办时，是属于国家出版局政策研究室的，机构则放在人民出版社，出版名义是生活·读书·新知三联书店（当时不是独立机构，仅有一名义而已）。这一来，出版界的各路英雄豪杰很大一批集合在一起了。

等到我不时因为自己没把“思想评论”搞好而到有关机关去作检讨时，心里免不了常常浮起一个念头：干吗还要搞什么“思想评论”呢？咱们不如专门去做些书刊评介得了。在老前辈们的主持下，总算没让我退缩。现在来看，前人们为我们创办、设计、坚持了这么一个“思想评论”杂志，它的意义和价值，实在不下于我们后来盖造的那座大楼。我敢说，三联书店后来在我主持下，费尽牛劲盖个把大楼也许还算勉强做到了，可是就我个人说，怎么也不会有这魄力和能耐去办出一个“思想评论杂志”来。

二、“CC俱乐部”（一）

《读书》的老前辈，列出名单有一大批，细说太繁。这里先说两位“帅上之帅”——陈翰伯和陈原。

“文化大革命”中，两位都是出版界“黑帮”头头，屡被戴高帽子游斗。特别在反“复辟回潮”时，被认为是出版业“复辟”主将，革命小将们于是将这“二陈”命名为“CC俱乐部”。应当说小将们看得很准，因为其后，虽然形势丕变，但凡论及改革开放早期出版界种种兴革，都离不开这“二陈”大名，尤其是提到《读书》和人民出版社、商务印书馆。至少就我在《读书》的经历言，将此C与彼C合称，信其不诬也。

陈翰伯同我说事，常说的一句话是：我点头你就做，我摇头你甭干。但这不是说他没民主作风。《读书》1981年4月号上那篇《两周年告读者》，是他亲自执笔的。此老当时已贵为全国出版行业的最高行政主管，但还是20世纪40年代办报的那种亲力亲为作风，亲自为报刊写社论。他为写此文，找我谈了不止一次，了解情况，征求意见。后来写出初稿，再让我提意见，我当时为创刊号上那篇题为《读书无禁区》的文章，觉得压力太大，请他关注。他要我仔仔细细地说了情况，于是在文章中加了一大段态度鲜明的支持这篇文章的话。此后十多年，我不时诵习此文，深深觉得自己同前辈相比差距太大，十几年里，我为《读书》执笔的代表编辑部说话的文字可谓多矣，可哪一篇有过如此鲜明的态度！

陈翰伯老人同我讲的另一番话，也是我永远牢记的。

有一次，我为《读书》写了一点什么文字，拿去给陈老看。他看后找我去，郑重其事地对我说：沈昌文，你以后写东西能不能永远不要用这种口气——说读者“应当”如何如何。你知道，我们同读者是平等的，没权利教训读者“应当”做什么不“应当”做什么。你如果要在《读书》工作，请你以后永远不要对读者用“应当”这类字眼。

我以前多次听此老发过永远不要把《读书》办成机关刊物的宏论，说实话，听后并没有太在意。这次此老一发挥，听了以后，从根本上改变了自己的业务观念。到《读书》前，我已有近三十年的编辑出版工龄，可算是老于“编辑”此道了。但是可怜见的，到了这时，我才懂得编辑对读者的正确态度应当如何。《读书》以后的许多做法，都是在陈翰老这番谈话的影响下产生出来的。

三、"CC 俱乐部"（二）

另一个"C"，即陈原先生，此公同我较熟。1954 年，我在人民出版社当校对，忽被奉派到总编室给总编辑们当秘书。当时陈原先生是领导成员之一，我就坐在他对面。如是者三几年，日日受他熏陶。可以说，这几年是我一生的出版学徒生涯中收获最多的一段，我称它为我的"研究生阶段"。照这说法，陈先生当然是我"研究生导师"了。

现在陈原先生主持《读书》，他的种种主张，我听了下来，许多并不陌生。原来 1957 年以前，他们这些解放后中国出版界第一代元老，思想开明的，天天所议论的振兴出版的做法，大多是"以文会友""言之成理，持之有故""作家是衣食父母""开放唯心主义""重印解放前学术旧著""研究日本明治时期的翻译经验""拿来主义"等等，谈及的作家主要是：陈寅恪、陈登原、陈达、张荫麟、陈岱孙、吴文藻等等。这些"话头"，我天天耳濡目染，等于白天黑夜都在给我上新课。可惜的是，到 1957 年话头都给打断。过了二十多年，基本上还是这么些人，又借《读书》杂志把"话头"接上。《读书》的资源应当说是几十年前就已准备了的，所以一创办，就能办出名声来。

陈原先生在《读书》提出种种纲领、主张，最后还要审定重要稿件。他为人温和，不如翰伯先生的峻急，但在关键问题上也绝不妥协。记得有一位著名的诗人和翻译家，写了感时的旧诗在《读书》发表。某日我们忽然收到署名"某某办公室"的来信，并附一文，批评说这些诗反党反社会主义云云。这文章发不发？《读书》众帅反复讨论，最后，陈原老一句名言，获得大家首肯："《读书》的性格，应当是容许发表各种不同意见，但不容许打棍子。"此文经各人反复阅读，认为不是争鸣，而是"棍子"，乃退。

《读书》的性格，经过这件大事，我们这些后辈又更加清楚一些。

说到这里，还需要特别提一下作为老共产党员的这两位 CC 的一个教导，这更是对我整个编辑生涯产生重大作用的。大家知道，办刊物时常要受命"回顾"或"检讨"。我在《读书》，一个任务就是专门应付这种“回顾”。其时当然紧张万分，乃至惊慌失措，上海人的坏脾气“投五投六”至此毕露无遗。这时两位老人总是劝我定下心来好好学习新近的党的十几大文选，以及邓小平同志的有关文章。他们的想法很干脆：任何临时举措都是这些文件管着的。你学后觉得自己所做大关节不错，没有违背以上文件的大精神，便不必慌乱。若不是两老常让我吃这种“定心丸”，我那时不知会走到什么错路上去，到了今天七十岁就不能这么悠闲地回忆往事了。

四、“哪壶不开提哪壶”

《读书》创办初期，事情也真好做。我们觉得哪里有文章可写，组织几个朋友写文章“冲”一下，似乎就能赢得一大批读者。那时的“社会效益”，至少在我个人理解，指的就是“冲决罗网”。当然也有界线，比如顾准的文章，尽管极为欣赏，当时只发表了一些（应当说顾文是《读书》杂志首先在国内发表的），但有的就不敢发。

如是冲法，不久就有报应。社会上一桩桩大事出来，要传媒检讨过去。我是奉命代表杂志同上面对话的。我自小当过秘书，同上面对话这套活路还擅长，总之是不抗命就是。多半是运气使然，居然每次检讨还都过得去。

但做事不能只靠运气。以后咋办？去请教管事的朋友。一位官场上的老朋友点拨我说：你们的问题很清楚，是“哪壶不开提哪壶”。回来细想，这话对极了。我们原来的思路，多半是看哪里有事儿会热，或已经在热，赶紧去凑把火。我们又不是新闻杂志（那时说实话也没那么多的新闻杂志），干这干吗？

打这以后，决心避开热点。首先要有信心，究竟当前是改革开放的大形势，路数尽多，何必拘于一点二点。许多问题看来很冷，你可以去把它们烧热，热到了大家都来关注的时候，赶紧抽身。

说这些，似乎在张扬自己的乖巧机智，其实，归根结底说来，即使乖巧，究竟并不是行事的基本。《读书》编辑部内，更不用说编辑部外，有不少耿直的朋友，他们在十几二十年里为《读书》作了贡献而最后却做了“焦大”。往往是这些“焦大”们为我辈乖巧者铺了路。

五、史老

谈起“焦大”，我眼前会浮现出一个个热诚的朋友的影子。这里先要讲的，是人们不大了解的但同《读书》关系极深的一位老人——史枚先生。

史老是《读书》创办时的执行副主编。他是三联书店的老前辈，又是革命工作的老长辈，据说他在20世纪三四十年代担任过上海共产党组织的什么什么领导，直至被捕。1957年此公受厄，情形也十分戏剧化。当时他对支部一些事有意见，写大字报提出，进而又条分缕析，越说越带劲，到了“反击”开始，他还兀自不休，坚持自己的看法，终归覆灭。在这前后，我们就在一个屋子里工作，天天听他议论，不敢接口，只是暗中奇怪他的执拗。

干校期间，我同史老又在一个班排劳动，在当时生活极其困难的条件下，他又是一个大名鼎鼎的“老右派”，却每天要站着读马列著作（主要是《反杜林论》）个把小时。为什么要“站读马列”（完全没有人强迫他），我请教过他。他说习惯如此。此外，此公不苟言笑，闲书似乎只读《诗经》。又再读些、写些经济学方面的东西。

我进《读书》，有一部分原因可能是冲着他。因为以此公的固执，很难找到彼此知心的下手。我也许勉强可算上一个。我在未进《读书》时即同他闲谈过这刊物，也听到一些传闻。据说创刊号那篇极为叫座的头条文章《读书无禁区》，原来标题是《读书也要破除禁区》，他改为如此。

史老编杂志，不主张改动作者文章，遇有同作者不同观点时，写编者按语交代。这种“君子坦荡荡”的作风，显然不大适合实际情形。我佩服他，而又不得不婉言相劝，企图改正他。到无奈时，他愤然掷稿而去，说：“随你们办！”我知道他不会太生我气，也就妄自行之了。

到了1984年，出事了。那时社会上来了什么大事，史老据说给上面什么人写了信，内容当然又是不识时务的。以后传闻挨了批。所有这些，我都不知详情，因为辈分太低，不必与闻。某日下午，史老找我闲谈，情绪激动，对时事讲了许多个人看法，说时往往前言不搭后语，辞意不甚连贯，要不是我事先已有一些“小道消息”，准保听不懂他在说什么。我毕竟不更事，没有看出他的这种异常的严重性，只是保持平时习惯，“执弟子之礼甚恭”，洗耳恭听，间或劝慰一二句空话。他谈了几十分钟，愤然回家。

哪知就在当天晚上，出了大事。第二天凌晨，史老家里来电话，说老人家当晚脑溢血，早上已送医院。我赶到医院，已经人事不省。没多久，溘然长逝了！

我们以后经常以史老为戒，处理稿件和问题更求婉转妥帖。但我当时即已感到，现在回忆往事时更加省悟到，就人品言，我学得的这点所谓人情世故，哪及得上史老的耿直。他是为《读书》开路的若干“焦大”中比较典型的一个！

六、“《读书》服务日”

既不便直抒胸臆而又要办“思想评论”，我们这些人水平又低，怎么办？大约就在史枚同志去世前后，我们想出一个办法：多向社会请教。

其实《读书》开办之初，老领导就十分注意向社会请教。陈翰伯老人等据说亲自带董秀玉等同事在北京和去外地求教。我去《读书》后，觉得这是一个好办法，但当时没有经常做，还没制度化。起先也凑热闹办过一些“沙龙”“俱乐部”之类，但依我多年在“阶级斗争”风浪中的熏染，觉得这些名义都不保险，每次这类集会都好像在做地下活动。例如“俱乐部”，依我这年龄，一听见这词，想起的就是那年头被批过的“裴多菲俱乐部”，这如何可以搞得？正在无奈间，某日看到电视机厂在搞“售后服务”，忽然悟到，我们的“衣食父母”，无论作者读者，都是顾客。彼可“售后服务”，我辈文化人岂不可乎？因于某年某月，正式打起“《读书》服务日”招牌，像模像样、大大方方地干起来了。

“《读书》服务日”每月至少一次，租个咖啡馆，摆上十来张桌子，请我们的作者、读者随意坐下，随便喝咖啡聊天。我和几位同事周旋其间，借机了解信息，讨教主意。有一些常客，每月必来，譬如王蒙先生，对我们帮助尤多。我们强调此类集会没有主题，不拘形式，甚至有时分不清来的是谁。偶尔开过一二次有主题的座谈会，后来觉得，终不若这种散漫的形式更有收获。因为是“售后服务”，商业操作，心中了无牵挂，不必临深履薄，所以容易办下去。有时也有洋人驾到，我们只譬他们如是来采购东西的顾客，同样接待，心中并无“里通外国”的畏惧。更有甚者，有的企业家兼文化人光临，谈得高兴，临行掏出支票，说今日全由他付账，我们也觉得却之不恭、受之不愧。

“服务日”过后，够我们编辑部消化好长一个时候。大家兜情况，想选题，深入组稿，所有这些这时都有了动力。我们编辑部里边，小猫三只、四只，不靠社会力量，焉克臻此。尤其是前面说过的，既要避开热点，又要找寻未来的热点；既要谈思想，要评论是非，又非得借助于已出的书（此之谓“以书为中心”），没有一大批文化人的群策群力，这些绝难办到。好在编辑部里边实际办事的人包括我在内都是“小文化人”，胸无成竹，事无定见，学无定说，不受一宗一派拘束，更无一恩一怨羁绊，因而接受大文化人的种种指教窒碍甚少，关系容易融洽。我以后常说，我们的这种方式，可称“谈情说爱”，办法是同各色各样的作者、读者交流思想感情，目的是从他们那里汲取知识资源。而所有这些，说得难听，实际上还是一种对知识资源的“贪污盗窃”，只不过彼此都心甘情愿而已。

我很珍视当年《读书》杂志这种谋取社会支持的“系统工程”（恕我学习使用这类大字眼），它帮助我们这些小人物把这么一个刊物坚持下来。

七、思想性和可读性

《读书》局面一打开，便面临一个思想性同学术性的矛盾问题。这是时时困厄我们的一个难题，必须把它解决好。

搞思想评论，不得不求助于学问家。因为有了学术底子，思想评论方有深度。有时限于语言环境，更不能不多关涉些学术。但是《读书》究竟不是学术刊物，要同“学术”挂钩，而又不能专门谈学术，难矣！

20世纪80年代是个新见迭出、佳作纷呈的时代。不管你谈不谈专门的学术，一个无可避免的问题是：新、奇、怪。这三个字当年出诸刘心武先生之口，标明有识之士对这问题的重视。但这一来，矛盾又来了。简单说，就是不少人觉得新、奇、怪的文章看不懂。当时吴甲丰老人的反应最厉害。他举了“机制”一词同我们再三讨论，认为太洋气。他当然精于洋文，也完全知道 mechanism 这词儿，可就是不习惯“机制”这劳什子。另一方面，《读书》周围年轻朋友越来越多，他们再三提出，过去一辈学人思路旧了，思维方式太老，要通过《读书》去改造他们。所有这些，对《读书》都是个严重挑战。乃至在编辑部，有时分歧也很厉害。

我们开了些座谈会，听取意见，就我个人说，会上吕叔湘老人的话最让我心折。他说：

“《读书》有《读书》的风格，这就不容易。很多杂志没有自己的风格。什么是《读书》的风格？正面说不好，可以从反面说，就是‘不庸俗’……可是‘不庸俗’要自然形成，不可立意求‘不庸俗’。那样就会矜持，就会刻意求工、求高、求深，就会流于晦涩。”

“新不一定就不好，但也不一定就好……比新不新更重要的是货色真不真。但是辨别货色真不真要有点经验，而认识新不新则毫不费力。因此不知不觉就以新为真了。”

“编《读书》这样的刊物，要脑子里有一个 general reader（翻成‘一般读者’有点词不达意，应是‘有相当文化修养的一般读者’）。要坚守两条原则：（1）不把料器当玉器，更不能把鱼眼睛当珠子；（2）

不拿十亿人的共同语言开玩笑。否则就会走上‘同人刊物’的路子。同人刊物也要，一家之言嘛。但是不能代替为‘一般读者’服务的刊物。而况《读书》已经取得这样的地位。”

吕老真是认真，会上说了话，会后又寄来自己亲笔整理的信稿，因此我可以如上原样引用。打这以后，编辑部再三磨合，大体上有这么些共识：必须鼓励新见，更要发掘新见，但无论新见旧识，着眼点都首先是否能在思想上促进中国的现代化，而不是其他。其次，《读书》不是学术性杂志，文章可读与否，是它的生命线。它是知识分子的高级休闲刊物，应当可供他们“卧读”，而不是同人的学术杂志。我甚至还这么说过，在这新潮迭出、佳见纷呈的年代，也许我们要修改一下“内容决定形式”这一老规矩。对当前《读书》来说，来稿如此丰富，因此选稿标准在不少情况下也许是“形式决定内容”。把形式上的可读放在第一位，是此时此地吸引读者的重要办法。这话给学者们听了当然不以为然，但在我辈文化商人说则可能是必要的！

总而言之，思想性和可读性，应是《读书》杂志始终不渝的目标。在这想法之下，我们以后发表了不少有新见而又写得好看的文章，例如赵一凡、钱满素、张宽、崔之元、汪晖、樊纲、刘军宁等学人的专论或通讯。无论新老学人，赞同或不赞同他们的观点，都觉得文章是如吕老所说，不拿“十亿人的共同语言开玩笑”。

八、得道多助（一）

一说到吕叔湘老人，我按捺不住，禁不住再写一些。

我是编了《读书》才认识吕老的。不过此前闻名已久。在我十几岁在上海某个角落里工读的年代，所自学的书文，不少出自吕老的笔下。特别是英语，要没有他的书的指点，以我在上海工部局小学受到的那些基本训练，似乎终也读不成一本英文书。编了《读书》，我常去他那里请教，把我的自学情况告诉他，求他指点。从此我们熟起来。

吕老关心《读书》的程度，真是我从未见过的。每期杂志一出，没几天，往往就会收到一信，谈他的意见。我知道他喜欢这杂志，但也有不少意见，特别在排校和语言上，认为杂志的毛病挺大。他对我的责备有时很严厉，特别是觉得我们办事不认真，编校关把不严，但鼓励也多；还不断表扬佳作，特别是积极表扬年轻人的文章，如 1991 年 8 月一信中说："我最佩服的是樊纲写的《股份制度考》，与上期所登合看，使我这样的外行也明白了股份制度是怎么回事以及结合中国目前情况的利弊得失。不像有些文章，看下去似乎句句都懂，看完了却不知道是怎么回事。"

吕老最关心杂志上文章的可读性。有一次，他来信谈到文章中的"新名词"和"新句法"，他说，这些"一望而知不是汉语里固有的东西，而是从国外'引进'的。既是从外国引进的，那就应该很容易翻成外文，可偏偏总是翻不过去。如果照字面硬翻，外国人看了也不懂。这就值得我们好好地想一想了"。不过，尽管如此，吕老还是大体肯定了《读书》上的文章，他在另一封信里又说："这样的文章在《读书》里毕竟是少数，多数文章都还是鲜明生动，能让读者手不释卷的。"

他不大赞成用"代沟"来解释文章不可读的合理性。他说："不同年龄的读者题材的兴趣可能有不同的倾向（其实也不尽然，在年轻人中爱好古典文史的也大有人在），至于在质量高低、文字优劣的鉴别上，顶多有些小出入，不会大相径庭。如果有一'代沟'观念横亘胸中，那就在稿件取舍上难免会出现偏颇。"

吕老除了指正错失外，还告诉我不少学问上的门径，乃至改正我的信上的失误。有一次我不知为何用了"如何如何厉害"来形容事情的极致，他说："'利害'乃正体（广东语言可证），'厉害'是 folk etymology，只是因为鲁迅这样写了，很多人跟着写。"

在这样的老作家耐心扶植之下编一份杂志，你说有多幸福。何况，《读书》周围的这样的作家何止一个两个，吕老以外，金克木、张中行、柯灵等等，还可举出许多。金克木先生对我的教诲，不如吕老的具体，但一读他在《读书》三周年时写的短文（刊《读书》1983 年第 1 期 140 页），便可知他对我们的关注了。

九、得道多助（二）

对《读书》的编辑工作有帮助的，还有相当多无名的读者，也就是吕叔湘老人说的 general reader。我是每天晚上才有时间编《读书》的。下班前常常要找些东西带回家去做，其中《读书》的来信来稿，我总是等不及管文书的同事处理后再交我，而是从收发室迫不及待地直接取走。原因无他，这些大部分是陌生人的读者，对我来说是太重要了，等不及到明天再读到他们的信稿。

我已不大记得这些无名读者作者的名字，现在也难以查考。记得上海一位刘宏图先生，几乎月月来信，后来成了朋友，现在听说已经作古。秦朔、黄湘等若干位大学生，当年也常来信来稿，现在都已学有大成。我手边保留若干记录的，是一位沈自敏先生。

沈先生在社会科学院近代史研究所工作，因为离得近，几乎三天两头照面。他是积学的专家，也搞翻译，并非“无名”，说他是《读书》的作者更为相当。但他不多写东西，而很愿向我提意见，遂更莫逆。他对我提的很重要的一个意见是：《读书》多年经营，已成“风格”，整个说“风望”也还可以。目前比较需要努力的，是“风骨”。自此之后，我们谈话总是离不开“风骨”一语，沈先生博学，风骨问题往往从刘勰等人谈起，而我只略知沈先生的征引，而未能细细寻绎文意。即便如此，也知道他的意思是勉励我们要保持自己独立个性，不为种种上上下下的流俗所影响。“风骨”之不足，至少是我个人缺点之所在，沈先生是看得很准的。同他谈一次，我就惭愧一次。沈先生身体很弱，往往扶病拄杖而来，这本身就象征着一个自由知识分子的风骨，宁不令人感动！

1997 年沈先生逝世，他的讣告中有这样的话，更加深了我对他的认识，亦可见此公的“风骨”是为人所公认的：

“沈自敏先生为人讲原则，有一贯之道，正直耿介，心口如一，对学界的不正之风和社会上的丑恶现象或是痛斥或是嘲讽。而对于朋友，他总是热诚相待，对于子女，更是舐犊情深。他无世故城府，有赤子之心，好与青年结忘年交，与他们促膝探讨书中事，议论天下事。他的过世，使家人、亲属和朋友的世界顿失一种声音、一种颜色。”

我常常要在《读书》的编后絮语里发点牢骚，其实大多也只是无病呻吟。但它们之所成，大多得力于编杂志的当晚读到的读者来信，奇怪的是，我在“编后絮语”里欲吞又吐的那几句话一发表，不三几天就会收到读者的反响。他们不只完全了解我的心曲，而且表达了充分的理解和支持。所有这些，都使我觉得，耗一点业余时间来编这杂志，不只不冤，而且是我在艰难的文化“爬坡”活动中最大的精神支持。

十、得道多助（三）

办成《读书》，不只靠知识界有名、无名人物，当然也要靠官场，即领导。我在前面，似乎只讲上峰对我们的要求，而未及对我辈呵护的一面，这显然不够全面。

一个思想评论杂志能坚持二十来年，没有上面的宽容是难办到的。这里举一两件事。

我记得，1983 年中，社会上有些大事，什么什么地方一讨论，有地位很高的人觉得《读书》问题不少，甚至连它的存在似乎也成了问题，至少要改变性质，不再“思想评论”，而成为纯粹的书评刊物。大伙儿为这愁得不得了。

1983 年夏天的时候，要我去开一个会，说是传达胡乔木 1983 年 7 月 29 日在全国通俗政治理论读物评选颁奖大会上的讲话。很奇怪，乔公开讲未久，忽而讲到了同通俗政治理论读物似乎关系不大的《读书》杂志。他指出这个刊物“编得不错，我也喜欢看”。《读书》存在的问题，主要是“不够名副其实”，没有“满足广大读者更多方面的需要”。接着又说：“《读书》月刊已经形成了它的固定的风格了，它有自己的读者范围，可能不宜改变或至少不宜做大的改变。”他希望仍然把《读书》杂志办下去，而另外办一个刊物，来满足另一些需要。看来，乔公已经知道有一种声音要停办或对它做“大的改变”，而他显然并不支持这意见。

胡乔木的这个讲话现在收在《胡乔木谈新闻出版》一书中（第508—524页）。在这本书里，也还有不少别的精彩论述，例如作者常常为下属设想一些具体的选题，对一些文章提出具体的修改意见等等，这里不去说它了，而最为我个人觉得亲切的，便是对我们这种刚刚迈步的淘气行为的宽容。用现在准确的语言说，这大概就是我们常说的“引导”。我觉得，这真是领导文化出版的好方法。

类似的“引导”，还有一次，过程也许更加曲折。

1987年某日，忽然收到“胡办”送来一信，其中有乔公写给我和董秀玉女士的亲笔信（秀玉女士当时大概还在香港工作，但她是一直担负《读书》的领导工作的）。乔公在信中很客气地说，要给《读书》投一稿，是他为自己的新诗集《人比月光更美丽》写的后记，“如何是好，诸希裁夺”，云云。此信看后大惊。请教了一下朋友，说看来这只是投稿，并无别故，敬请放心。于是我们复信表示欢迎，并对稿子提了一些意见。乔公全部采纳我们的意见，并说：“来信对一个投稿人的礼貌用语似越常规，以后希望平等相待，此不特没有平等就没有民主，彼此说话亦有许多不方便也。”

某日又到上面汇报工作之时，顺及此事，并表明乔公对《读书》十分关怀，着实张扬了一下。不知是不是我个人神经过敏，似乎从此清风霁月，《读书》杂志欣然过关，没有人再嚷嚷《读书》不听话了。我至今不知，乔公亲自作书投稿，是不是亦属对下属扶持或引导，但它确实起了这种作用。

十一、另一位老人

从《读书》站稳脚跟到成长发展，我个人以为，就内容来说，有三个特色给了我们很大帮助，这就是：专栏文章、海外学人文章和青年学子新论。

这三者似乎是不能分开的。专栏文章中，固然有黄裳、张中行、辛丰年、金克木、王蒙、吕叔湘、柏元、谷林等国内学者的论述，更有大量海外学者的作品，特别是董鼎山先生和亢泰先生，从一开始就给了我们很大帮助。而在创刊两三年后，国内派出留学的学者成长起来了。首先是张隆溪、赵一凡先生，然后刘小枫、李长声、丁泽多位，他们和不定期出国的陈平原、黄子平、葛剑雄、王晓明、吴岳添等，组成了一支坚强的作者队伍，成为《读书》的台柱。在这同时，海外的支持也一日多似一日。有标志性的有两件事，一件是在陈冠中先生帮助下，在台北出了繁体字版；另一件是高希均先生出资每期赠送北京的大学生一千本刊物。

在这里，列举大事和开列名单必然是挂一漏万的，我想说的只是，所有这些特色的形成，追本溯源，不能不提及一位著名的文化人：冯亦代先生。

冯先生真称得上是一个蔼然长者。我同他打交道时，常产生一个疑问：像他那么谦和，那么乐于助人，怎么1957年也会遭厄。冯先生当时担任《读书》副主编。他同史老两人，一主外，一主内，是领导我们大家的两位副帅。冯先生对《读书》的贡献应当说像海上的冰山，能看到的只是一角，大量淹没在海水之深处。要知道，在《读书》工作过的无论帅、将、兵，大多是搞政治宣传出身的，所熟的是有关宣传部门的人员，社会科学专家，尤其是马克思主义的学者。著名的文化人，举例说，钱钟书、金克木，大概都不是旧交。而只有冯老在这些方面知之极稔。主要是在他带领之下，我们才结识了这些老人。而又正逢其时，这些大知识分子在“文革”劫难之余，极思有所作为。例如金克木先生，找他组稿之初，有人就曾提醒，他是不肯随便写作的，去了多半碰壁。哪知在冯老等人介绍之下，金老不但应允所请，而且每应允一文，往往寄来二至三篇。后来索性将所作一律寄给奔走联系的赵丽雅同事，凡《读书》来不及用的稿件，均可由她代转出去。追本思源，这些都出于冯老的最初引荐。

冯老又精于西文，因此很快通过他开辟了海外途径。首先响应的是他的旧识董鼎山先生。以后韩素音女士等，络绎不绝。最早让我们了解海外社会科学新思潮的重要的，是韩女士向我们推荐的《第三次浪潮》，由这才开始了对“后工业社会”的逐步了解。

冯亦代老人对《读书》的这种贡献，后来更惠及三联书店。1986年1月三联书店独立建制，要不是我们在此前若干年里编《读书》时受过冯老等众帅的耐心熏陶，深受启发，并蒙他们移交给我们一大批作者关系，相信凭我（即使连带上极为能干的董秀玉女士）是无法把它办成一个有如此文化品位的出版单位的。1987年秀玉女士赴港主持香港三联书店工作，又把这种文化品味带到香港。冯老的默默助人，乐育后进，其成就竟有如此者。现在他卧病斗室，我每次见他，总不免想起这些往事，而不胜惆怅。

十二、“阁楼上的疯男女”

如此这般地宣扬了一番的《读书》杂志，大家知道，实际操作人员并不多。除了众“帅”，实际当差的，包括我在内，三五人而已。也许是人少的好处，这三五人比较能够齐心协力，不大有我告你状，你惹我厌，乃至整个“窝里反”的情形，这可能是办好杂志的根本之一。

《读书》创办之后，社会上找不到高学历的人才，因而我们的从业人员，说得好都是“自学成材”，或如我之自学而不成材。从未公开招聘，都是各方面推荐而得，内部掌握的标准，实际上唯有一条：好人家子弟。“好人家”也者，既不指红五类，也不指黑五类，只指家庭中文化素质较高，从而品德学识也略好，如斯而已。多少年下来，编辑部人员进进出出，前前后后也终有十数位了吧，这里为省笔墨，只说几位女将，以概其余。

一位是吴彬女士。吴女士在《读书》真正是开天辟地，进来的时间比我还早，可算是元老。原来是工人，似乎是油漆工还是什么的，但是自学甚勤，尤稔文学。她的优长之一是识大体、明全局，特擅“主外”。多少年《读书》的头条文章，不少由她组写，照我看实在是为

《读书》立了头功一桩。吴女士读书博闻强记，某年我赴美，与刘再复先生共席，刘先生谈及自己的研究，忽引诗一首，最后仿佛有“shuang fei yi”三个声音。我当场问，“此为何指”，他指了一下桌上的鸡翅膀，说这就是（他以为我没听清 yi 音）。不知我从来于诗词之道极为贫乏，整句诗原就没听清，刘兄一指鸡翅膀更是丈二和尚摸不着头脑，还以为此公现在改行做餐饮了，万般无奈，只好把这三个声音牢牢记住。归来向女才子吴彬请教这个“鸡翅膀”的故事。吴听后大笑，说这不是“身无彩凤双飞翼”吗？我当时赧然，但过去在她面前出洋相已不只一次二次，也就老着脸皮过去了。

另一位是赵丽雅女士。赵女士原是卡车司机，因喜读《读书》，在报刊著文评论，从而参加了编辑部行列。她办事不事声张，埋头苦干，特别能做“苦力”。赵女士见作者羞涩寡言，然而分手之后，你也许会收到锦笺一纸，蝇头小楷，骈四俪六，情真意挚，进退得体，使君读后难忘，从而决心引《读书》为知己，为它写稿不休。张中行老人即为一例（详见张老所作《赵丽雅》）。赵女士现在离开《读书》，专门研究《诗经》，以“扬之水”之名，已成巨著一册（《诗经名物新证》）。我相信她的大著并不会“扬之水”，而必然会“扬于世”的。

第三位是贾宝兰女士。贾女士学历稍强，即所谓“工农兵学员”，无论如何，是有经济学专业训练的。编辑部内，她也沉默寡言，认真工作，不事声张。她主持经济学稿件的编辑工作，二十来年，始终其事。这方面的工作，如前述吕叔湘老人谈到的樊纲先生谈股份制稿，即出其手，大家都是称赞的。

几位女士，搭上我一个老汉业余操作，共同构成所谓“阁楼上的疯男女”。“阁楼”云云，并非如文学理论家所想象有什么隐喻，只是写实而已。因为在整个20世纪80年代里，《读书》编辑部或居危楼，或入地下，使我辈时时有“过亭子间生活”的感觉。三数人居陋室而不疲，兀自操作不休，此之谓“疯”，不亦宜哉！

讲到这里，已到全文最后，但还得交代一件重要事实。如是三数人，包括鄙人在内，还有一位德高望重的领导在管着我们：这就是画家丁聪先生。丁聪先生是整个《读书》杂志编辑部中最高龄也最埋头苦干的一位。他不来编辑部，但管《读书》的版式，从创刊迄今，孜孜不休。版式之事，何等枯燥。像我这样的出版学徒出身，到现在也已倦于此事。丁老著名画家，画作等身，现在为一《读书》，真正献身，成为这刊物地地道道的"无名英雄"。现在"平面设计"大行其市，找人设计版式并非难事，但像丁伯伯（编辑部内，自鄙人以下，均学吴彬那样尊称丁老如此）那样，几十年来始终为这事忙碌，难矣！这里自然还得提一下丁老与陈四益先生合作的诗画合璧，这也是为《读书》生色的。我相信，丁老喜欢《读书》的，就是CC两帅以及其他豪杰所创立的思想解放的风格，所以愿意献身。我每次见到丁老的版式样，总是想到这点，从而产生动力。

十三、谈自己

写到最后，到了"十三"这一不祥之数，现在把它留给自己。

老人爱谈往事，如我辈不学者，更只能借往事来炫耀过去，借此满足虚荣。上面十二则里，明说别人，实际上处处没忘掉自己，在在要唠叨几句自己并不光彩的过去。现在还能说什么？说说思想吧。

我从十三岁离开正规学校，拜师学手艺，十九岁在穷愁潦倒之际幸而考入出版社，当了校对，以此开始出版生涯。我是尝过失业失学的苦的，所以大约在做出版工作的头三十年里，勤勤恳恳，只求捧住饭碗，做个唯命是从的"乖孩子"。接手编《读书》以后，大吃一惊，原来现在要做的事，需要独立思考，不能只靠"乖"吃饭。虽有众"帅"在位，可以遮阴，但是还得靠自己去思索和操作。

大约在20世纪50年代末60年代初，我因工作需要，为了反修，学了一些马列。当年影响最深的，是列宁批判考茨基的论述。我们的革命导师指出，叛徒考茨基的所作所为，无非是在资产阶级社会里"跪着造反"，这实际上是为当时的执政者更好地效劳，而不是革命者所应为，所以称之为"叛徒"。过了二十年编《读书》杂志，遇有思想新颖而职业习惯告诉我要谨慎的文章，我往往想起列宁的这些名言。我当时想，我们允不允许一些人采取言论上“跪着造反”的形式来为我们这个社会更好地效劳呢？

我得承认，我是一个怯懦者，想到而大多不能做到。我当年在编发顾准前辈的文章时，就有过应当允许“跪着造反”这念头，但临了还是扣了一些篇不敢发，更不用说别的稿件了（感谢后来有同行把顾的文集印成书了）。所以，对于在《读书》工作的这些年，我所惭愧的只是，许多事没有按列宁的教导认真去做。

还有一点，也是我多年感到不足的。1949年，我学过一些新闻学理论，听先师王季深先生说，在延安时凯丰曾对丁玲说，《解放日报》应当打破惯例，好的小说也可以上头条。我在随后几十年里总想学习这种精神，打破陈规旧框，在编排形式上也有一些创新而终未能如愿，始终引为一憾事。直到去年，见到一家同行某期只发两篇大作而成一期，真是大手笔，颇有革命先辈凯丰同志所说的精神。我做编辑恁多年，不只内容，为什么连形式也不敢创新一下呢？

所以，回忆往事，关于自己，只能说声惭愧。1993年起蒙准不当出版社领导，专编《读书》，颇思有所作为，但也说多做少。例如作品奖、讲座、丛刊等等，或虎头蛇尾，或畏难缩手。1995年底得悉要把《读书》彻底交出，起初颇感突兀，海外朋友更有种种猜测，而后细想，也并非不是好事。因为我过去所依赖的各位，特别是《读书》诸帅，或为古人，或已退隐，现在再想要用“无能”的旧法编杂志，也没辙了。我实在不是编“思想评论刊物”的料，历史的这一页，应当翻过去了。

总结在《读书》这些年，略有所成，均得力于自承无能，于是才能较好地执行《读书》众帅意图，才能同许多名流学人打成一片，也才能少出一些事端。整个20世纪80年代，是英雄辈出的时代。“世无英雄，遂使竖子成名。”现在世多英雄，遂使无能者有效力之所了。这道理是明显的。本文以“无能”为主题，开篇说过，曾经征求吴彬等女士意见，她们都是赞成的。吴女士对此，除赞成外更有新见。她觉得，我们不仅无能，更全面地说，应是："无为——无我——无能"——十足的一个"三无世界"。她这么说，更全面更好。但因原题已打上电脑，也不改了，只把吴女士的想法附记于此，并表赞同，以备参酌。

2000年10月

《读书》：一份常常引起争议的刊物

《读书》是一群喜欢读书的出版家办的刊物，1979 年 4 月创刊，到现在已经七个多年头了。

“喜欢读书的出版家”，这是一个要解释的提法。出版家难道还有不爱读书的？但是实际上，干书这一行业是一回事，是不是喜欢读书往往又是一回事。至于读书人不一定是出版家，那当然更是不言而喻的了。读书人与出版家这两种身份凑在一起，于是就产生了一份具有双重特性的刊物。《读书》杂志多次表明自己是“以书为中心的思想评论刊物”，既是“思想评论”，又要“以书为中心”，正好反映了这一特色。

这里，还不能不提《读书》创刊的时间因素。1979 年 4 月创刊，筹备当在 1979 年 1 月以后。每个中国人都清楚，这是一个怎么样的时刻。1978 年底的中共十一届三中全会，激励着每个有良知的中国知识分子的心。于是，一些为党工作多年的老出版家忍不住了，“跳出来了”。他们有的从“黑洞”出来重新走上领导岗位不久，有的历史上“错划”和其他旧账还没完全算清，有的刚在几年前的“反复旧”中“挨了一闷棍”，种种经历，都使他们知道：读书界和出版界照老样子下去不行了，要冲决罗网，走出新路。于是，几位老人带领一二个小将，干将起来了。

也于是，有了李洪林《读书无禁区》为头篇文章的创刊号。从这以后，一发而不可收拾。人们第一次在这里看到这样一些在当时是惊世骇俗的提法：“‘書’必须四门大开”，“言者无罪”，“费厄泼赖应当实行”，“唯心主义在一定条件下起进步作用”，“反对现代迷信”……人们也第一次从这里知道许多“海外奇谈”，诸如国外的《第三次浪潮》，文学、语言学的新进展，一些闻所未闻的外国新著作……

这样就使《读书》成为一个有争议的刊物，直到今天。我们现在还是不必去渲染它的言论有多么正确、多么英明、多么有预见，但不论如何，它的创刊的确在中国的读书界和出版界中间第一次产生了那么大的争议，引起了那么多的话头。以《读书无禁区》一文来说，它发表时有争论，以后每隔几年要争论一次，有的大学生宿舍里学生聚集起来一字一句地诵读这篇文章，有的单位里干部们召开大会一字一句地批判这篇文章。究竟哪一个办法好，哪一个做法对，这里不必去明确它。不论如何，在习惯于平静的、定于一尊的中国读书界、出版界里引发出这么大的波涛，总是中国社会进步的表现吧？

当然，《读书》杂志对自己的言论是有明确态度的。1981 年 1 月，《读书》两周年临近之际，一位年迈的《读书》创办人亲自握管为文，描述了自己刊物的“性格”，申明了办刊的主张：

“我们通过各种渠道听取读者的反映。我们分析读者来信，研究报刊发表的评论，召开读者座谈会，有时也请几位同志到我们编辑部来海阔天空一番。大家对本刊的性格大致有以下描述：一、你们（指本刊）解放思想。历经两个寒暑，你们不怕顶头逆风，不信歪门邪道，解放思想的旗帜始终鲜明，不含糊、不吞吐，我们（指读者）正想说的话，被你们说出来了。二、你们平等待人。有不同意见，可以批评，可以讨论。然而又不是无休止的争论，到时适可而止，以后再有新意，还可继续商量。你们只用批评的武器，不用武器的批评。打棍子的文章你们不登，这样好，我们赞成。三、你们提供知识。十年浩劫，草木凋零，当前，老、中、青三代各有各的知识饥渴。你们博采中外、掇拾古今，我们每读一篇或长或短的文章，总会觉得有所受益。四、你们文风可喜。一般没有废话、空话，帮腔帮调不用说，八股文那套起承转合，洋洋洒洒，不知所云的东西也比较少。两年前，你们刚刚创刊时已在文坛率先倡议，注意文风，我们双手赞成。

《读书》编辑部在万千读者的鼓励下，预备保持这四点性格。不言而喻，有缺点仍然要改正。粗暴、发脾气（姑且不说打棍子），不行；害软骨病、无原则迁就、不敢批评，也不行。人到中年，一个人的性格大致已经形成，不易改变（当然不是绝对的）。一种刊物的性格就该扬长避短，不断更新。不然的话，你就会失掉读者。”

我们用不着因为这段文字出于某位著名文化人之笔而大加喝彩，但是，它所表现出来的自信力却不得不令人敬佩。以后，这篇文章和此后一期《读书》发表的题为《人的太阳必然升起》的文章，又成为人们争论的话题。《人的太阳必然升起》被人辗转引用，批评它的人后来连文章和作者的名字都搞错了（可见原作如何作者实未见过），但仍然认为它“反对历史唯物主义”。文章中一些没有注明出处的马克思引语，被当做资产阶级言论而备遭冷嘲热讽。诸如此类，既没有把刊物编辑部吓退，也没有使他们激动。原因之一，就在上述这种自信力。

《读书》的特色，上举关于两周年的文章已经有了表述，但是有一点，是此文虽有述及而以后又有发展的，这就是它努力张扬文化开放，传播域外新知。

20 世纪 80 年代以来，大家都深深感到多年禁闭、封锁之害。整个二十世纪六七十年代，正是世界上科技突飞猛进，文化大为改观之际，可是这里的知识界却毫不知晓。《读书》既然鼓励读书，便不能不提倡人们论当今最新之学，读时下最新之书。这样，刊物上从新角度谈论新问题的文章增加了。作家刘心武在《读书》发表过一篇文章，题为《在“新、奇、怪”面前》，既是一篇很好的书评，也表明了本文作者和《读书》编辑部的共同看法。的确，不管你愿不愿意，整个知识、文化界都“在‘新、奇、怪’面前”，你能用一句简单的“邪门歪道”便把这些“新、奇、怪”都驱散么？我们还是采取另一种办法好：介绍进来，大家分析、辨别，然后吸收、消化、排泄、扬弃。另一位作家刘再复就在《读书》为长文把文艺界几年来这种消化的过程作了一番综述。两刘的文章，在中国当今思想激荡之际，自然又引起了一番议论，甚至有人担忧马克思主义在中国的命运因此成了问题。各种议论之是是非非，还得继续讨论，但《读书》多年来提倡研讨“新、奇、怪”，包括重视中外比较文学，提出有分析地对待西方现代哲学（如存在主义），强调文化问题的研究，主张重新探讨某些现代西方经济学理论，引进国外法治思想，以及介绍海外重要的学人及其著作，看来还都是必要的。写到这里，不妨引一段《读书》最新一期（1986 年第 6 期）发表的朱厚泽同志的文章，用来说明文化开放已经终于为有识见的领导人所确认：

“从经济建设上讲，要实现四个现代化，经济要发展，科学技术要发展，离开了开放和引进不可能。但是有一个问题，就是思想文化要发展，离开了开放和引进行不行？有些人不太愿意回答这个问题。我说离开了开放和引进，思想文化要发展也是不可能的。

如果不开放，不吸收外国文化的进步成分，有利于我们发展的成分，关起门来搞我们的文化发展，就有许多困难。这点不肯定下来，那就出现说不清楚的大问题。”

《读书》从初期的倡言“解放思想”，到近期的主张“文化开放”，其言虽殊，其旨则一。几年以来，物换星移，当年主持《读书》的老人或退居二线，或另有重任，个别的则已归道山，然而《读书》的宗旨基本未变。它既未韬光养晦，自缚手足，也没有庸俗低劣，追逐利润。现在“文化开放”已成为许多刊物的主张，但在这同时，黄色新闻、低级趣味、无聊奇事，大多也借这名义抛出。《读书》虽然谈论“文化开放”较早，读者却从来不曾在它这里找到低俗，发现无聊，自然也有人批评说，这样做避免了“低级精神污染”，却为“高级精神污染”开了后门。精神污染有无高低之分，外国的新学说、新理论是否全是“精神污染”，事情的见仁见智，还可再加争议，而《读书》一本从来宗旨，着意甄选、鉴别，不去随波逐流，注意保持自己的声誉和特色，则是一个严肃的出版工作者应有的态度。

说到《读书》的特色，似乎还可以具体介绍一下它的文风和作者阵容。《读书》既然主要谈书，它的主要内容就不能不是书评。说起书评，人们都会想得起老一套的“书评八股”。《读书》创办诸君，有的编辑过 20 世纪 30 年代的《读书生活》，在这方面既有经验，复多教训。于是在他们的设计之下，下了不少工夫，使得“书评八股”尽量减少（还不敢说绝迹）。《读书》文章的写法，多数是“言在书内，意在书外”，着重在熏陶、烘染、商讨、激励、触发，它从不“耳提面命”，提挥读者干这干那。做到这点，自然也非易事。要组写这样的稿子，费劲不去说，最麻烦的是，经常有热心捍卫文化事业的纯正性的同志，写来耳提面命式的文章，而且通过种种途径，用耳提面命的方式要求刊登。一位同志明确说明：你刊此类文章太少，为了保证方向，特写此信，限于某期刊出。但《读书》既然方针已定，也就只得婉谢了。因此当然又少不了在内部、外部，引起种种激烈争议。

为了在文风上有点新貌，《读书》周围团结了一批善文之士，如费孝通、金克木、黄裳、吕叔湘、柯灵、李一氓、杨绛、刘再复、王蒙、董鼎山、李子云、朱虹、高尔泰……值得一提的是，近二三年来，刊物上新人辈出。张隆溪的博洽、陈奎德的犀利、黄克剑的精到、何新的凌厉、梁治平的深广、黄子平的尖锐、甘阳的汪洋、杨沐的透辟……俱都不让前贤，可谓继起有人，前途无量。

不过说起文风，《读书》虽有创新，近年来却也表现了某些不足。这倒不是说出现了什么老的“书评八股”，而是深入浅出的文章减少了，艰深费解的文章增加了。某些文章，深入深出，已令读者不烦，更有极少数文章，浅入深出，则不免使人掷卷而叹！杂志的“可读性”是一个杂志的生命，必须千万珍惜。引进海外新知，自然不免导入新词新语，乃至新的思维结构、新的表现方法。但是，人们所以要办刊物，要宣传新知识，目的无非是帮助人们理解、掌握。虽然历史上不乏真知灼见而难读费解的文章，但对一个群众性的刊物说来，究非所宜。除此而外，《读书》上错字常见，切待改进。吕叔湘老人曾经语重心长地在刊物上提出此点，而改进似乎不大，值得重视。

《读书》七年，已在中外读本中树立了声誉，确立了威信。它在争议中存活，在争议中壮大。这种争议，体现了中国出版界在中共十一届三中全会以后的进步，表明了中国在文化方面的宽松、容忍的政策。《读书》若能发扬已有的优点，再加改进，则必更加有益于读者，博得更多读者的欢迎！作为《读书》的爱好者，有愿望焉！

1986 年 6 月

几十年前的往事

几年前，我在一篇文章里说过这样的话："记得《读书》杂志，不必去记得沈昌文之流，但不能忘记李洪林。原因很简单，李洪林在《读书》创刊号上发表过一篇有名的文章：《读书无禁区》，由是使中国读书界大受震动，《读书》杂志其名大彰，直至今天。"我至今仍然这么看。

《读书》杂志 1979 年 4 月创刊，第一期头篇文章是《读书无禁区》。当时我还没去《读书》杂志，并没有经手这篇文章，但是它引起的震动，却是我感同身受的。这篇名文一直为人称道。所为者何？原因很简单。这里首先分析批判了史无前例的中国"文化大革命"中"四人帮"的禁书政策。"文化大革命"中的禁书，确是"史无前例"，今天的年轻读者绝难索解。二十多年后，仍然禁不住我大段摘抄这篇名文的冲动。

请先读这篇名文中对"四人帮"禁书政策的揭发：

> 在林彪和"四人帮"横行的十年间，书的命运和一些人的命运一样，都经历了一场浩劫。
>
> 这个期间，几乎所有的书籍，一下子都成为非法的东西，从书店里失踪了。很多藏书的人家，像窝藏土匪的人家一样，被人破门而入，进行搜查。主人历年辛辛苦苦收藏的图书，就像逃犯一样，被搜出来，拉走了。
>
> 这个期间，几乎所有的图书馆，都成了书的监狱。能够"开放"的，是有数的几本。其余，从孔夫子到孙中山，从莎士比亚到托尔斯泰，通通成了囚犯。谁要看一本被封存的书，真比探监

还难。

书籍被封存起来，命运确实是好的，因为它被保存下来了。最糟糕的是在一片火海当中被烧个精光。后来发现，烧书毕竟比较落后，烧完了灰飞烟灭。不如送去造纸，造出纸来又可以印书。这就像把铁锅砸碎了去炼铁一样，既增加了铁的产量，又可以铸出许多同样的铁锅。而且“煮书造纸”比“砸锅炼铁”还要高明。“砸锅炼铁”所铸的锅，仍然是被砸之前的锅，是简单的循环；而“煮书造纸”所印的好多书，则是林彪、陈伯达、“四人帮”以及他们的顾问等等大“左派”的“最最革命”的新书。这是一些足以使人们在“灵魂深处爆发革命”的新书，其“伟大”意义远远超出铁锅之上。于是落后的“焚书”就被先进的“煮书”所代替了。

如果此时有人来到我们的国度，对这些现象感到惊奇，“四人帮”就会告诉他说：这是对文化实行“全面专政”。你感到惊讶吗？那也难怪。这些事情都是“史无前例”的。

那么，在“文化大革命”期间，究竟对多少书实行了“专政”呢？《读书无禁区》的作者写道：

在“四人帮”对文化实行“全面专政”的时候，到底禁锢了多少图书，已经无法计算。但是可以从反面看了一个大概。当时有一个《开放图书目录》，出了两期，一共刊载文科书目一千多种。这就是说，除了自然科学和工程技术书籍之外，我国几千年来的积累的至少数十万种图书，能够蒙受“开放”之恩的，只有一千多种！

除了秦始皇烧书之外，我国历史上清朝是实行禁书政策最厉害的朝代。有一个统计说清代禁书至少有二千四百余种。蒋介石也实行禁书政策，他查禁的书不会少于清朝。但是，和林彪、“四人帮”的禁书政策相比，从秦始皇到蒋介石，全都黯然失色。理工农医书籍除外（这类书，秦始皇也不烧的），清朝和国民党政府查禁的书，充其量不过几千种，而“四人帮”开放的书，最多也不过几千种，这差别是多么巨大！

中国的出版社原就不多，“文革”前只有八十七家，职工约一万人。“文化大革命”中，经撤销、归并，到1971年，只剩五十三家出版社，职工四千六百四十九人。中央级的所谓“皇牌”出版社五家（人民、人民文学、人民美术、中华书局、商务印书馆；注意：三联书店早在1953年裁撤，当时早已不存在了），原有职工一千零七十四人，到1971年只剩一百六十六人（其中编辑六十三人）。上海原有十家出版社，职工一千五百四十人。（以上据《中国当代出版史料》第6册，62页。）

读书人见不到书，怎么办呢？一位朱正琳教授近年回忆他的青年时光说：

> 记得我兴冲冲跑到离家最近的一家书店时，那景象真让我吃了一惊。书架上空空落落，已经没剩下几种书了。我站在那里，只觉得手足无措。一种失落感渐渐变成一种悲愤之情，我突然做出了出乎自己意料的举动：几乎是当着售货员的面，我从书架上拿了两本《斯大林选集》就往外跑。
>
> 这以后我索性退了学，躲在家里读书。自己拟了个计划，系统地读。想读书，书好像就不是问题，我总是有办法找到我想读的一些禁书。后来则更是一劳永逸地解决了这个问题，那就是到各个学校的图书馆去偷书。一家一家地偷下来，我们几个人的藏书种类（限于人文类）就超过许多家图书馆了……
>
> 偷书的好处不仅是有书读，而且还让我们大开眼界——许多“内部发行”的读物让我们见着了，这才知道山外有山。
>
> 只可惜还没来得及读多少，我们一伙就已锒铛入狱，那些书自然是被尽数没收。不过我们被捕的案由却不是偷书，而是“反革命”。那时候赶上“中央”有文件要求注意“阶级斗争新动向”，说全国各地出现了一些“无组织、无纲领但实质上是”的“反革命集团”。于是全国各地都有许多素不相识的人被捏成一个个不知

其名的“集团”，有些地方则索性命名为“读书会”。我们几个人被定为在贵阳“破获”的“集团”（据说是一个全国性的“组织”）的“学生支部”成员，我们的“地下书库”简直就是天赐的“铁证”。

这一坐牢就坐了四年多。待到出狱时，离本文篇首所说的排队买书的日子已经不太远了。排队买书之后紧接着是《读书》杂志复刊，头条文章的标题是“读书无禁区”。从那时起我开始与“饥荒”告别，渐渐地却发现，市面上有越来越多的书让我相见恨晚。(《里面的故事》，北京三联书店2005年7月版)

经过“文革”，人民觉醒，意识到所谓“无产阶级的全面专政”，实际上就是文化专制主义。20世纪70年代初开始，随着“四人帮”的陆续垮台，情况有所松动。但是，经过这场浩劫，《读书无禁区》的作者理所当然地提出：

人民有没有读书的自由?

把书店和图书馆的书封存起来，到别人家里去查抄图书，任意在海关和邮局检扣图书，以及随便把书放到火里去烧，放到水里去煮，所有这些行动，显然有一个法律上的前提：人民没有看书的自由。什么书是可看的，什么书是不可看的，以及推而广之，什么戏是可看的，什么电影是可看的，什么音乐是可听的，诸如此类等等，人民自己是无权选择的。

我们并没有制定过限制人民读书自由的法律。相反，我们的宪法规定人民有言论出版自由，有从事文化活动的自由。读书总算是文化活动吧。当然，林彪和“四人帮”是不管这些的。什么民主！什么法制！通通“打翻在地，再踏上一只脚”！这些封建法西斯匪徒的原则很明确，他们要在各个文化领域实行“全面专政”，人民当然没有一点自由。问题是我们有些同志对这个问题也不是很清楚。他们主观上不一定要对谁实行“全面专政”，而是认为群众都是“阿斗”，应当由自己这个“诸葛亮”来替人民做出决定：什么书应该看，什么书不应该看。因为书籍里面，有香花也有毒草，有精华也有糟粕。人民自己随便去看，中了毒怎么办？

其实，有些“诸葛亮”的判别能力，真是天晓得！比如《莎士比亚全集》就被没收过，小仲马的名著《茶花女》还被送到公安局，你相信吗？如果让这种“诸葛亮”来当人民的“文化保姆”，大家还能有多少书看？究竟什么是香花，什么是毒草？应当怎样对待毒草？这些年让“四人帮”搅得也是相当乱。例如，《瞿秋白文集》本来是香花，收集的都是作者过去已经发表过的作品，在社会上起过革命的作用，是中国人民宝贵的文化遗产，这已成为历史，是客观存在的事实。但是，后来据说作者有些什么问题，于是，这部文集就成了毒草。谁规定的呢？没有谁规定《瞿秋白文集》应当变成毒草，而是“四人帮”的流毒，使人把它当做禁书。

文学书籍，被弄得更乱。很多优秀作品，多少涉及一些爱情之类的描写，便是“毒草”，便是“封、资、修”，便是“资产阶级生活方式”。“四人帮”这一套假道学，到现在也还在束缚着一些人的头脑，因为它道貌岸然，“左”得可怕。以致有人像害怕魔鬼那样害怕古今中外著名的文学著作。本来在社会生活中，“饮食男女”是回避不开的客观现实。在书籍里面，涉及社会生活的这个方面，也是完全正常的现象，许多不朽的名著都在所难免。这并不值得大惊小怪。即使其中有不健康的因素，也要看这本书的主要内容是什么。不要因噎废食，不要“八公山上，草木皆兵”，把很多香花都看作毒草。

《读书无禁区》的作者是一位坚定的马克思主义者，他对读书不主张采取绝对的自由主张。他认为：

任何社会，都没有绝对的读书自由。自由总以一定的限制为前提，正如在马路上驾驶车辆的自由是以遵守交通规则为前提一样。就是在所谓西方自由世界，也不能容许败坏起码公共道德的黄色书籍自由传播，正如它不能容许自由抢劫、自由凶杀或自由强奸一样。因为这种"自由"，势必威胁到资本主义社会本身。任何社会，对于危及本身生存的因素，都不能熟视无睹。无产阶级的文化政策，当然更不会放任自流。

不过一般地讲，把"禁书"作为一项政策，是封建专制主义的产物。封建主义利于人民愚昧。群众愈没有文化，就愈容易被人愚弄，愈容易服从长官意志。所以封建统治者都要实行文化专制主义，要开列一大堆"禁书"书目。其实，"禁止"常常是促进书籍流传的强大动力。因为这种所谓"禁书"，大半都是很好的书，群众喜爱它，你越禁止，它越流传，所以"雪夜闭门读禁书"成为封建时代一大乐事。如果没有"禁书政策"，是不会产生这种"乐事"的。

我们是马克思主义者，对全部人类文化，不是采取仇视、害怕和禁止的态度，而是采取分析的态度，批判地继承的态度。同时我们也有信心，代表人类最高水平的无产阶级文化，能够战胜一切敌对思想，能够克服过去文化的缺陷，能够在现有基础上创造出更高的文化。因此，我们不采取"禁书政策"，不禁止人民群众接触反面东西。毛泽东在二十二年前批评过一些共产党员，说他们对于反面东西知道得太少。他说："康德和黑格尔的书，孔子和蒋介石的书，这些反面的东西，需要读一读。"他还特别警告说，对于反面的东西，"不要封锁起来，封锁起来反而危险"。

连反面的东西都不要封锁，对于好书，那就更不应当去封锁了。

《读书无禁区》这篇文章发表后，引起了一场风波。有一度，有人还认为，此文的宗旨是"不要党的领导，反对行政干预，主张放任自流"。有人甚至认为，文中在"毛泽东"后未加"主席"两字，就是反动思想的表现。在中国大陆的开明文化政策的继续发展中，这一类言论自然已经不占主流。特别是作者以后又声明说：

我那篇文章的原题是《打破读书的禁区》。《读书无禁区》是

《读书》杂志编者改的，当时我并不知道。杂志出版之后，我曾有更正之意。后来听说引起风波，我倒不想更正了。（见《理论风云》，三联版，第 21 页）

因此，在读书应不应有禁区这个字面问题上，争论是没有意义的。重要的还是此文最后一句提纲挈领的话。几十年后再来看这句话，我们只能佩服作者的对文化现象所作的卓越观察：

世界上没有绝对的“纯”。空气里多少有点尘埃，水里多少有点微生物和杂质。要相信人的呼吸器官能清除尘埃，消化道也能制服微生物。否则，只好头戴防毒面具，光喝蒸馏水了。打开书的禁区之后，肯定（不是可能，而是肯定）会有真正的坏书（不是假道学所说的“坏书”）出现。这是我们完全可以预见也用不着害怕的。让人见识见识，也就知道应当怎样对待了。

寻觅知己

我多年做编辑工作，尤其是三十来年前编《读书》杂志，以及长年主持三联书店的编务，都十分依靠广大读者的信息。由于我们学了苏联当年的出版体制，出版、发行、印刷三者严格分家，在我们这里做编辑出版业务有个怪现象：生产者见不到消费者。我们所知道的市场反应，也就是一个印数。当然还有舆论。但是我们的书评工作多年来是比较落后的，不及时，不真实，反映不了多少读者的心声。这些在改革开放以后的今天，当然是大有改进了。但是，另一方面，书的品种却多了许许多多。相对来说，究竟改进了多少，还难说。

所以，我主持出版社的时候，有两个古怪的癖好：第一是喜欢亲自编杂志，因为它回馈读者的需求比较快；第二是愿意亲自拆看每天的读者来信，直接体认读书界的反应。后一个习惯惹起许多猜疑。因为我这个第一把手，居然每天等不及有关部门把读者来信整理上报，而是天天自己上收发室去取读，这至少也说明你这领导做事有点本末倒置了。但是，我自己却由此实在受到了许多教育。特别是，你出书、发文章总要说些皮里阳秋的话，不知道读者懂不懂本意所在。忽而读到一封来信，把你们的用心点出来了，快何如之！这叫什么？这就叫：知己！

以后退出出版工作者舞台，但是贼心不死，作为过时的出版人，还是经常想窥探社会上对书业的反应，以此自娱。也正好，其时也，IT行业大兴，出现许多网站，就中谈书的自然特别中我的意。这中间，号称“最有影响力的中文社区”天涯社区的“闲闲书话”栏目，引起我的特别注意。一些具有相同爱好、来自五湖四海的人们互相寻觅，物以类聚，发帖、跟帖，七嘴八舌、真心实意地讨论某书某事，即时交流，激烈碰撞，精彩纷呈，煞是好看。每天，我都要到“闲闲书话”以及类似的三五个板块去盘桓个把两个小时，以为自娱。我不发表言论，仅仅是“潜水”而已。有时遇到某个网站或阅读某篇文章时要求我注册，我就敬谢不敏，不再光顾。有时对方的某文忽而出现“你无权阅读……”字样，我乖乖退出，不复纠缠。我从不登记注册，因为我总觉得，这么一个破老头儿，不值得人们如此注意。幸好，“闲闲书话”有容乃大，没有碰到这情况。如此这般，我就安心潜水，长久地与之纠缠不已，由此大开眼界，获益良多。我还十分关心海外作家的文章。说实话，这不完全是政治上的“异端”，而只是觉得他们的写作有新意，看了有启发。“闲闲书话”里不断更新的陶杰专栏，即是一例。

消息传来，“闲闲书话”开版十年，要出选集了。这我当然拥护。自己虽然天天上网，可是，遇到想保存的文章，还是得收藏或打印。出版选集，搜集精华，以整体和纪年形式呈现中文网络阅读与写作的风貌、实绩和水准，是一个创举，很有意义，功德无量。

由之要我写篇序。值此“十年文萃”出版之际，为一小文，以答谢“闲闲书话”多年与我结下的缘分，亦为乐事。自然，更要答谢的，是当年在网上为文、现在收入本书的作者们，也就是那些位长期开导我、提示我的知己朋友。

2010 年 4 月

罪孽之一

曾经说过大话：房龙的作品是我在大陆改革开放后首先引进的。总觉得，这好歹是功劳一桩，可以称道一下。

前几天因事又想起读房龙的《宽容》。找到自己经手的20世纪90年代的旧版译本，匆匆一读而尽。又想看看时下流行的新版译本，去书店买了两种。一种，说实话，译文多数袭用20世纪90年代鄙人经手的老版，我们称它为A吧；另一种，译文很好，有自己的特色，这里称它为B。初看之下，当然要否定A。

可是查看到一个地方，我惊呆了：第九章“向书开战”，A却比我极为自许的老版和另一种我也称道的B多出那么一段：

> 俄国大革命爆发了。
>
> 在过去的七十五年里，俄国的革命者大声疾呼，说自己是贫穷的、遭受迫害的人，根本没有自由。为了证明这一点，他们指出，当时所有的报纸，都受到了严格检查，但在1918年，形势颠倒过来了。革命者当了权。又发生了些什么变化吗？这些胜利的、热爱自由的革命者，是不是废除了书报检查制度呢？根本没有！他们查封了一切对现在的新主人的行为不做正面报道的报纸和杂志。他们把大批可怜的编辑流放到西伯利亚或阿尔汉革尔斯克。毫不过分地说，他们比被称为“白衣小神父”的那位沙皇手下遭到唾骂的大臣和警察们，要不宽容一百倍。

没有问题，删去这些话是我的“不良”所造成的罪孽。当年我出翻译书虽然积极，但是“把关”亦严，对于自己认为不合适的话动辄删节。不仅政治内容，讲到情色话语，也尽量删去。《情爱论》第一版，就曾大动手脚。好在那时书少，即使是删节本，也还畅销。但无论如何，那是一种对作者的不尊重。

删节遭到反击的是《第三次浪潮》。记得一位教授强烈抗议这本书中译本的删节。他后来向上面反映此事，说的理由很正当：这一来，美化了原作者。作者原来对马克思主义是颇为不敬的，你细心地一一删去不敬的话，于是这位作者被你打扮为马克思主义者了。这不是完全弄虚作假吗？我记得，当时上面有的人颇为支持这位教授的见解。但是，不删节的可能还是很小：谁胆敢在自己编的书稿里出现反马克思主义的话语呢？

编书五十余年，经常自己称道和被人称道种种“功绩”。但是想想这类胆大妄为的删节，大概我辈要忏悔的地方更多。

我看了A本《宽容》，本来要对那位译者先生袭用别人译文的做法说些不敬之词，但看了上面那些被恢复的文字，又反而肃然起敬了。因为他帮助我减轻了自己的罪孽之一的恶果。

天天谈情说爱

打从出版《情爱论》后，我深信“情爱”之为正当……

人活到了七十光景，大概已可说同男女情爱之事了无干系。不过，我还是喜欢把自己每天的活动描述为：“谈情说爱”。可以说，近十来个年头，尽管已退出江湖，还是无日不在“谈情说爱”中度过。

当编辑，说来归去，重要的一条是所谓“人脉”。没有“人脉”，不结人缘，何来稿件？何况作家们又是一群世间最敏感、最富情感的高等动物，不动之以情，示之以爱，简直没法跟他们谈到一块儿。尽管现在世界大变，当好编辑的基本本领已经是会开价、善杀价，但要长期做事成功，恐怕还得靠这“情”“爱”二字。近读美国名编的新著 *Another Life*，更信其说。

这自然是改革开放以后的想法。在这以前，出版一部稿子先要作者所在单位的人事部门去调查；看看此人有什么政治问题，即使没问题，彼此也永存戒心，无法坦率交换意见，遑论到“动之以情，示之以爱”的地步。到了“文革”年代，出版社的年轻人会给成为“黑帮”的作者家门口贴大字报，揭发其人的“反党罪行”。至于把黑帮作者揪来批斗，更是家常便饭。

说来凑巧，改革开放之后，最早让我意识到要改变做法的一本书名字就叫《情爱论》。20 世纪 80 年代初的某日，我忽然读到一本俄文书，觉得大开眼界。它用马克思主义观点，对男女之情作了完全不同于我们在苏俄小说中读到过的新说。我那时亦已早为人父，却为这种爱情观入迷，赶紧央高手译出。出书之后，一下印了上百万册。我不敢说这本书现在还如何值得读，但它实在是迎合了刚改革开放时的思潮，打动了一大批少男少女的心。三联书店当年出的《情爱论》，其实还略有删节。我为避祸，在书中悄悄删了几千字，大多是描写“肉欲”的正当性的。现在三联书店的同事们已将这几千字恢复重印，真是功德无量。

打从出版《情爱论》后，我深信“情爱”之为正当。因此，尽管自己没赶上好年头，无法在花信之年实行《情爱论》介绍的种种故事，但是，总算在老年昏聩之际，还可以天天打着“谈情说爱”的幌子，同众多可爱的新老文人学士，在咖啡馆（多半是美术馆东街二十二号那家）讨论种种“情事”。信弗洛伊德的学人一定会为我的这种心理找出根由，但在我说，也顾不得这些了。

2005 年 1 月 1 日

于无意中得之

我的学出版，在将近五十个年头里，学的都是一种招式：策划。20世纪50年代初，跟着前辈学习订三年、七年、十年乃至更长期的出书规划。当时无“策划”一词，但实际所行，同今日所艳称的“策划”似乎并无二致，只是指导思想、组稿办法不同而已。大概应了一句什么古话：凡事预则立。您要做大事，就得先有这个“预”，也就是规划。规划、策划……确实顶事：1954至1955年间，我看一些前辈煞费苦心地制订二十年翻译世界社会科学名著计划，准备要同日本明治维新时期相比美，多少年里翻译几亿字。以后出来一个习称“蓝皮书”的大规划。二三十个年头里，几经折腾，多次面临覆灭而又转危为安，这个规划最后演变而为今天的“汉译世界学术名著”，猗欤盛哉，何等辉煌。没有当年的策划，焉克臻此?!

不过等到我自己有那么一点小小的出版方面的有限权力之后，我却极少去谋求什么规划。我比较经常奉行的是另一种办法：于无意中得之。那就是说，只出创作家们、学问家们、翻译家们本来就打算写打算翻的书，很少给他们出题目做文章。这在实际上，是把策划大权交给那些聪明过人的作者、译者，相信他们比我更有能耐、更有水平。出什么书，选什么题，多半是在同这些个作家、翻译家茶余饭后的聊天时“于无意中得之”。这是懒汉的做法。说得厉害，这就丢掉乃至削弱了选题的“导向作用”，要给这种做法戴个“自由化”的帽子也不为过。对我来说，性质尤为严重；因为我不是不懂，而只是疏懒而不思进取，把出版权拱手让人。上帝保佑，总算赶上了好年头，如是焉十来个岁月，区区居然只不过屡有小过而屡遭非议却还未出大漏子，最后总算全身而退，还能拿了退休金而常常说些令人不疼而稍痒、不说亦还可的闲话。

因为时时在意是否能够“于无意中得之”，这就同钱锋先生熟起来了，以致我们的学人、文人、译人钱教授出书居然让我这出版商为序。我识钱先生是出于吕叔湘老人的推介。大约十几年前，我常去吕宅聊天。吕老谨严审慎，议必有题，但在我三磨两磨之后，有时也很高兴同我说点闲话。我告诉他，我是躲在柜台下读他的《中等英文法》和《中国人学英文》，才初窥英语门径的。等到考进出版社做校对员校到了关于《伊坦·弗洛美》的文字，才开始学习做翻译工作。我常在他面前提些幼稚的问题，引他跟我说些掌故。某日，他无意中提到钱锋，颇有嘉许之意。此后又专门给我写一条介绍钱作。我当时在编《读书》，正在天天专门有意去做这类“于无意中得之”的事，自然很快同钱兄熟识起来。我当然邀约钱兄为《读书》写稿，如是者若干年。

我离开岗位，“乘桴桴于海”之后，已经把这位钱教授全然忘却，在此之际，忽然接到他的电话。钱兄留学美德归来，在专业之外，倒真是做了一件“于无意中得之”的趣事——编译了一本谈上海旧事的《海上画梦录》，托我介绍出版。我是上海出身的，在旧上海混迹多时。解放后到北京干出版，遇到要做检讨挖思想根源时，总要把根子深挖到我在上海为工做佣的那六个年头，以至于此前读中小学的若干年，仿佛为人而在旧上海这“染缸”里待过，必定污垢满身。知道有人写出关于旧上海的书，焉能不加关心，何况又是一位教授于专业外“于无意中得之”之作。不过，天哪！到了这时，我还有什么办法出版一本书呢？幸而有远在辽宁的朋友帮忙，助成其事。书印得够讲究，有几个“于无意中得之”的错字，小疵而已！

如果说在20世纪90年代中期以前，我是在刻意经营这个“于无意中得之”，应了俗话所说的“附庸风雅”或时髦人挖苦的“媚雅”，那么，到了此后，形势令你无法“刻意”而只能“无意”了。这时才在更大的程度上发现，像钱教授这般喜欢做“于无意中得之”的专业以外的事情的专家的可爱之处。说到这里，似乎得介绍一下钱教授的专业，方能更知究竟：他学的是语言学和计算机，现在奥地利教“计算语言学”，还创办了一家高科技公司，自任总裁。照日前传闻的中国“硅谷”的规矩，一个高科技的学问家而不去专心一致地锐意经营便会被请“开路”，不能再当总裁，钱教授如此这般“旁骛”，我不知他离比尔·盖茨会有多远，这我无心去探究了。我只知道，科技专家关心文史原是中国的传统，钱教授甘心做这类“于无意中得之”之事，只能于文化有益。

钱教授的“无意”，委实是一匹野马。他在旧上海痛快驰骋一番，编译了一本《海上画梦录》之后，忽地又译出一本法国的爱情诗《爱情变奏曲》，辽宁的朋友很快要为他出版。人们担心他这么下去离比尔·盖茨会越来越远。但听说这位盖先生近来日子也不太好过，在中国被学人们点名道姓批判不去说它，在美国也要上法院受审。盖先生要是知道中国高科技专家可以如此驰骋六合，纵横文坛，也许在五分钟内丢失多少亿美金财富之余，也还会有三分钦羡也说不定。

我只是出版界的退休老职工，既无学识，更非什么“大佬”。无非因为喜读闲书，多说闲话，常管闲事，所以有不少闲朋友。钱教授是近年来的闲友之一。我喜见他的闲作问世，并乐为之序。

1999 年 11 月

郑州往事

——《我曾经侍弄过一家书店》序

马国兴先生谈经营书店的大作在网上流传时，我已不断拜读。我是书业的老兵，自然要关心书店的情况。而更主要的，我好歹也算是三联书店郑州分销店的发起人，当年同马先生他们屡屡见面，说得上是熟人。马先生在此时此刻回顾往事，对我来说是有重要意义的。

说起创办三联书店郑州分销店，是我出版从业史上的一个突破。那年头，我接手重新开张三联书店，心里又高兴又惶恐。幸亏有好多老前辈相助，让我把三联书店逐步兴办、发展起来。这中间，有一位罗孚先生就帮了大忙。我在别处说过，罗孚这位闻名海外的老报人当年之在北京居留十年，是上帝的旨意。这十年里，他实实在在帮了我的大忙。别的不说，他介绍了好多文化人同我见面，让我广辟“人脉”，十分难得。某日，他安排老报人徐铸成先生与我们共餐。我一听说要见徐老，高兴得跳起来。因为1947至1948年期间，我受地下党员的影响，趁给他们买市上进步报刊之际，自己也常常先找来看。于是，我在我的同辈工人中间，常常念叨一位上海的进步报人“徐寿成”。我那时不识这“铸”字，一直读成“寿”。现在居然要与这位大人物共餐，如何了得。

徐老那天来，还带来了一位年轻人——他的孙子，徐时霖先生。时霖兄不久又介绍我认识了他的同学，薛正强先生。徐、薛两位年轻人当时都在北京跟从一位冯教授学管理科学。我很奇怪，徐先生学化学出身，薛先生本业是考古，两个人现在都去学管理科学。这也许是20世纪80年代的时尚吧。以后，更想不到的是，薛先生向我提出，他有意在家乡郑州经营书店。

当时，三联书店刚落脚未久，美术馆东街的大楼八字还才刚有一撇，本店工作人员大多还在北京五六处地方分散办公，如何谈得上去外地发展。但是，我想到了未来，加上我这上海人好动的性格，觉得不妨一试。不过我那时一分资金也掏不出来。薛先生说，资金由他筹，只要求我允许他使用“三联”名号。我于是郑重要求他注意文化品位，绝不经营坏书，把这作为使用“三联”名号的唯一条件。他欣然同意。这家叫“三联书店郑州分销店”的书店于是开张。打这以后，我去检查多次，确实不错。从各方面看，值得叫做“三联书店”。但在读本书之前，我从来没有想到书店的经管人员如马先生者有这样的水平。从现在马先生的文章看，还不好只说他有水平这类话。这位先生简直是个书迷。具体的事情，请大家看本书，我现在就不多啰唆了。

我还想啰唆的，是郑州三联书店另一方面的活动：它同郑州越秀酒家合作兴办的“郑州越秀学术讲座”。

我是“好食之徒”，到了郑州，正强老兄自然要招待我上饭馆。三吃两吃，在金水路上一家越秀酒家吃上了瘾。于是又认识了那里的老板崔乃信先生。崔先生是个性情中人，对文化又很有兴趣，本人就有不少珍贵的收藏。谈来谈去，正强兄提出利用越秀酒家这方宝地，搞个“郑州越秀学术讲座”，大家一致赞成。

回到北京，我想使这主意便于实行，不致遭到还在遥控三联的老前辈的批评和抵制，就先同也是“好食”的丁聪老人家商量，并把他请到郑州去考察。丁老了解后大为赞赏此举，我有了他这个靠山和挡箭牌，更壮了胆，于是立即着手准备第一次讲演。那时，台湾的陈鼓应教授正好住在北京，我同他时相过从，于是就邀他赴郑州作第一讲，讲题是“道家研究的新方向”。

从这开始，我就一发不可收拾，几乎每月都要请一位专家赴郑州讲演，累计下来，前后一共办了一百四十多场。为了报答崔先生和正强兄的盛情，提高讲座的声誉，除了邀请海内外的教授学者外，我很费心机地邀了不少学术界的领导人也去讲演。中国社会科学院的几位领导我就都邀了。我利用我曾是胡绳名义上的老秘书的身份，居然设法把他请去（20世纪50年代中，胡绳名义上担任人民出版社的社长，而我是社长室的秘书，可他从不来人民出版社，我当年极少见过他）。于光远老人家去了不止一次。最值得我感念的是费孝通老人家。他当年的身份是国家领导人，居然被邀到了郑州好几次。每次去，河南省领导都亲自接待。有一次，省委书记李长春借机同他在郑州长谈，费老对河南的发展提了不少意见。据说，当年河南省为防止干部吃喝，对餐馆门口停的汽车要实行登记，但越秀酒家例外。因为那里常有北京去的领导人出席。

费老对这类活动很感兴趣。多次同我用英语说，多同其他学者和读者交流是一种“脑力锻炼”。我们老年人除了体力锻炼外，还应该进行“脑力锻炼”。他希望我在北京也进行这类活动。可惜我后来没有办成。我还记得，那时《光明日报》曾有专文指出，这是“耐人寻味的越秀文化现象”，并引用一位领导人的话说，“越秀文化现象是一种现代经济与文化共生、发展的良好标志”。

我在这里特别介绍郑州越秀学术讲座，除了怀旧，主要是还妄图在现今提倡这类活动。我离开书业的岗位之后，特别在当今书业不景气之际，越来越觉得出版社和书店应当积极从事文化公益活动，组织讲演便是其一。书业的生存和发展，同别的行业不大一样，得靠长期累积文化声誉。当然，这种积累需要投资，书业本身可能力有未逮。但从我在郑州的经验看，像崔乃信先生这样肯于助人的企业家大有人在。而从长期历史上看，当年商务印书馆和三联书店都是积极关注公益文化活动的，值得我们效法。当然，要做到这一点，我们自己就得爱书，爱文化，爱得入迷，爱得发疯，像马国兴先生一样。

2012 年 4 月

出于爱的不爱和出于不爱的爱

1996年1月1日清晨，接到一个电话，通知我已在昨天下午五时退休。这对我并不意外。虽然元旦清早想接的电话满以为是有人来祝贺新年，但结果是通知我告别过去，其意义其实并无不同。我并无未了之事，因为早在两年前就已“退居二线”。为这“退居二线”，还着实同上面管人事的朋友吵了一架：我想尽早退下，怕上面不准。“退居二线”之时，贱庚六十又二，被告知全退时，也已经过了六十又四：着实是老了。

从二线退出，干些什么呢？还是不干什么呢？不管三七二十一，先自费出国去游历一番，于是有美利坚之行，天天逛纽约，看哥大东亚图书馆等处的中文旧书，纽约市立图书馆等处的俄文旧书，唯独不读英文书。也曾想过把英文学好一些，但想想在纽约只是短时期过日子，凭句把“Long time no see you”之类我常说的宁波洋泾浜也足可打发日子，不必再去求进了。读书也做笔记。中文旧书主要看上海“孤岛时期”前后若干年的旧书旧刊，因为那些年头我以一个穷得没饭吃的“小赤佬”在上海滩混日子，脑子里有一大堆解不开的谜。看俄文旧书最勤。因为我从1953年后，自以为略识几个俄国字，一向注意苏联出书动向，却从来没见识过那么多旧俄著作。在纽约这半年，过的是这一类日子，当为识者所窃笑，但在我说来，读这类闲书所得，却抵得上上一二年大学了。

回来之后，颇思有所作为，自然是想把这类些微所得报效我服务了半世纪的单位。不料得到一个讯息：有人从我退下后海外就此所作出的反应看，认为我颇有不满之心；因为人们断定海外传媒上的一切言论都为我本人所策动。因此，单位的主持人间接托人向我表示，对我这样的处境，实在爱莫能助了。这讯息大概颇有市场。因为这以后多少年，人们凡想非议我的，大多以这一故事为开场白，认为我是对“被迫退休”不满，才采取所谓的“自由主义”立场。人们的这一判断对个人说可是件大事。好在本人究竟也可说久经风浪，虽不敢说已可背妄归真，超出生死，类此区区小误会，所历多矣，何足挂齿！我又想起了外国小说里的故事：如果你爱一个人结果适足以害他，那么，出于爱而不爱他，不是更好?！于是，同我原先深爱的单位和人事都不大有联系了，只怕因爱彼而适足以害彼。

就在这种时候，熟悉了辽宁教育出版社以及俞晓群先生。说实话，“辽教”是我主持过的杂志的广告客户，彼此交既浅，言更不深。按照我当编辑就是“谈情说爱”这个一贯的偏见，同俞先生可谓少情乏爱。以后在老同事介绍下，同俞先生才逐渐熟悉起来。打这以后，却发现此人很有一些特点。概括起来，大概可以说，首先，他的编书之道，颇合我当编辑学徒时老人家们对我的教导：以文会友。当编辑要做到这点并不容易。一个障碍是肯不肯“会”。我当年认识的许多老编辑，生平甚少“会”的习惯，一辈子研习某一科目，学科以外的同行，甚少交往。他们是力求纵深，不求横通。另一类倒是很肯“会友”，却无“文”，这大概首先指的就是我。在我出“道”之后，一看有成就的同行，会起友来，有善写一纸八行笺的书法，有作诗词应和的雅兴，讲洋话则能英德法俄，说应酬则知进退应对，更遑论专业学科的素养。无奈，我只能在饭桌上逞英雄，把酸溜、红烧、白炖等等卖弄得较熟，如斯而已。俞晓群先生在以文会友上，则不仅肯，而且善。他于学问之道相当有心，办事胸有成竹，言不多发，发则必中，的是难得。我把他介绍给吕叔湘、柯灵、陈原等前辈，他们都颔首称善，肯把自己的著作托付给他。更有甚者，他居然欣赏我在纽约读过的种种过时旧书，例如后来问世的《欧洲风化史》三卷，以及后陆续问世的旧俄诸人作品。我很觉得他是个开放懂行的读书人。

俞晓群是编辑中善抓大事的人，这也与我不同。我是校对员出身，喜欢纠缠的、了、吗、呢，因此，办事耗时费力，事倍功半。自己也知道毛病不小，所以做不了大事业。俞先生就比较有全局眼光。例如，他受我的蛊惑，居然有意在沈阳办一个海派杂志：《万象》，把20世纪40年代的海派文化弄到东北和全国去发扬光大。能做到这点，同他的远见分不开。我是办了多年杂志以后才同他合作的。人们多以为，我办这杂志是为了赌气，没有想到我对旧上海的感情，以及对海派文化的展望。我看俞兄是看到我的意向了，因此欣然支持。当然，以后多亏在上海的陆灏兄同晓群兄的精诚合作，才能把这杂志做到今天这地步。

俞先生本行是数学，但他涉猎极广。以数学到数术，以中文到洋文，无不过问。更有甚者，他于经营之道亦有讲究，近年更精心研究电子出版，颇有成就。

我长晓群老弟许多岁。彼此合作，虽近十年，但说实话，我只是告诉他一些陈谷子烂芝麻。说出书路子，我过去奉行的也都旧了。我欣赏他的文学和才干，但实在觉得同他并不是同一代人。1996年以后，我同他合作了恁多年，按本人一贯奉行的“谈情说爱”说推论，可以称作“爱”，但是，这爱却实在出于不爱，因为我在出版、编辑业务上，没法同他“平起平坐”。况且，尽管我相信，自己不会再在某个星期日早上接到电话，要我以后不要再如何如何。但也许还是有余悸存焉。因此，凡对爱之深者，必然要说明并非出于“爱”，而只是时势使然，免得以后害人。此为老奸巨猾，抑为时代的教训？亲爱的朋友，您就网开一面，不去深究了罢。

宽容“淘气”

赋退之后，一大改变是不必天天关注动向，上面的和下面的。每天只拣好看的书读，好玩的事做，如斯而已！人民出版社近出多卷本《乔木文丛》中的《胡乔木谈新闻出版》，谈的是有关行业的领导方针，按说已经同我辈了无干系，只是对老行业的旧情难舍，免不了还是找来翻读，自然主要也是读其中谈出版部分。一读过后，倒觉得真是该读。

我与这位乔公，并无一面之缘。我在出版界混迹近五十年，位卑职微，只是做些“的、了、吗、呢”，离上峰甚远。1980 年，忽然被告知去编《读书》杂志。当时《读书》已出刊近一年，主编是陈原，执行副主编史枚，自然都是熟人。陈老是老长官，但已有十多年不在一个单位工作。同史老交道较多，尤其在他处于逆境之时。我们在干校，天天一起挑土担水，不时聊天。他天天读书极勤，而且甚少读闲书，说闲话。一下工，不是读《反杜林论》，便是讨论《诗经》。前者还好说（一个“老右派”，天天要自觉地站着读个把小时马列，其实也并不可解），至于老要同我谈《诗经》，当时可真有点烦（所以尽管史老点拨了好久，我还是只会背“关关什么”，别的全忘了）。我去了《读书》以后发现，这家杂志在几位老人主持之下，实在思想开明，充满了新气象，虽然也得罪了不少人。在这以前，我自问是出版界的“乖孩子”，现在，要编这杂志，我慢慢醒悟到，恐怕还得学学怎样做个“淘气孩子”（杨振宁博士近有中国的孩子太乖之说，我以为不只指儿童教育，他的话对我们编辑这行也特适用）。我们几个哥们姐们在老爷子们悉心点拨之下，齐心协力一淘气，刊物倒真越来越好看了，可麻烦事儿也一天多似一天。到了 1983 年中，报应来了，社会上来个什么什么大事，什么什么地方一讨论，这刊物的存在似乎成了问题，大伙儿愁得不得了。

1983年夏天热的时候，要我去开一个会，说是传达胡乔木1983年7月29日在全国通俗政治理论读物评选授奖大会上的讲话。很奇怪，乔公开讲未久，忽而讲到了同通俗政治理论读物似乎关系不大的《读书》杂志。他指出，这个刊物“编得不错，我也喜欢看”。《读书》存在的问题，主要是“不够名副其实”，没有“满足广大读者更多方面的需要”。接着又说：“《读书》月刊已经形成了它的固定的风格了，它有自己的读者范围，可能不宜改变或至少不宜做大的改变。”他希望仍然把《读书》杂志办下去，而另外办一个刊物，来满足另一些需要。看来，乔公已经知道有一种声音要停办或对它作“大的改变”，而他显然并不支持这意见。听到这里，我简直要跳起来——喔！这不解放了吗？

原先以为，“淘气”一场，闯了大祸，现在如此结局，简直喜出望外。当然，这不是说我们已有的“淘气”都淘对了。以后，在老爷子们领导下，大家好好总结经验，的确也发现不少做错了的地方，由是改变了一些做法。但由这，使我们产生了一个想法，这就是杨振宁博士近来关于教育问题说的话：“淘气好玩的孩子好不好？我的回答很简单，我觉得很好。也许淘气的孩子会做一些打破一件东西的事，但从长远看这没有特别的重要性。”我们编了几年杂志，的确也做了一些“打破一件东西的事”。但是，毕竟通过实践，慢慢琢磨到怎么才能把杂志编得不出格而又耐看。十几二十年，路就是这么走过来的。

胡乔木的这个讲话收在《胡乔木谈新闻出版》一书中（第508至524页）。在这本书里，也还有不少别的精彩论述，例如作者常常为下属设想一些具体的选题，对一些文章提出具体的修改意见等等，这里不去说它了。而最为我个人觉得亲切的，便是对我们这种刚刚迈步的淘气行为的宽容。用现在准确的语言说，这大概就是我们常说的“引导”。我觉得，这真是领导文化出版的好方法。

2000年9月

“爱得死脱”

1996年，有机会在纽约住了好一阵。这次的“乘桴浮于海”，无关乎“道”不“道”，只是探亲，同时还很想找机会读一点书，因为难得可以长时间休闲。带了一些有关资料，多半是多年来想读而未果的书的目录，其中有王强先生在杂志上介绍*PHILOBIBLON*一书的宏文。王先生说，这本英文书出版于14世纪，“它是西方世界‘书话’文类的开山之作”；“只要在这世界还有爱书者存在，他（作者）和他的这部小书就不会死去”。说得多让人动心，何况对我这类一辈子靠书过日子的“书贩子”。不过王先生又表示，这书难得，他在纽约Strand书店的珍品部见到过，价格不菲。我估计自己买不起“珍品”，尽管老在那家Strand盘桓却总是不敢问津。无奈，只能找地方借读。三找两找，居然在哥伦比亚大学图书馆找到。人家居然还让我复印一本带回。

我的英语水平要细读这样的书显然不够，但因有了王先生的“导读”，好歹算是翻读一过。的确如王先生所说，这书写得“不板着面孔，不干涩噎人，透射出爱的暖意，散逸着诗的美妙”。我的读书从来有一暗暗的“歪招”，就是重形式甚于内容，也就是说，爱读写得精妙而“意识”也许可疑的书，有时还免不了“杀头还赞好快刀”。年轻的时候，当然要因此挨批。现在赶上了好时光，读书居然可以“无禁区”，所以不妨将此招如实“招供”。但是*PHILOBIBLON*这书实在也没什么不良意识，虽然它的作者是个大主教。它至多说了一些妇女的坏话，埋怨她们不喜欢买书和藏书，这方面王先生已有严格的批评。这位主教说不准倒还是一位“无禁区”的拥护者，因为他讲了半天书的好处，却并不太着急给读书划出什么严格的界线，说是某类某类书因属异端，决不可读（既然是“主教”，我读时不免时时在等候这说法的出现）。他甚至引用亚里士多德的话说，“我们不仅应该感谢那些给我们以正确教诲的人，还应感谢那些甚至出错的人，他们使探索真理的道路变得容易”。他讨厌的书，是那些所谓书的“变种”。他说：“当新作者的名字被毫无价值的编纂者、翻译者和改写者强加在我们头上，我们失去了古远时期高贵的地位，当我们一代又一代的变种连续出现时，我们完全蜕化了；这样，违反我们的意愿，一些讨厌的名字加在了我们头上，真正生父的名字却被剥夺了。”这话当然够保守，但你走进今天的书市去瞧瞧，没准会欣赏这看法。

从美国回来，就着意请有心人把这本书翻出来。找王强先生没找到，拖了一些时候，却遇到了另一位有心的专家——萧瑗女士。萧女士公余译出，译得相当费心。要出时，书名怎么取？想了一些方案，我最后觉得还是王先生当年取得好——书之爱。这三个字合在一起，语法专家看了，也许会皱眉头，但上面有“书”有“爱”，管你去把“书”理解为主动、受动，好歹都是对的。何况颇有古意，同 *PHILOBIBLON* 的况味也许相似。这本《书之爱》推荐给辽宁教育出版社出版了，属《脉望译丛》。“脉望”一词，是一位上海才人发掘出来的，据说是指一种蠹虫，嗜书终生，至于身殉，是个真正的“书之爱”的实践者。现在丛书的第一本就是《书之爱》，倒也相衬。

说来也巧，这本《书之爱》刚出，我忽然收到王强先生寄赠的他的《书之爱》。原来王先生就在北京，他大概知道我在打听他，把他的新作寄给我。他的这本《书之爱》，是他的文集，其中就收了他介绍 *PHILOBIBLON* 的大作：《书之爱》，还有许多关于书的很可爱的文章。那是世界知识出版社出版的，属《新东方学校文丛》。

2000 年 1 月，中国大地将出现两本同名的《书之爱》，可见书之可爱了。这种爱法，用过去上海人的讲法，大概可说是——爱得死脱。对一个老书商说来，遇到如此盛况，真是情愿——死脱拉倒！

2000 年 6 月

为“索引派”呐喊助威

葛永庆是我念大学时的老同学。说“同学”，不假；但也稍有攀附之嫌。我们那时一起上的学校是上海民治新闻专科学校，上海新闻界名人顾执中先生创办的。顾先生存心宅厚，特别照顾职业青年，在民治新专里专门开设了夜班，学生不论学历，凭入学考试成绩录取。我当年是在业工人，白天站柜台、搬货物、打算盘，早晚则找机会进修。1949那年秋天，我想找个地方进修新闻电讯，获得新的谋生手段，这才考了进去。不料读这系的学生太少，开不了班，于是学校把我转到采访系。这一无意之举，却对我的一生产生了绝大的影响——从此我改行习文了。而且，采访系里不少不是像我那样的在职青年，而是刚从高中毕业的学生。葛老兄就是如此。我这只有初中一正式学历的“大学生”，由此结交了一大批刚从高中毕业的年轻有为的新同学，岂非“攀附”?!

20 世纪 50 年代初，院系调整，民治新闻专科学校并入复旦大学新闻系。我为谋生，无法进复旦去做名副其实的“大学生”，只得另谋出路——考到北京来做出版社的校对员。从此同上海的老同学睽违两地。但也凑巧，有的同学复旦大学毕业后也进了出版界，成为同行。葛永庆就是一个。

但更巧的是，我们干了一阵出版后，居然对一件事情发生了共同的兴趣，那就是索引。葛永庆对此颇有深究，有不少研究成果，而且以后主持了中国索引学会的工作。我这人不是深究问题的材料，何以也投入呼吁中国加强索引工作的队伍呢？那是出于一种比较特殊的情景，容我细细道来。

20 世纪 60 年代初期，我蒙领导派遣，借调到中宣部属下的“外国学术政治著作办公室”工作，具体来说，就是在中央反修小组的领导下，推动和管理出版“灰皮书”、“黄皮书”和外国历史书的事务。因为工作需要，上面允许甚至鼓励我执行“废物利用”的方针。那就是，可以只看业务，不顾政治，去找一些“有问题的”外语专家做事。这一来，我可以自由地同李慎之、董乐山等几十位戴了极右分子等帽子的大专家自由交往。在工作中，经常碰到索引问题。中译本照例把原书的索引一删了之。专家们对此意见很多，我也觉得这十分不利于使用。我那时已经学会上纲上线，立刻把这问题提到“不利反帝反修”的高度，希望中译本照印索引。但实际上没法做到，因为这类书的出版时间都很急，那时又是铅字排版，等到正文校样改定，有了确实的页码，已实在来不及加到索引上了。无奈，后来想出了一个穷办法，那就是要译者把原书的页码标在原稿相应的地方，然后照样印在书上，术语叫“边码”；而原书的索引照印不误。我当年很高兴自己的这一“发明”。

由这开始，索引成了我心头的一个疙瘩，我实在不知道怎么去解决它。以后，看到葛兄大作，才知道以他为首的一些上海同行早就有见及此了。他们注意面极广，把索引提到促进学术发展的高度，而且建立了机构，经常发表扎实的论说，身体力行地努力在做，使我非常感佩。

改革开放以来，出版工作有大发展。出书品种之多，此前无法比拟，据说已在世界名列前茅。不过，质量的相应提高，却还无从谈起。索引为其中一个著例。我们所出学术著作，百分之百没有名目索引、人地名索引。这在国外是不许可的，是出版业的耻辱。现在有了电脑，编索引比过去不知省力多少。可是，至今我只见到朱正老先生的书附有索引。后来知道那是他作为作者自己编的。

职是之故，我从退休以后，近十多年来，十分愿意跟在上海“索引派”诸君子后面，摇旗呐喊。“索引派”，是我加在上海葛永庆兄等身上的美称。眼下注重索引的人实在太少，他们的活动犹如共产党组党以前的共产主义小组。但我想，只要努力呼吁，索引问题迟早会被社会所认识。这也是我愿意为葛兄文集写这小序的原因。

2010年1月

编辑与“好事”

退休赋闲，得读杂书。郑板桥的诗作，素所敬仰，偶然找到一本，便自吟哦起来。读未久，诗作倒还没怎么打动我，板桥先生无意中的一句闲话，却使我思索良久。

这是他写的诗序中的话：

> 余诗格卑卑七律尤多放翁习气二三知己屡诟病之好事者又促余付梓自度后来亦未必能进姑以谀而背直惭愧汗下如何可言板桥自题（原作无标点，仍之）。

这里引起我注意的，是作者称那些要他把作品付梓的人为“好事者”一语。我做编辑、出版工作近五十年，一辈子忙的，都是“促人付梓”。可是，在多少年里，我却极少意识到自己本应是一个“好事者”。就我的本性和训练说，也许正好相反，实际上是一个“怕事者”——“好事者”的反面。在改革开放之后，自己主要在《读书》编务工作任内，才略略有点“好事”，但却没意识到，“好事”之于编辑，原是一个优秀传统。熟谙古籍的人一定知道，除了郑板桥，称“促付梓”的人为“好事者”，不乏其人。

谈到《读书》，它是怎样使我从“怕事”到多少有点“好事”，有不少故事可说。《读书》创办人是陈翰伯、陈原两老，我在他们领导之下，勉勉强强，跟前跟后，好歹有点“好事”的样子。这方面的故事，时或想得到一两则，或可一供卖弄。

创办《读书》，我未躬逢其盛。因此，《读书》杂志创办人的第一件“好事”盛举——发表《读书无禁区》宏文，我并未与役。但是，待《读书》创办未及一年我去任职时，却几乎天天要同这一件事打交道。这时才发现，一个杂志要有影响，非得有“好事”之心不可。20世纪70年代末文化界的大事之一是无书可读，原因自然是“文革”之中“禁区”重重。原本应当“好事”的编辑，这时却大多噤若寒蝉。《读书无禁区》此说一出，真是振聋发聩。说实话，杂志创刊时我作为读者读到此文，也不禁吓了一跳。等到自己亲自参加刊物编务，同方方面面的人多些接触，才知道它真正的分量。

再接下去一件有关的“好事”之举，却是我始终其事的了。陈翰伯同志听到关于《读书》的种种反响后，作为创办人，觉得有必要亲自为文说明立场。当1981年4月号出刊时，他写了一篇《两周年告读者》。为了慎重起见，他在写出初稿前后，把我找去好几次。

我在“文革”前没同此老同事过。“文革”后期，在一个会上，正式听一位地位很高的领导宣布，陈翰伯其人“一贯右倾”，在“批林批孔”中“群众”对他的批斗纯属正当。“右倾”而又“一贯”，其罪可知。现在要在他领导下做事、为文，我心里想得很多。在这心情下，我读他的大作初稿。

陈老此文，1981年发表，十多年后，又刊入中国出版工作者协会编的《陈翰伯文集》。书前有《新闻出版报》和出版科学研究所署名的序言，说明其中的文章“在总体上不失为一笔反映我国出版历史进程的宝贵财富和研究当代出版事业的可贵材料”。由此可见，这是一篇经得起历史考验的宏文，值得认真看待。但在当时，我边读边想，十足是一个思想斗争的过程。

《两周年告读者》起首开宗明义提示，《读书》有四个特点，第一就是：

> 不怕顶头逆风，不信邪门歪道，解放思想始终鲜明，不含糊、不吞吐，我们（指读者）正想说的话，被你们说出来了。

我读了这些，再想想“无禁区”一文我经历的前前后后，思想豁然开朗。我意识到，一个编辑、出版的新时代开始了。此前，包括我

1949 年在大学里学到的新闻学的知识，从这里开始，都有必要重新考虑了。

翰伯同志用十分自信的口气同我说今后要怎么办。他后来在文章中写道：

> 粗暴，发脾气（姑且不说打棍子），不行；害软骨病、无原则迁就，不敢批评，也不行。

我记得很清楚，议到这里，我特别向他报告了《读书无禁区》一文发表后的反应。我说，反响太厉害，似乎有的反响来自很有影响的人，我怕自己扛不住。他听后，沉吟不语。以后，他交来的定稿中却赫然加上这么一段话：

> 我们重申我们赞成“读书无禁区”的主张。在我们的当代史中，人人尽知，确实发生过史无前例的禁书狂飙。“四人帮”垮台后，风沙虽然已过，不敢重开书禁的还大有人在。当时我们针对时弊，喊出“读书无禁区”，深受读者欢迎，我们非常感激。尽人皆知，谁也没有不加分析地提倡“开卷有益”，胡乱读书。何况在《读书无禁区》一文中，作者早已说过：“对于书籍的编辑、翻译、出版、发行和阅读，一定要加强党的领导，加强马克思主义的阵地。对于那种玷污人类尊严，败坏社会风气，毒害青少年身心的书籍，必须严加取缔。因为这类图书根本不是文化。它极其肮脏，正如鲁迅所说，好像粪便或鼻涕。”我们引此长段，在于说明最初一文已把话说在前头，大可不必草木皆兵、杞人忧天。就此问题，本刊曾发表过不同意见，今后我们对一些读者关心的问题仍然打算这么办。

现在，事情再回过头看看，翰伯同志“好事”之举，做得完全正确。我也正是在当年这些老前辈的带领之下，才逐步把脚跟从“怕事”移到“好事”上来。

编辑之“好事”，据我领会那些老同志的做法，绝不是要蛮干。他们都有严格的分寸和范围。上面陈老谈论“读书无禁区”的议论里，这一点表达得很清楚。翰伯同志在这文章之后，同我谈的，就大多是批评坏书，他自己也专门写了书评。但是，不论如何，对于那种羞辱性的沉寂，该说的不说，他总是反对的。有人曾讥议说我们在《读书》所做的是“打擦边球”。我反复思忖，即使是“打擦边球”，又有何不好？它先天地承认存在一个“边”，没有要越出这个“边”。如果“好事”“好”到了去打“越界球”，一打球就非 outside 不可，那才是糟糕！

四十多年前读新闻系时记得有人批评过胡适的一个谬论：过于老实的人不能当新闻工作者。假如把“过于老实”理解为不肯“好事”，征之我在《读书》的经历，倒觉得胡适的主张并非没有道理。

《读书》二十周年，偶拾旧卷，想到这么一些零星的故事，写出来，只供识者一噱！

走老路得新果

20 世纪 80 年代中期，三联书店出版业务独立经营在望，是为一大喜事。然而大喜之中，亦有深忧存焉。忧从何来？用我当时一句不入流的话来说：殖民地已经分割完了！盖中国的出版业是讲专业分工的，到 20 世纪 80 年代中期，专业已经分配殆尽。你又不是某个部委的出版社，毫无行政优势可言，除去找点残羹余沥，还有什么可做呢？要不，真如列宁当年所言，要求重新分割殖民地，这就要引起世界大战。我自忖，既没资格说这豪言壮语，更不配去干此类壮举。

三联书店的渊源肇自 20 世纪 30 年代，不是有光荣传统可以凭借？此语不假。但等到我们这一代管事，细读前辈大作，深感这传统源于革命，即向反动统治者展开无情斗争。这种资源自然宝贵，但今天如何学习？愚鲁如我者，怎么也想不出如何把这经验加以“活学活用”，除非生搬硬套，那只能犯错误。

万般无奈之际，幸得高人指点，说是上海乃当年的进步出版界，资源并未耗尽，你们不妨开阔思路，广泛留意一下。于是找文化生活出版社、平明出版社、开明书店等出的书来读，把巴金等老人的著译重温一过，又把叶灵凤、曹聚仁、黄裳、陈原诸位写的书话好好复习，这一来，思路果然开阔了。在这基础上，产生了不少选题，有的是旧籍重印，有的是在旧路指引下另觅新径。其中一个主要收获是打出了《文化生活译丛》等几批书。这类书的特征是既具思想性又有可读性。例如房龙的那些书，一本《宽容》出来，一印便是十五万册。那是完完全全找的旧选题，只是重加翻译而已。循旧路而觅新书的如保加利亚学者写的《情爱论》，居然陆续印了一百多万册。这真正是救了我们一命。现在房龙书的中译本多得可说成河，追本溯源，还得感谢 20 世纪 40 年代那些老文人的引荐。

我们那时特别欣赏巴金老人的译品。他特别善于如我们今天所说的，将思想性和可读性完满结合在一起。这自然得力于前辈思想既新腹笥又广，特别是所读西籍极多，因而采择得体。我想起一位三联女前辈丁仙宝同志同我说过，她们当年读巴老所译屠格涅夫的《门槛》如何感动，因而更加坚定参加革命的信心。循此线索，重印了巴老译的妃格念尔回忆录《狱中二十年》等书。重印之余，又想到续译或重译过去的优秀译品。于是设法找到妃格念尔的《狱中二十年》上卷《俄罗斯的暗夜》，央谢翰如教授精心译出，收入《文化生活译丛》。巴老译的《六人》重印一过以后，很受欢迎，极想找寻原书，加插图重印乃至重译（巴老原来是从英文转译的）。但是这本德文书终未找到，在巴老捐献给北图的藏书中也未发现，这是我直到退休的一大心事。这辈子，工作上生活上的憾事极多，如我等志大才疏之辈，大抵只得在退休之后徒呼负负，如是而已。某日无意中与青年学人王瑞智兄说起当年编《六人》的这一憾事，方知王君早已醉心此书，并也正在寻觅原书。未久得告，原文书已找到，并请名翻译家傅惟慈先生译出。我多年没办到的事，今日之才人竟然不花多少时日就一一办成，这也就说明现在出版工作开放改革的成果了。

我不想在这里推介《六人》的内容和译笔，因为我不是学问家，这工作要请胜任的人来做。但作为一个普通读者，当年一读此书，即已震撼。我们的社会里，历来太少浮士德、唐璜、堂吉诃德之类人物，他们虽然看来拙笨，其实社会之进步，端赖此类拙者。洛克尔将这西方的六种典型结合在一起，顿生新意。我感谢巴老为我们书商指点门径。

王瑞智此刻也业书商，与我同流。其实他是学者，只是种种历史因缘致此而已。这也好，有了他这类有才干学识的人加入书商队伍，我们今天就可以多读到一些好书了。十分感谢！

2004 年 5 月

从旧资料中学习

在我学习做书的历程中，除了因缘时会，得以在几位名家指导下做事外，受益最多的是当年的出版社有一个大资料室。

那时的资料室是如何建立起来的，余生已晚，颇难言其究竟。但是，印象极深的是，1954 年下半年曾彦修先生来社领导工作，对资料工作进行了一项重大改革：本社职工可以进库任意阅览，资料库完全开架。现在想起来，要是当年没有这条件，我任什么也不可能像今天那样爱书、懂书。

资料室的内容丰富，得力于从事领导此事的金敏之、郑曼诸位的努力，另外，得力于接收了当年韬奋图书馆的藏书。韬奋图书馆是三联书店附设的一个机构，大概 1949 年前在香港就有了。1949 年后，在北京逐渐充实藏书。当年主持其事的衮衮诸公中必有俄语专家，因为我发现其中往往有意想不到的俄文书，例如我读的霭理斯，最初读到的就是那里藏的旧俄译本。另外，1949 年以前出的本版书那里都有，于是就了解了自己单位的出版传统。

当年精力也真旺盛。每天一有空，就往资料室钻，一架一架地依次翻阅，值得注意的，借出来晚上读。于是，三几年下来，整个资料库几乎都翻遍了。大概可以做到，谈起某书，一趟进书库，不用查目，即可找出。以此效率服务首长，想是上乘。

但是，最受用的还是你自己要组稿、报选题。脑子里有了一点主意，在资料室泡它若干小时，主意就充实了、完备了。退休后也试图利用国家图书馆的藏书来做此事，却不能。因为你见不到实物，难以现场翻阅。等到十来本书陆续查出、借到，至少要花一整天，乃至一周。于是，像我这类惯于“急用先学”的浅学之辈，也许早又改变主意了。

开架找书之益，老前辈也称道。如何封先生，他一查书就离不开资料库。例如原来要查 Hegel 的某句话，忽然从 Hegel 书中看到提起 Aristotle，于是又有兴致去看 Aristotle。这一来，就难以脱身了。做书到这火候，可谓神矣！

跑书库实际上是一种书目学训练——做书的人基本训练之一。当然，我们的这种训练与学人不同。我们是浅炙，不是深究。但是，要是没有至少成千个书目存在于胸中，要顺利地编书、贩书怕也难。

我不知道韬奋图书馆的历史。读了那里的许多书，立即想到涵芬楼图书。那里一定内容更丰富。仰慕涵芬楼已久，始终无缘拜谒。但由此想起，为做书的人准备一个尽可能充实的书库，大概是老一辈出版家共有的远见卓识。我们常说要打品牌，要树立什么先进意识，但如果不在每个做书的人心中装进成千本书，怕是难的。

20 世纪 90 年代在退休前忽然出现了某种“五十九岁效应”，妄图恢复韬奋图书馆。为这打报告，申请钱，穷忙一场。但终究惫懒，未能如老前辈办事之雷厉风行，勇于创业，终底有成。这不免是一件憾事。

家里还有一些从韬奋图书馆处理出来的三联版旧书，闲时翻读，不胜唏嘘。比起前辈出版家如曾公者，我们差远了。

2003 年 1 月

一场神经病

现在出版界盛说“品牌”。我辈有时也被好心的人士列入出版界能维护“品牌”的从业者行列。其实，像我这样在计划经济体制下成长的出版学徒，长期以来，何尝有过“品牌”观念。我们只知道听上面的话，不出上面不中意的书刊。你去自创一个什么东西叫“品牌”，要是不合上面的意，岂不是自找麻烦，自讨没趣。

这种观念，我一直维持到20世纪末。20世纪80年代起编《读书》杂志，“品牌”说似乎稍稍有点露头。但愚鲁如我，直到这个世纪的最后十年光景，才开始想到：在那个叫做“生活·读书·新知三联书店”的招牌下，是不是也该自己设计一点该做的事了。

1992年11月27日，鄙人虚度六十又一，已经不主持三联书店的工作了。这时觉得自己不妨“罗曼蒂克”一些，又仗着新领导的纵容，于是斗胆写了一个意见，报送各方。意见第一段谓：

> 中国的著名出版社均有出版刊物的传统。1949年以前，商务、中华各有年出十大刊物之说。三联书店更是以刊物起家，无论本店图书出版之盛衰，几大刊物（尤其《生活》杂志）总是由店内主要负责人亲自主办和竭力维持，使之成为本店的一种“门面”和联系读者之手段。本店之三个名称（“生活”、“读书”、“新知”）即为三种杂志之名称，是为明证。据说，胡愈之（1949年后的出版总署署长，三联书店创办人之一）始终认为出版社应以办刊物为重点，而以未能在他生前实现为憾。1979年筹备恢复“三联”建制之际，先以恢复《读书》入手，迄今十三年，看来也是成功的。因是，无论从传统经验，还是从当前实践看，出版社办杂志都是必

要的（有些国外经验也许更可说明此点）。

写这段话，是读了不少文件特别是店史以后的心得。既有文件和店史支持，于是突然头脑更加发热，居然提出立即要办十个刊物。当时设计的十种是：

（一）《时代生活》（月刊）——用深入浅出的语言，对改革开放带来的种种新现象展开多角度、多侧面、多学科的报导和分析，侧重点放在促进新的生活方式健康成长之基点上。这实际上是《生活》杂志的现代版。如果主管机关允许重用《生活》刊名，则更佳。（二）《开放经济》（旬刊）——对外报导中国经济之发展，对内指导中国读者如何从事经济活动，既使人们懂得经济事务之重要以及操作、运行之道，又要防止人们成为单纯的“经济动物”。（三）《生活信箱》（半月刊）——供一般市民阅读的大众性刊物，继承《生活》杂志的优秀传统，用亲切的语言以通信形式为群众排除生活、心理上的种种疑难。（四）《读书快讯》（半月刊）——《读书》杂志之通俗版，着重在培养读者对书刊的爱好和兴趣。（五）《译文》（月刊）——适应开放改革之需要，译述国外政经学术文化之重要文章，让中国读者了解域外最新信息。（六）《东方杂志》（月刊）——如“商务”暂不拟举办，拟由本店接手，敦请陈原先生主编。如商务不拟让出此刊，则易名为《新知》杂志，性质仍为综合性的高级学术文化刊物。如果陈原先生俯允，还以他主编为好，因他原是“新知书店”旧人，有此因缘，较能贯彻“三联”传统。（七）《艺术家》（月刊）——介绍和鉴赏中国文物及艺术精品，推动中国文化走向世界，提高国人生活品位。（八）少年刊物一种（内容及刊名待设计）。（九）艺术摄影刊物一种（内容及刊名待设计）。以上九种，加上三联书店原有的《读书》，合共十种。拟在二至三年内次第实现。

这种设计，说实话，即使实现，也只是我的“遗嘱”。在我本人说，自己“下岗”在即，自然是一个刊物也做不了的。拿了这个设想，托人情，走门路，处处请托关说。结果不少人看了觉得是匪夷所思，简直是神经病。几次周折，到是年12月8日，才从神经病稍稍回到现实，把计划改为出版三种刊物：《现代生活》（月刊）、《经济生活》（半月刊）、《新潮生活》（周刊）。于是上报。又经周折，最后落实为一种，即《三联生活周刊》。在我作为高级秘书捉刀写成的申报办《三联生活周刊》的“办刊理由”是：“本刊为邹韬奋同志创办的声名卓著的《生活》杂志之现代版，从此向海内外表明：《生活》杂志一脉尚存，继续在为社会主义现代化服务。”光明正大，有道有理。这个计划总算批准。于是，到199×年×月，《三联生活周刊》出刊了。

要说明的是，三联书店早有恢复《生活》杂志的意愿。1980年至1981年，即已开过一些座谈会，还出版了《生活》半月刊试刊。“试刊”里，严秀同志欢呼办这样的刊物是为了实现鲁迅所说的“第三样时代”，即既不是“想做奴隶而不得的时代”，也不是“暂时做稳了奴隶的时代”，而是“没有人再做奴隶的时代”。这个计划当时的进行情况，特别是为什么未能实现，我位卑职低，未与其事，不能述其详。但它之不能实现，使我辈在心理上有一阴影：办杂志，特别是《生活》，大概是不行的。因是之故，即使最后只申办一个刊物，自审也未尝不是在发神经病。

20世纪90年代末，在自己临近全面退休之前，大发了一场神经病。凑着好时光，因着三联书店新领导的敢于承担风险，总算因而让我们有了一个好杂志，让三联书店由此可以对外宣称：“《生活》杂志一脉尚存，继续在为社会主义现代化服务。”这话翻译成时髦的语言，无非是说：我们维护住了一块历史品牌。

现在，谈“品牌”不再是发神经病了，也许不要“品牌”反而成了神经病。时至今日，我经常想起管理学大师杜鲁克的主张：不去算旧账，赶紧往前看，去创造更多的机会。按时今的说法，就是创造更多的品牌。

这个期望落在时下在三联书店秉政的诸君子身上，特别是《三联生活周刊》身上了。

2005年3月

知心的人，称心的书

1986年我从三联书店退休，先到美国住了一阵，带回来很多文化资源。我说过我做出版编辑工作喜欢自己做选题，什么都自己做。现在正好，也没老板也没伙计了，只有我一个人。以前我跟辽宁教育出版社的关系很好。辽宁教育出版社的俞晓群先生，我不认识他，也不了解这家出版社。这位俞先生是赵丽雅的朋友。他在三联书店出过一本书，我知道，但更主要的是我知道他是《读书》杂志的广告客户，仅此而已。我退休之后才跟俞晓群认识，我们谈得很投机。因而知道辽宁教育出版社的利润多得不得了。于是我跟他们说，在计划经济体制下，利润多了全部上缴，好是好，可是非常麻烦的是，你这个一来灾难也来了：你计划利润五千万，最后你赚一亿，明后年上面就要你赚一亿五，这样你就被套上了。我有一个鬼招：尽量少赚，多的钱怎么办呢？发展文化，创造声誉，建立品牌。俞晓群非常赞成。他本身是作家，文化水平比我高许多许多。他是大学数学系出身，专门研究过中国文化中的数术。我的这类“鬼点子”，他当然一听就懂的，而且说不定就是他的夙愿，只是不好直说而已。

这样我们就谈得很投机，并且进行操作了。开头还零敲碎打，无非出些我从美国带回来的书的中译本。例如《欧洲风化史》。顺便说一句，这“风化”两个字是我改的，原来叫《欧洲爱情史》。我在20世纪60年代，由于给中央反修小组跑腿，特别喜欢了解国际共产主义运动里的异端思想和人物，就是跟马恩列斯正统思想不一样的理念和代表人物。研究过一种异端的恋爱观念，叫“杯水主义”。后来我就比较注意了解现代爱情观的变迁。这本德国人写的书在当年俄国很受注意，我老看见俄国文人引用，但在北京没找到俄文泽本，后来在纽约发现了俄文译本，赶紧复印带回。以后请我的老同学、俄语专家侯焕闳老兄译出，由辽宁教育出版社出版。

这时候俞晓群有一个创造发明，我起初很犹豫，后来完全支持。他提出来的是要向王云五学习，学习他主编的《万有文库》。他希望编一套《新世纪万有文库》，分古典、近代跟外国三个部分。当时吓了我一跳。因为像我这样1949年以后习艺的出版人，非常怕同王云五这个名字挂钩，更不敢去“继承”这位老先生的事业。好像在我的前辈直到我这一辈眼里，商务印书馆可学，而王云五绝不可学。岂止不可学，简直不能提。大家只要回想一下当年改写“四角号码歌”的故事就得了。我小的时候学的四角号码歌第一句是“一横二垂三点捺”，1949年以后，因为王云五的关系，非得改成“横一垂二点捺三”。我知道这是政治纪律，所以记得很牢。但俞兄的识见打破了我的迷障。我由此觉得他在文化出版上确有大魄力、大手笔。《新世纪万有文库》后来找了三个人来编，古代找吕叔湘先生的弟子杨成凯先生，近代找了上海的陆灏先生，我做外国部分。这套书的价钱便宜，每本八元、十元。

陆灏那时在《文汇读书周报》工作。他是复旦大学新闻系出来的。我的同学后来有在那里当领导的，那么陆小弟要小我一辈了。可我发现，这位年轻朋友对书真在行。从结识开始，我就以他为师。《新世纪万有文库》中，说实话，他编的近代部分最耐读。结识了他以后，我就一直存着一个念头：此人必须好好“开发”。

以后，有机会在上海同陆灏、陈子善等人在一起。陈子善带了几本旧杂志，那是20世纪40年代的老《万象》。我在做工人时见过这杂志，那时读不懂。以后好不容易找到一些，喜欢得不得了。于是我想，我们何不承继前贤，老店新张？于是，在俞晓群支持下，一行人去拜访当年老《万象》后期的主编柯灵老先生。我同柯灵老人是老交情，自然一谈即合。接着四处奔走，一跑几年，才有了辽宁教育版的新《万象》。

说实话，我编《读书》多年，其实那不是我的夙愿。我这个上海滩出来的人，不大会做十分严肃的东西。《万象》很适合我的性格，很快就喜欢上了它。现在去找谁来编呢？起初，赵丽雅给我介绍一位在北京媒体工作的吴先生。谈得挺好，可是后来这位先生另有高就。那么再找谁呢？这时想起陆灏。其实重新创办《万象》，源于我对海派文化的认识和留恋。如同研究者所说，所谓海派文化，是在兼收并蓄各种外来文化的基础上扎下了自己的根。从这意义上讲，陆灏是再合适不过了。

《万象》一出，舆论反应很好。有人说，同那时《读书》的愈来愈深奥庄严相比，“它有点像花边文学，可以让一闲人，身穿家居服，随意躺在沙发上、床榻上展卷阅读”。“这杂志很海派，却是在辽宁出版的。奇怪!”陈乐民先生评论说，在《万象》，“常常读到一些妙不可言的好文章”。他喜欢读尘元（陈原）的“词语密林”、王蒙连载的“玄思小说”等等。陈先生说，“或许觉得它太休闲，确实，这里没有宏大叙事、高头讲章，但却足以在轻松恬淡和谈笑之间，传递出浓郁的文化底蕴，且不乏鲜活灵动之气，可以益人心智，可以发人联想”。“《万象》的妙处全在一个‘趣’字。”

我邀赵复三先生为《万象》陆续写稿多篇。赵老那时已远走海外，但还用“常念斯”这一含意深远的笔名为国内刊物写稿。他在1999年5月4日来信说：“1949年前，上海刊物甚多，质量较好的却寥寥可数，《万象》是比较能做到雅俗共赏的。依稀记得，那时的《万象》好像是十六开本，每期篇幅薄得多，纸张只是普通报纸，大概并不准备人保存的。现在手上这本《万象》，内容、质量、格调当然高得多，能组织到这么多位名作者有质量的稿件，图文并茂，版面设计也很好，纸张也很好，足见不仅大处，连小地方也是用了心的，真是可喜可贺。”“希望《万象》的内容，还可以更宽广。”

陆灏当然还能顺应时代。记得他曾在《万象》连续两期编“同性恋”专栏，十分新潮。他约恺蒂、毛尖、须兰、陈巨来等专栏文章，也都十分引人注目。

所有这些，其实都得归功于后台老板俞晓群。

我是编书的，一直爱读好的书话文章。现在有了财力，自然想起了书话。这事委托吴彬来做。她编了一套《书趣文丛》，把我们想得起来的评书大家的作品，都收进去了，前后出了六十来本。

俞晓群和我都有意思乘这旺劲出一些大家的全集。他属意钱钟书。张罗了一下，没成功。我推荐出《吕叔湘全集》。吕老同我谈得来，他对此事大力支持，自然一拍即合。《全集》共出十九卷，上千万字，实在是件大工程。

其他零星的书就更多了，简直不胜枚举。

例如英若诚的五个剧作的中译本，1997 年前后宋木文、申辉慧等曾竭力向三联书店推荐，三联书店出于经济原因，不能出版。我得讯后向俞晓群求援，俞立即应允。以后即由辽宁教育出版社出版。

我知道孟湄女士翻译了昆德拉的作品出版有困难，我就接过来在辽宁出。以后我又去巴黎见了昆德拉。以后辽宁出资由我专程去巴黎洽出“昆德拉全集”，可惜未成。

我爱听邓丽君，在三联书店岂敢出关于此君的书。现在好歹在辽教出了一本，我自己实在暗暗地高兴。

前面说过，在美国耶鲁大学结识了康正果先生，知道他极富文才，我介绍俞晓群出了他的《风骚和艳情》。以后，又在纽约认识了一位美国史专家尹宣先生。晤谈之间，得知他个人居然把当年美国制宪会议的记录全文译出，字数极多，而无法出版。我回国后，央诸晓群老兄，由辽宁教育出版社出版。1996 年写信给尹先生，他欣然同意。这大概是我当年为辽宁教育出版社做的最后一本书。

要做那么多事，自然要有一个班子。我找了人民出版社、三联书店的同事，同心协力，一起来做。那时我跟人民出版社关系不错，他们给了我一间房子。排校工作也在北京成立一个班子。美术装帧我不懂，委托一位美术家张红女士来管。这一来，我们的小工作室也有不少人了。

我常称同俞晓群合作的一些年是我做出版一辈子的黄金时代。这不假。何以至此？当然首先是俞为人的民主。但更重要的是，他一直就有一种观念：搞出版，文化是目的，经济是手段。刘杲先生几年后明白说出的主张，其实我们两个部下，特别是俞晓群，早就在实践了。

退休以后还做那么多事，实在高兴。可是乐极生悲，没多少年就出问题了：上面忽然把俞晓群先生调开，于是所有这些工作都停顿和撤销。上面这种措施，现在叫“改制”。是是非非，我也说不清。总之，对我来说，来得意外，去得突然。好在我也到了“古稀”之年，理该退出是非之地了。让我高兴的是，因辽宁这块宝地的恩赐，我从“耳顺”到“古稀”期间，居然成为了自己一生做出版最顺手的年代。

我的“黄金时期”

年近八十，干出版这一行从头到今，把退休之后的时光也算上，已近六十年了。我经常细忖：在这六十年里，哪一段是我的“黄金时期”呢？当然，20 世纪 50 年代上半期的习艺时期，80 年代里主持三联书店和《读书》杂志的事业高峰时期，都是我常常记挂的。但是，就自己做事的顺手、心情的愉快来说，20 世纪末叶到 21 世纪初叶，这短短的近十来年时光，是我个人最经常称道的时期，值得叫做“黄金时期”。

这十来年，我已经从“革命出版工作”的正式岗位上退休了。但是精力还没太衰退，“贼心不死”，想做些事。蒙扬之水女士热情，介绍我在早些时候认识了辽宁教育出版社的老总俞晓群先生。他又是三联书店的作者，在我任内出过书，但不是我经手的，并不太在意。我注意他的，是他主持的出版社长年在《读书》杂志封底登广告。于是，许多年来，他在我心目中是一个重要的“客户”。对于像我这样的小商人来说，客户是重要的，但也仅此而已，自然还比不上我老挂在嘴边的“衣食父母”——作者。

记不得是怎么同这位先生挂上钩，我为他们编起书来。起先小做，后来越干越起劲，我在人民出版社后院借了一间房子，把我认识的相邻出版社的年轻朋友组织在一起，俨然是个小的“工作室”了，只是那时出版界还没有“民营”风，所以这种组织活动没有任何名义。但是，我在此前也当过领导，主持过出版事业，何以到这时会变得那么兴高采烈起来呢？这就说到正题，也就是俞晓群老兄身上了。

俞兄领导出版的特点，我最初的印象是：放手。我当年管出版社，毛病就是不大放手。我做出版是从最下层做起的，当了领导后就有点不肯放手，因为总觉得我对底层工作内行，喜欢说三道四，让下面的同志为难。而我自己又长年处于“一仆二主”的处境，老埋怨长者不肯对自己放手。现在这位比我年轻二十多岁的“长者”，却对我大放其手，让我惊异异常。

其次以为这位老兄的放手是他自忖外行。这当然也是优点。但是后来多些接触，却发现此公对工作的深究，远胜于我。他的放手，是出于会心，而绝不只是藏拙。说到他对出版工作的深究，最明显的是对王云五的看法。俞兄提出要学习王云五的经验，编《新世纪万有文库》，我颇为吃惊。因为我是在左派培养下学做出版的，又在抗战胜利后“金圆券”时代过过苦日子，所以对王云五的大名深恶痛绝。难道王云五还有出版工作的“经验”？后来，我确实尝到了甜头。《新世纪万有文库》三个系列，我最喜欢的不是我编的“外国文化系列”，而是陆灏老弟编的“近世文化系列”。读到这个系列，我彻底拜服了。从俞晓群到王云五再到陆灏，我拜到了三个老师，而首先当然是俞晓群。

俞兄对出版业务的深究，源于他的刻苦。他对工作的构想，大多来自对现状和历史的广泛涉猎和深入探究。我后来知道，他参加各种活动，归去都写入日记。有机会见到他的一些札记，极为全面完整地记下当日业务上的见闻和观感。总而言之，我由这么一些对他的相当肤浅的观察才知道，他的获得成就，实在是“良有以也”。这一点，我们在俞兄的这本集子里，是可以明显地感觉到的。

在同俞晓群这样的合作条件下，在这十几年里，我编了一些我多年想出而未果的书。全列太繁，举其一端——《吕叔湘全集》。吕老是我多年崇敬的长者。从我六十多年前做佣为工时在柜台下自习他的《中国人学英语》起，就一直崇拜他。做出版后，苦读《语法修辞讲话》，使我在侪辈中稍高一筹。后来想搞业余翻译，又从他的《伊坦·弗洛美》中学到不少好东西。直到我主持三联书店，结识了他本人。他读我编的《读书》后，几乎每期看后都给我写一信，指陈他读后的看法。我有这样的学者为“后台”，让我大壮起胆，在改革开放的年头敢于大胆工作。我多年总想为他老人家出一集子，不单是报答，更为了传播。但在我在位时，没这实力，后来同俞兄一说，居然一拍即合。《吕叔湘全集》十八卷，是我出版生涯后期的着力之作。工作有不少缺点，但我毕竟愿已了了。凡此种种，岂非都源自俞兄所赐?!我所以说“黄金时期”，这是重要的方面。

夸了半天，这位俞先生有没有缺点呢?我在别的地方指出过，这位研究中国“数术”问题的专家（他在三联书店出的第一本学术著作便是《数术探秘》），实在并不大会娴熟地在出版工作的斗场中运用传统的“术”，因而他比较容易为人所乘、所算计。中国官场，特别是文化官场之“术”，实繁有徒，我们也不必细说。好在俞兄也志不在此，那就不去管它了吧。

2010 年 1 月

关于《书趣文丛》

中国究竟是有几千年文明的古国。政治上闹感冒的时候，经济上犯穷病的光景，人们发些“读书无用”“百无一用是书生”的牢骚，日子一好过，政道一通畅，大家想到的多是如何建立一个“书香门第”——为自己的家，也为社会和国家。

所以，要说“读书有用”，古贤今哲，说过的话尽多，可举的范例也尽多。不过，读书要怎么才能“有用”？认识却未必一致。从历史到时今，占主要地位怕还是那种把“读书”和“有用”直接联系起来的看法，所谓“颜如玉”“黄金屋”即是。要换个说法，也无非是说读书之后，要立即用书中的知识去为现实任务出力，不然就有“遗少气”“头巾气”之嫌！

我们编这套丛书，正是要想说明，“读书”这件怪事，实在并不简单。读以致用是好事，并不立即“致用”也不是坏事。甚至可以说，作为一个知识者，人人都应有“致用”和“不立即致用”这两种读书态度的结合。什么是“不立即致用”，那就是把读书当做一种兴趣，简单说来，“书趣”即是。

我们请了一些读书的大行家来现身说法。不是请他们来说自己如何读书成“趣”——那未免俗了，而是把他们“读书成趣”的成品展示出来。这成品全是作为趣味的读书结果，却未必时时处处都点出自己读了什么书、做了什么“悬梁刺股”的努力方觉臻此。作者们读书已成“趣”，所得的结果也大多能使读者觉得有“趣”，即可以读得下去。如果大家都以读书为一“趣”事，由此多产生一些“趣”，不亦有益于“书香门第”之建立乎?!

或谓，这种做法，其实只是拾古人之唾余，不是什么适合时代要求的办法。所谓“遗少”之责，多半来此。这涉及对中国读书传统的看法，这里不去辞费。要说的是，这种读书方法，要说“时代”，其实是最时髦不过的。我们现在最现代的读书观，便是反对主体和作品的对立，把所谓读书，说成只是领会作者的本意。好在这套丛书的作者，不管他们是不是“后现代”的，他们的读书，却都能跳出这一框子，不把读书看成教训与被教训、赐予与接受的关系，而只是一种“对话”。因此，他们方能不为某书某人所永久俘虏，而能以自己为本位，“自”得其趣。

自然，读书成“趣”，其病亦多。一个毛病，便是成了蛀书虫，变成书淫。在一个宽容的社会里，蛀书虫也会受到表彰，不是坏事，但究竟难以在商品经济中讨得生活，成为“大款”。我们几个编书匠，以“脉望”为名，也只是想以此表明自己已患此“病”而已。“脉望”是蠹鱼之一种，是蠹鱼吃了书中的神仙字化成的。传说服了用脉望煎的水，便可“白日飞升”。这是古人把读书致用和不立即致用两者相结合的一种美丽的幻想。我辈有幸，平时时常贪食当代读书成仙的大家的许多“神仙字”，现今不能飞升，却得蒙厚爱，允许所作编集问世。我们愿意永远抱有做“脉望”这一幻想，为中国的读书界做些微末的工作。

《万有文库》

——让中国跟上世界

对《万有文库》，我辈本没有什么置喙的余地。第一，我这年龄的人，其实没见过完整的《万有文库》。等我想读这套文库时，它已是旧书店的廉价书了。第二，我这一代人，对王云五先生曾经很没好感，不只从政治上，更多的是从他们实行的什么科学管理方法，因为不少我所信从的前辈左派文人很不赞成这方法。

然而，在改革开放这二十年来，我逐步改变了看法。当然，开头是从对管理的看法改变开始的。既然我们现今那么强调管理，据我所知，我们不少地方实行的管理方法，其严苛大概较王云五又有过之。那又何必去责备前人呢?

等我进一步比较全面地了解了王云五的出版观念，才深深地感到，王云五真是一位了不起的出版人物。至少就《万有文库》说，他是用适合时代要求的新观念，把中国出版事业往前推进了一大步。

《万有文库》一共两千来册，分两批出版于1931至1935年五六年间。我没有能力去分析，也没有听到有人提出其间收入什么惊世骇俗之作，但是，就总体说，把这么多有益于启蒙的论著成批推出，确如李欧梵教授所指出，它是那个时期“在界定和传播知识上最具野心的努力”。“这种浩大的工程是远远盖过教科书计划的，因为它的野心是要把‘人生必要的常识’灌输给出版市场所创造的读者群。”当中国读者最需要启蒙营养的时候，这真称得上是一个前所未有的大手笔。

有位王建辉博士专门研究王云五的出版观念，他的专著《文化的商务》对我们了解《万有文库》极有帮助。他指出，“这套丛书，最明显的特点在于读者定位的准确。它以普通读者为对象，以全面而通俗的方式传播文化知识，成为一个方面的杰作，是 20 世纪二三十年代最成功的出版物制作，故而受到普通读者，尤其是中学生和知识青年的欢迎”。王著称《万有文库》是“杰作”，是“最成功的出版物制作”，应当说并不为过，的确，此前乃至此后，似乎还没有这样的大制作。我斗胆在这里用了“此后”，因为就我的记忆里，我们近几十年里并没有在那么短的时间里出过这么大篇幅的综合性丛书。许多当代出版家欲步后尘，甚至打算超过，例如胡愈之老人 20 世纪 60 年代初创办的“知识丛书”，当时雄心可谓大矣，来头可说壮矣，可是没过多久，连“知识”两字也不能再提了。

《万有文库》，说到底是一种普及文化的活动。入选其中的，从国学和西学经典到哲学、历史、社会、文化、自然科学乃至“现代问题”，这么一种文化壮举，“无疑是受让中国跟上世界这种欲望的激励”。这是中国人民几百年来的共同愿望。王云五之所为，无非是符合这种需求而已。

遗憾的是，这套丛书出到第二辑就夭折了。此后的中国，总在“乱”中度过。乱世是难以成就大事的。直到现在，可说又逢成就出版的丰功伟业的良机。我们只希望人们为出版家们提供足够宽松的环境，允许当今的出版家直追乃至超过王云五。因为“让中国跟上世界”永远是中国出版家乃至全民族的最大愿望。

“海豚书馆”缘起

俞晓群、陆灏和我，在将近二十年前就有过一次“三结义”。那时，我刚要“退居二线”，但是贼心不死，还想做事。更主要的，是多年的出版工作让我结识许多名流，都是做文化的好资源。原单位的新领导不会不让我再做点小事，但是，我知道，老一辈的领导是不希望我再做什么事的，我的愿望会让新领导他们很为难。谁让我在过去一些年里那么不会伺候老人家呢！这时我概括过自己的心情：出于爱的不爱和出于不爱的爱。我只能离开我钟爱的原单位，同新结识的朋友们去“三结义”了。

完全没有想到，封建社会里的自由结义形式竟然胜过我多年习惯的领导任命方式。我们的“三结义”居然越搞越热火。没有多少年，做出来的东西，无论质与量，都让我惊喜不已。举例来说，先是《万象》杂志；接着是《新世纪万有文库》，几百本；后面来一个《书趣文丛》，六十来本……这些成绩，都是我过去不能想象的。自然，这些书的问世，还得感谢许多参与其事的其他同事和朋友，恕我不一一列举了。

那时“三结义”的“桃园”在沈阳的“辽教”。以后时过境迁，我们的刘备——俞晓群——迁出沈阳，于是，现在再次“三结义”，改在北京的“海豚”了。

出版社而名“海豚”，对我来说是个新鲜事儿。但我知道海豚爱天使的故事——“天使想给海豚一个吻，可是海太深了。海豚想给天使一个拥抱，可是天太高了……”“‘天使，我如何才能得到你爱的馈赠……’海豚痛苦地低鸣。”

现在，解决海豚痛苦的，不是别人，正是那位来自黄浦江边的著名渔人——陆灏。陆灏结识天下那么多能写善译的天使，他们会一一给海豚以深爱，以宏文，让海豚名副其实地成为一条出版江河中生活得最顽强的鱼——俞晓群领导下的出版大鱼。

我遥望海豚的胜利和成功，乐见俞晓群、陆灏两位愉快的合作，特别是读到大量我仰望和结识的天使们的怀着深爱的作品。我高兴自己现在也还是“三结义”中的一员，虽然什么事也没力气做了。我今年七十九岁，能做的只是为人们讲讲故事，话话前尘。以后，可能连这也不行了。但是无碍，我不论在不在这世界，还是相信：二人同心，其利断金，俞、陆的合作会有丰富的成果。遥祝普天下的天使们，多为这两条来自祖国南北两隅的海豚以热情的支持！

2010 年 5 月

献出我的“知道”

著名的翻译家、三联书店解放初期的编辑骨干王复加先生，关于三联书店于1951年的被撤销，有一句名言：这是被“凌迟处死”。当时把三联书店的业务分解为几个片，分别改属别的好几个单位，而又在人民出版社保留了一个出书的虚名，实际上世上已不复再有三联书店这单位了。说这是“凌迟”，并不为过。

这么过了三十多年，到20世纪80年代，在一些老同志的呼吁下，又允许恢复三联书店了。

到了这时候，许多三联书店的老前辈已经退休甚或过世，阴差阳错，让我这个同历史上的三联没有多少关系的人来重建那个已被“凌迟处死”的出版社。从20世纪50年代以来，我当过好多年出版社领导的秘书，见过他们怎么管理一个出版社。但是，那都不是被“凌迟处死”过的单位，没有那么“一穷二白”。现在，给了我三十万元，让我着手从一片空地上重建三联，实在谈何容易。

最难的是编辑工作。就当年出版工作的管理方式说，三联书店已经没有任何现成的“地盘”。万般无奈，我从上面争取到“文化”图书的分工。可是没有熟练的编辑，怎么办？这时我想起了三联书店被“凌迟”之前的老编辑张梁木。老张是解放前的进步新闻工作者，进了三联以后，在陈原领导下负责编辑地理图书。陈原经常表扬他善于联络作者。他不是学地理的，但是白手起家，几年之内使三联成为当年主要的地理书籍出版社之一。陈原经常给我看他写的访问报告，绘声绘色，生动详尽，十分动人。看得出来，他的成功，起因于他能真诚团结作者。但到20世纪80年代初，我不敢在人前提到他，因为他是当年出版界的“大右派”。于是我就自己一个人偷偷地学习张梁木。

三联书店没有办公室，怎么办？我从熟悉的单位借了一些小房子。于是几十个员工分别在北京东城、南城五个地方办公。我这个总经理，骑着一辆破自行车，天天往这五处跑。这个形势，逼我把三联书店实际上办成一个“皮包出版社”。我在 20 世纪 40 年代末，在上海伺候过一些皮包出版社的老板，他们还常常让我替他们的出版社干活，然后给我一些小费。现在我居然想把三联书店办成皮包出版社，这事说出来准得挨骂，因为实在太丢人。

但是一些老干部倒很同情我的处境。出版界的元老王益同志，多次想办法帮我走出困境，但是大多无法达到预定目的。另一位元老陈原同志，在精神上十分支持我。当我有难处时，他会用外国话对我说些鼓励的话，告诉我一些办法。我最愿意他同我讲世界语，因为那时周围的人都听不懂。

陈原他们那时最关心的是《读书》杂志。这是他们这些老革命出版家在改革开放以后出版理念改变的具体体现。于是，新三联书店五个狭隘的办公场所，我去得最勤的是东四六条的《读书》编辑部。我在那里发现，这里联络的学人最多，用《读书》的名义对外联系，收效最快。于是，我学习当年三联张梁木先生的办法，不断亲自找有学问的作者讨教。我也正好赶上好时候：刚开始改革开放，那些大学问家热情高极了，非常欢迎我上门，大家谈得都很高兴。

我当时还采取了一个新办法：多同海外的学问家联络。这是出于几个原因：第一，这里还不大有出版社注意这个稿源，专业同台湾联络的出版社还没有成立。第二，我发现海峡对岸的文化界对中国文化传统了解得比这里深广。那当然是因为这里搞了“文化大革命”的关系。不仅是文化理念，连办事的习惯他们那里往往是中国传统式的。例如谈版权，台湾的刘国瑞老兄高兴的时候，总要对我说：你老兄“闲话一句”。这是当年上海帮会的语言，我当然懂得。于是做事便愈来愈顺利了。

同海外学人的联络当年很得力于一些朋友的帮助。不知什么原因，上帝派了罗孚先生来北京帮助我。他名在北京“服刑”，实际上另用一名为《读书》撰文，又为我介绍了许多海内外朋友。后来台湾的杭之先生也为我扩大联络范围帮了大忙。

总之，三联书店脱离“凌迟”状态后，我干了十年。这十年，我除了盖了一栋大楼，还真说不出多少业绩。只不过，我利用当年的有利条件，把自己培养成一个“知道分子”。我今天能够厕身文坛，就靠的这些“知道”。而这又得力于一位出版界大右派大哥的榜样。年迈无奈，应朋友之请把一些“知道”的资料编印出来，向读者陈明真情，第一本，是为《师承集》。

2015 年 9 月

怀　人

陈翰伯的一个意见

我这类久居上海的宁波帮，从小就喜欢非议苏州人的“糯”，认为不如宁波人的“刮辣松脆”。但自从二十多年前同陈翰伯先生打交道后，我完全改变了想法。

20世纪40年代，我就知道有个很进步的国际问题评论家叫梅碧华，后来才知道这就是身材魁伟的陈翰伯。他在1949年后主编《学习》杂志，这是我们这一代人主要的精神食粮。20世纪60年代后他主持商务印书馆，以“崇洋”著称。“文革”中，他当然是出版系统的大“走资派”，而在后期，他又被点名为“复辟干将”。一位高级的领导人在20世纪70年代初义愤填膺地告诉我们：此人一贯“右倾”。可以想见此语当时的分量。

到20世纪80年代初，我有幸在他领导下编杂志。刚到编辑部不久，便见到他的一个亲笔意见，文如下：

这里无甚高论，仅供改进文风参考。

一、废除空话、大话、假话、套话。

二、不要穿靴、戴帽。

说明：戴帽指文章第一段必须说上“自从粉碎‘四人帮’以来如何……”。穿靴指文章最末一段必须说上“为什么什么而奋斗”“……而贡献力量”。当然这不是说不要宣传党的中心任务，而是要把这个精神贯彻到全文中去。

三、不要用“伟大领袖和导师毛主席”，不要用“敬爱的周总理”“敬爱的朱委员长”，不要用“英明的领袖华主席”。

四、有时用“毛主席”，有时用“毛泽东同志”。注释一律用“毛泽东”。

五、制作大小标题要下点工夫。不要用“友谊传千里”“千里传友情”之类的看不出内容的标题。

六、引文不要太多。只在最必要时使用引文。有时可用作者自己的语言概括式地叙述。

七、尽量不用“我们知道”“我们认为”之类的话头，有时可用少量第一人称。

八、可以引用当代人的文章，并注明出处。此类注释可以和有关经典作家的注释依次排列。

九、署名要像个署名，真名、笔名都可以。不要用“四人帮”横行期令人讨厌的谐音式署名，不要用长而又长的机关署名，不要用“大批判组”“理论组”，不要用“××××编写组”。

十、行文中说“一二人”可以，“十一二人”“一二百人”也还可以。但千万不要说“一两万人”这一类空话。

十一、不要在目录上搞“梁山泊英雄排座次”。

这十一条，现在看来似乎稀松平常，可在20世纪70年代后期，却是了不起的大事，应当说条条都是针对“文革”中盛行一时的风气而言。例如第八条，在当年，如果注释的上一条是陈布雷的文字，下一条引了毛泽东，两条注文出处（仅仅是出处）先后并列，这就可以被人上纲为混淆敌我，立场错误（尽管在内文的叙述中敌我立场是很鲜明的）。可以说，这也是《读书》杂志转变当时文风时尚的第一个文件。

我那时向这位领导报到时，他对我说的第一句话便是：从今以后，我点头的事你就做，我摇头的事你决不能做。我倒抽一口冷气，心想：我们也算是熟人，何必如此生硬。后来知道，这位苏州汉子，不仅长得像北方大汉，而且性格比北方人还爽朗。在他领导下编了几年杂志，一直是很痛快的。

近年读到苏州姑娘林昭的材料，更加大吃一惊。这样刚烈的女性，哪是我想象中的苏州小姐。这是后话，以后再说吧！

2005年2月

陈原的编辑活动

要是有个年轻人在图书馆的作者目录中查到“陈原”项下，难免感到困惑：一个人何以能写出这么些门类各异的著作。大量的是地理著作：《中国地理基础教程》《现代世界地理之话》《世界地理基础》《世界政治地理讲话》……此外不乏国际问题论著：《战后美国经济剖视》《战后世界》《变革中的东方》……两本与地理、国际看来全然无关的语言学著作：《语言与社会生活》《社会语言学》。居然还有《英语常用词汇》《外国语文学习指南》等纯粹实用的图书。好几本散文、随笔：《平民世纪的开拓者》、《书林漫步》正续编、《海外游踪与随想》……不要以为这个目录可以就此结束，这里至少还漏掉了他的全部翻译作品：谢德林、斯各特、赫赛等人的小说，柴可夫斯基的回忆录，甚至还有一本《苏联歌曲集》……更详尽的目录，包括他用笔名发表的译著，各种论文，外文作品，那只能靠“联机检索”（online searching）来提供了。

英国作家威尔斯近八十岁时曾自豪地说：“在那宏伟的文物圣殿大英博物馆阅览室的目录里，可以找到在‘威尔斯’名下的著作达六百种。”这里不想把陈原同威尔斯相比。陈原的作品数量到不到六百种，我们说不清，中国的图书馆还没有可能为中国作家提供详尽的资料。好歹他还没到八十岁，就假定还比不上威尔斯吧，但是要知道，陈原不是职业作家，一生的精力，主要投入编辑活动中。他 1918 年出生，1938 年大学毕业未久就加入进步的出版社当编辑，桂林、重庆、广州、上海、北京，先后在新知书店、生活书店（包括以后的三联书店）、世界知识社、人民出版社、文化部出版局、商务印书馆工作。假如加上他在这些岗位上所编辑的稿件目录，哪怕不止上千种哩！即使他在当领导的时候，仍然亲自审处书稿，不当签字画押的名义领导。《韬奋文集》三大卷编印过程中，虽然有范长江同志负责主编，许多出版界前辈参与工作，然而陈原作为出版社一员，仍然一字一句将百万余言的三大本读完，提出详尽的意见。20世纪50年代中期开展解放前学术著作选择重印工作，他也是逐本审读，提出意见。20世纪50年代后半期以后，他管理出版行政，精力主要放在开会、起草文件上，但是仍然很精心地指导出书，包括当时的《读书月报》和《出版通讯》的编辑工作……

人们从他的经历可以发现一个值得注意的事实。他在近著《社会语言学》中说，“作者的研究工作是在节假日或工余的深夜间进行的”。编辑工作的需要，往往使他在这一段时间“写下了五六十万字的笔记”(《世界地理十六讲》)，那一段时间里“写下了四卷语言笔记，几百万余言”(《语言与社会生活》)。他当初当编辑时，住在一个破庙里，“天蒙蒙亮就起床，为了省钱不吃早饭，拼命写我的地理”(《一九三九年春桂林杂忆》)；当了出版局长后，“卧病在一个医院里，偷闲细读了好些中外史籍……胡乱写下二十余册笔记”(《书林漫步》续编)。只有经过这样艰苦的劳动，才能发为文章，终成巨帙。

一个编辑应当怎样进修、提高，我们从这里可以得到一些启发。

20世纪40年代初，二十多岁的陈原在桂林编写了两本实用性质的书：《外国语文学习指南》《英语分类词汇》。这在陈原的业绩中可能是最不起眼的，不过这两本奇特的书中，我们却确实可以发现陈原的一些特色。解放前学外国语的书汗牛充栋，但是怕很少有书在谈外语学习时说出这样的话：“学习外国语的目的，是要把握一种武器”，因为“在现代的中国”，“有介绍新思潮的任务”。又说，一个人懂得好些外语，并不一定就伟大，“卡尔是伟大的”，但这伟大在于“他的学说”，而不是因为他懂多种语言。“卡尔”是谁？当然是马克思。在另一本词典式的书中，居然列入“共产主义”“阶级斗争”“布尔什维克派”等单词，“来供给中上学校的学生和自修英文的查考用”。这些内容在解放后的书刊中当然常见，但要知道，当他编这些书时，华南正是“文化的禁城”，对进步书刊的查扣，在“检查史上是空前的”(《书林漫步》)。

陈原何以会对地理发生兴趣？偶然读到他的《一九三九年春桂林杂忆》，讲他写第一本地理著作《中国地理基础教程》的经过，才知道他写中国地理书的目的，是想“从经济地理角度，讲明中国的半封建半殖民地性质”，“同时又驳斥反动派散播的所谓地大物不博，抗战抗不下去的悲观投降论调”。循此线索，再进而看他的世界地理著作，才知道，他在这里所做的，同样是透过地理，不时地同读者讨论政治，研究经济，驳斥反动滥调。他在一本书中也说过，他关心的不是历史地理、自然地理……而只是“现代变化的世界”。

陈原的语言学研究也许是很早就开始的，但到20世纪70年代，因为他在商务印书馆主张重印“文革”前编的《现代汉语词典》，遭到“四人帮”的攻讦，这使他重新开始大规模的语言学研究工作。他说：“恶棍姚文元借着一部词典狠狠地给我打了一棍子，黑线回潮啦，复辟啦，大帽子铺天盖地而来，晕头转向之余，很不服气，于是一头扎进语言现象和语言学的海洋……”我们这些非语言学工作者，读他的语言研究论著往往也具有极大的兴趣，除了他掌握深入浅出的写作方法以外，恐怕同他出于批判极“左”思潮，坚持马克思主义而写作这些书的目的分不开的。

从这几件例子可以看出，在陈原门类繁多的工作业绩中，有一种一以贯之的东西：以介绍“新思潮”而鼓励学习外语，为反对投降主义、研究“现代变化的世界”而写地理，要批判极“左”思潮而“一头扎进语言现象和语言学的海洋”——这中间，不是有一条很清楚的线索么？正是这条线，使陈原成为进步的、党的编辑家和出版家。

陈原在出版界以谙熟“洋务”著称。他精通多种外语，经常出国，读过的外国书尤其多，特别了解国外出版界情况。他曾单身一人去奥地利、比利时、联邦德国、苏联参加几个国际会议，访问几个研究所，竟可不带翻译。

陈原还是世界语界的前辈，现任中国世界语协会副主席。

同陈原谈工作、论世事，常见他引述外国的事例；读他的论著，常常见到他声明，某事某说曾得益于某个外国学者，甚至某章某节据某本外国书编译而成。

1958年商务印书馆恢复业务，确定以翻译外国学术论著为主要任务，有一位领导同志戏称它的任务是搞“洋务”。十几年后，陈原主持“商务”的工作。因此，如果也戏称陈原为“洋务派”，似乎也可以。

但是，陈原不是那种以崇洋为务的“洋务派”，在他吸收国外经验的活动中，显然也有一条主线，一种一以贯之的东西。这用现在的语言来说，可以称之为“洋为中用”吧。

陈原在20世纪60年代初期当出版局长之余，忽然研究起近代中外关系来，写了好多篇中英、中美关系的文章，在鸦片战争前后的帝国主义侵华、中国人民抗争史的研究上，颇具新见。其中一些文章收在《书林漫步》正、续编中，陈原在1982年7月，特地为《书林漫步》续编写序说明他的一个见解：“作者力图用科学的观点去剖析史实，特别是对外国入侵加以无情的鞭挞，也许动了感情，因而引文不免有偏颇或疏漏的地方。作者在研读历史文献时深感要剖析这段史实，必须从中华民族的尊严和解放斗争的基点出发，这几年看到少数几篇论述中外早期关系史的文章，不敢苟同，它们有意无意把那个时期一些不那么光彩的事实都美化为‘友谊’，这不是科学的态度。友谊不是屈膝的同义话，不能把欺压误认为友谊。”这里请注意“从中华民族的尊严和解放斗争的基点出发”一句，这是这一段里的点睛之语。

陈原所研究的社会语言学，可以称得上是十足的舶来品。他在论著中忽而谈论申农的理论，忽而研究语言信息的“比特”，不少是外国的货色。但是，他并没有照搬外国。前不久，他在给笔者的一封信中就指出，不能过分强调语言（即使是自然语言）的非社会因素，“语言作为‘信息’，同申农信息论中所处理的信息（information）是不完全一样的，不一样就在于语言的**社会性**，用纯自然科学的方法（包括统计物理学的方法）去分析社会语言，往往会得出超社会的结论。**我的社会语言学体系与西方社会语言学体系不同的根本点，也就在于此。**”（重点为笔者所加）

陈原当然竭力拥护开放政策，反对闭关自守。早在20世纪50年代中，他就在人民出版社同戴文葆、史枚等一起具体草拟外国哲学社会科学名著翻译规划，打算翻译一亿两千万字，两三千种，以后这个任务转给了商务印书馆。十年动乱，完全打乱了这个工作。二十多年后，他主持商务印书馆，又提议出版《汉译世界学术名著丛书》。出这套丛书可真所谓是“扛鼎之举”。短短几年，出书不少，议论也不少。但不论人们对这套书的个别问题有何看法，1982 年陈原在刊行这套丛书之际所写下的那些话，仍然是大有意义的：“这许多书的作者都是一个时代、一个民族、一个阶级、一种思潮的先驱者、代表者，他们踏着前人的脚印，开拓着新的道路；他们积累了时代文明的精华（当然有时亦不免带有偏见和渣滓），留给后人去涉猎，去检验，去审查，去汲取营养。”

当一个编辑，永远会遇到执行开门政策和批判分析西方思潮的问题。经常采取“去涉猎，去检验，去审查，去汲取营养”的态度，不忘记“中华民族的尊严”，常常注意到彼此在体系上“不同的根本点”，是重要的。

编辑是无名英雄，而陈原的“知名度”颇高，但他实以学人名世，因而人们也很可能忽略他的行政能力，特别是他的出版行政能力。

举个小例子，20 世纪 50 年代中，人民出版社编辑部领导聚会，常常叹息会议太多，看稿子时间太少。某次会上，陈原忽然提出一项统计材料：自某日至某日，他开会若干小时，与人谈话若干小时，处理行政杂务若干小时……最后看稿子仅剩下若干小时。证据凿凿，无可争辩，于是引起普遍重视，立即采取解决措施。

在管理上，无情的统计的确比深情的叹息更能解决问题，陈原看来深谙此道。

1955 年，在曾彦修、王子野倡议下，陈原在人民出版社负责拟订一些编辑工作制度，当时被称为出版社工作的“根本法”。这些制度，经过 1957 年的风波，1958 年的“跃进”，1962 年后的斗争，以及 1966 年的浩劫，人们大概已经遗忘。但这些制度中关于审读、加工书稿的许多思想，今天仍然有用，值得写进将来的“编辑学教程”。

例如，关于审读书稿，提出十点要求，强调“审稿应注意不被原稿拘束，应对原稿作一鸟瞰，避免随着某些原稿钻牛角尖”。“在学术问题上作者的一说与众不同，但能言之有理，持之有据，在审稿意见书中可以指出，但不要遽加否定。”“要适当注意主题要求阐明的内容是否充分，是否有说服力，但不要偏于找寻原稿所没有接触到的问题”……这一些，都是当时工作中实际问题的总结和概括，有着相当丰富的内容。

陈原在编辑工作管理安排上，强调“把工作挪前做”。这看来是很简单的几个字，却值得他为此演讲了好几个小时，说得头头是道，令人折服。当时做编辑工作，习惯于零敲碎击，不能通盘安排，特别是在约稿之后，往往把稿件置之脑后，到交稿时加以处理，经常发现问题不少，于是事后弥补，费力不少。其他环节，都有类似情形。陈原提出“挪前做”，就是说前一环节要考虑后一环节的工作，安排前后左右的关系。用现代管理语言来说，大概就是一种运筹学或线性规划的思想吧，然而当时大家都不懂这些，由陈原用简明通俗语言出之，对改进工作极其有益。

陈原富有现代观点，他对编辑出版工作管理的见解，到20世纪80年代，想必更有发展。但这要另有行家来阐述。当写这篇短文的时候，见到他正在收拾行装，准备赴墨西哥参加关于出版工作电子化的会议。希望此行归来，能带给我们更多新的信息。

陈原现在是国家语文工作委员会主任，按身份是官员；他兼中国社会科学院语文应用研究所所长，照这说又是学者。官员和学者，可以说高于编辑多矣。这些年当编辑而未能安于位者，除了想发财去从商外，所谋者大多在此两途。陈原竟于无意中得之，岂非快事！然而与陈原谈天说地，所议所论，还是编辑、出版为多。当然，有时不能不调侃几句，说什么我是不懂你们这一行了之类，然而说了归齐，还是谈他的得意之事——出书。你看他在为官为学之余，为编辑、出版界所做的我们所知道的几项业绩：

亲自编了一本《商务印书馆大事记》。此书书名平平，然而编写、版式，具有独到之处，其舒坦，冲逸、精要，一如在陈府啜巴西咖啡，非亲尝、亲见者未能领略，其妙只在这是一部平平实实的大事记，如果是一本苦雨斋主的散文，那是题中应有之义，也不值得大惊小怪了。

撰写了一系列对自己多年编辑同事的回忆，后来集为《人和书》一集，由三联书店于1988年底印出，集中所记冯宾符、史枚、梁纯夫诸位，非当局人莫为。陈原说起这些战友，总是满怀伤感，不能自已，此书版式曾得陈原指点，据说还算满意。

《人和书》排印之间，消息传来，陈翰伯去世，陈翰伯、陈原，这两位习称为中国出版界“CC俱乐部”之主将。凡说起十一届三中全会前后出版史者，必得熟谙当年此两陈之作为（还有一位是人民出版社的范用）。陈原于惊悉陈翰伯去世之后，写一长文，刊于《读书》。这也是一篇怀念战友——也许可以说是怀念他的本行：编辑、出版——的至情之作。《人和书》未能收入此文，只得将来找补了。

长文《在语言的密林中》，在《读书》连载近一年。这按例说是他的“为学”成果，扯不到编辑、出版上来。然而正儿八经的学者，毕竟写不成这么蛮有风趣的作品。我们还不能不把它硬扯到编辑领域里，是他关心我们的出版物的成果。

20世纪三四十年代里，据说出版家多为文化人。20世纪50年代起，这种状况已有改变。出版机构主持人必得是党的工作者，如是方可实行有效领导。尽管如此，我们还是见到如1957年前人民出版社这样的领导班子：胡绳、叶籁士、华应申、戴文葆、梁纯夫……以后班子的组成日益向行政干部和党的工作者转化。直到如今，出版社的有些领导往往是靠学者的提携，依赖自己的行政地位，挂名编辑某些丛书来维系自己的“文化声望”了。以前是有了文化声望再当出版社领导，现在是当了领导再争取文化声望。中国许多事喜欢倒着来做，这也许无可厚非。以后发展到哪里去，我们并不知道。但不论如何，在我们心目中，像陈原这样难得的老一辈懂文化、懂学术的老出版工作者，仍是一个典范！

1990年2月

从陈原的辛酸说起

陈原先生著作等身，尤其是语言学著作。他的文集《陈原语言学论著》都一百三十余万言（台北“商务印书馆”版），自为经世名作。而在此书的第一篇论著卷首，却有一段颇为辛酸的话：

> 我对语言学本无研究，只不过是个门外的爱好者。不过在“文化大革命”中，恶棍姚文元借着一部词典狠狠地给我打了一棍子，黑线回潮啦，复辟啦，大帽子铺天盖地而来，晕头转向之余，很不服气。于是一头扎进语言现象和语言学的海洋，几年间——直到群魔垮台之日，写下了四卷语言笔记，凡百余万言。

这倒真应了眼下大陆某些年轻朋友的论断：不能彻底否定“文化大革命”。至少从这里看，这场“革命”造就了一位语言学家！

是什么样的棍子令陈原这么一个从旧中国过来屡经沧桑的老共产党员如此辛酸呢？这里摭拾若干史料，向大家作点介绍。

陈原说的“一部词典”，是指《现代汉语词典》。此书由中国科学院（当年还没称为“社会科学院”）语言研究所词典编辑室编辑，商务印书馆出版。陈原当时刚从“黑洞”中出来未久，被“结合”到商务印书馆，成为编辑方面的负责人。他主持未久，印行了这部词典，原以为可为“大革命”后中国枯萎的文化界添点生气，而且出词典应是风险较小的工作。不料刚出未久，1974 年，工人群众便打上门来了。

陕西省韩城县燎原煤矿的工人首先发难，说这《词典》“不看还罢，看了反而会中毒受骗”。如何受骗？一个例子是《词典》里下面四条名词的释义：

圣人：旧时指品格最高尚、智慧最高超的人物，如孔子从汉朝以后被历代帝王推崇为圣人。

圣诞：旧时称孔子的生日。

圣庙：奉祀孔子的庙。

圣经贤传：旧时指圣人写的经，贤人写的传（阐释经文的著作），泛指儒家经典。

尽管这里点明是“旧时”，工人同志们仍然不依不饶，指陈这些注释“陈腐不堪”，有“严重资产阶级倾向”云云。总之，出版这本词典，是为了“向广大读者放毒”。

过不多久，知识分子也发难了，首先上来的是商务印书馆内部的“革命群众”。他们用“商群”的名字对自己单位的“走资本主义道路当权派”责难说，这《词典》的出版，正是“刘少奇一伙为了复辟资本主义，反对总路线、大跃进、人民公社三面红旗，掀起尊孔逆流”，从而是“他们的反革命修正主义路线的反映”。知识分子的批判当然举的例子更多，除了大量关于“孔老二”的条目外，还指出下面这些条目的“谬误”：

工人：个人不占有生产资料，依靠工资收入为生的劳动者（多指体力劳动者）。

佃农：自己不占有土地，租种地主土地的农民。

宪兵：某些国家的军事政治警察。

租借地：一国以租借名义在他国暂时取得使用、管理权的地区。

天哪！这些基本按照普通常识乃至马列和毛泽东的语言编写的解释，竟然被判定为“模糊劳动人民阶级意识、为反动统治阶级开脱的手法”，是“宣传阶级合作、剥削有利”，“替帝国主义掩盖了强盗面目，是地地道道的帝国主义腔调”。因此，这部《词典》被认为“深深地打上了资产阶级的烙印”。

更有甚者，这些“革命派”还查出《词典》未收“大跃进”“大寨”“大庆”“人民公社”“八字宪法”“毛泽东思想”“中国共产党”等词条，这“暴露了资产阶级对于生气勃勃的社会主义革命和社会主义建设的偏见和仇视”，“进一步戳穿了纯工具书观点虚伪性”。

那么，一部语文词典，究竟要怎样解释词条才算正确呢？照“革命派”的主张，“比如注释‘英雄’一词，要说明各阶级都有自己的英雄标准，资产阶级英雄是什么样的，无产阶级又是什么样的等等；注释‘刑场’，要说明既是处决犯人的地方，也是革命者就义的地方；注释‘犯人’，还要分别说明什么阶级把什么人当成犯人等等”。做不到这一点，这部词典就“不值得出版”。

工人和出版界的“革命群众”说过话了，于是官方的“写作组”写出重头文章来作结论。署名“虞斌”的一篇文章中判定这是一部“大肆颂扬反动没落阶级意识形态、孔孟之道和有其他严重政治错误的词典”，予以出版是“一个极其严重的政治立场错误”。据说，这篇重头文章是秉承姚文元的一些有关“批示”写成的。

这是中国词典史上的一个小小的插曲。在惊风恶浪的年头里，我们敬爱的陈原先生及其同事陈翰伯先生（时任国家出版局的代局长，出版这一词典的支持者）因而得有“资本主义复辟的CC派”之美名。国共斗争中共产党的死敌“CC派”，此时把大名让位给了两个老共产党员，此“二陈”（Chen and Chen）当年“罪行”之大，可想而知。

《现代汉语词典》现在是大陆最常用的词典，我每次查阅它时，总会想起这些故事，甚至想到批斗两陈大会上的阵阵口号声。唉！人为什么非要做傻事不可呢?!

2002年12月

陈原的几句外国话

陈原先生刚去世。缠绵病榻近三年，这位最善言辞的智者，到生命的最后关头，竟然不能说话。起先说不了北京话，还会说广东话——他幼时说的语言。最后一年光景，就似乎啥也不能说了。医者说这就是“脑软化”。

我在陈老手下工作先后正好五十年——有一段时间不在一起工作，但还常相往还。他固然善言辞，但对我影响深的，却是他常同我说的几句外国话。

同我讲外国话时多半是彼此工作中出现无可奈何的事情。我对他述说做文字宣传行业时遇到的种种难处，絮叨自己手边的事情遇到了什么什么窒碍，于是他会突然冒出一句世界语：

An korau venos printempo……（春天还会来的……）

陈公是世界语协会副主席，自然是“爱斯不难读”（Esperanto——世界语）老手。我是20世纪40年代中在上海滩当“小赤佬”时，羡慕进步，在夜校里学的“半瓶醋”。记得我当他手下不久，当我知道他是世界语前辈时，冒出一句我学的世界语课本第一句，他大为惊奇。这一下我算是马屁拍上了，于是我常常听到他同我叨咕世界语。而当上面一句话他说出后，我有时也会回敬他一句：

Multaj belaj printempoj!（还有许多美丽的春天!）

这些都是那些20世纪三四十年代文学老前辈爱说的话，源自尤利·巴基的小说。说实话，像我这类文化小商人之所以能在自己管出版社时出一些好读的书，受惠于他们的业绩多矣！因此自然可以“出口成章”。

有时，我向他汇报，什么什么难事经过斡旋，总算解决了（我从来不向他说自己经过什么“奋战”，才解决困难，因为自信不是那材料）。于是，他突然冒出一句爱说的拉丁话：

Eppur si muove！（它仍然转动着！）

我没学过拉丁语，但 muove 的意思是懂的。他见我不很懂，往往又再补说一句中文。于是，每次听了这话后我都是信心大足，从容地准备迎接下一个春天的来到。好在我在出版界始终都是小人物，无论地球是否 muove，在我身子底下终还没有火刑的煎迫。但不论如何，信心自然是更足了。

到了陈公晚年，可能因研究社会语言学的关系，热心研读维特根施坦。他因而常要同我用德文说维氏的一些术语，例如，Sachverhalt、Tatsache 之类。我何尝懂维特根施坦，但也勉强把《逻辑哲学论》俄译本翻读一过，至于德语，当然更是很愿说的。因为我们一帮在 20 世纪 50 年代中期活跃的年轻人，曾经组织自学德语小组，当时觉得一个革命青年不学马恩的语言是一种耻辱。课本就是《共产党宣言》。于是，我的德语，不是先学“人”这个词，而是先学“幽灵”一词。不是先学人“出现”的德语词，而是先学幽灵“出没”的德文说法。这样，凭我的德语如何够同他对话？但我还清楚记得，在 20 世纪 80 年代末，我正为许多事情心情焦躁之际，他第二次“中风”住院，在医院里同我用德语说了一句维特根施坦的名言。这句话的德语原文我现在背不出来，但我知道是《逻辑哲学论》里最后一句话：

一个人对于不能说的事情就应当沉默。

这话，从语言学来说，自然有深义存焉。但浅学如我，只知道当时这最后两个字的重要。这里陈公教了我一堂重要的德语课，也是人生课。

现在听不到陈公讲外国语了，当我感到有烦恼袭来时，往往觉得茫然不知所措。

2004 年 12 月

陈原先生

报载陈原先生等五位老出版家荣获韬奋出版奖的荣誉奖，这才想起了韬奋出版奖，特别是想到陈原老人。

得奖的五位老人中，最熟的是陈原先生。陈老这几年卧病协和医院，我一二个月去看他一次。虽然是老熟人，他见到我却只是漠然地望我一眼，无法对话。有时忽而恸哭，但仍不能言，不知究竟。据说他有时能听懂广东话——儿时讲的语言。前不久香港牛津大学出版社林道群先生来，我陪他去探访。林只说了几句广东话，陈老虽不能言，看来比对我的话反应多些。最近几个月，老人嗜睡，就更无法对话了。

我在陈老领导下工作，远在五十来年前就开始了，他简直是把着手教我。记得最早学的一个手艺是：为出汉译世界名著做卡片。大概是周扬的一个什么批示，要学习日本明治维新时期的做法，出版一批世界名著，计划订了一亿二千万字，目录就印了厚厚一册。因为目录是蓝皮的，我们内部称这个计划里的书为“蓝皮书”。出哪些书？老人们要我们先找马恩列斯征引过的，特别是他们有好评的。于是，我等小青年就被迫天天读马恩列斯，做各种书目卡片。首选当然是黑格尔的《小逻辑》，还有费尔巴哈，加上《乌托邦》等等。后来怎么来个凯恩斯的《就业利息货币通论》，我也忘了，只记得为出这书有点紧张，所以赶紧又跟上一本对这本书的批判。

“文革”中批陈原时有人说，只要一搞资产阶级的东西，陈原就来劲。这话当然是诬蔑。但陈公对西方东西的熟悉，实在令人惊讶，是我接触到的领导人中极为少见的。

这几天人民文学出版社斗胆印了《查特莱夫人的情人》，我又想起了这位老前辈。因为就是他不断跟我讨论这本书。他逼得我不得不细读此书，而且要读原文本，因为他谈话中引用的往往是原文，例如常要说：Ours is essentially a tragic age，so we refuse to take it tragically. 他是出版界领导人，却不断非议位居要津的人们一再要查禁此书。在一篇文章里他说：“由于我们这里一直被人宣传此书是‘西洋的《金瓶梅》’，难怪有些神经紧张的人一听到书名，就免不了怒发冲冠——滑稽的是在这些精神紧张者中，实际上既未读过《金瓶梅》，更未接触过《查特莱夫人的情人》。”

我的做出版，不断学习陈公，自然只得皮毛。举个小事来说，他酷爱贝多芬、柴可夫斯基。而在我这“陈迷”的 MP3 里，却永远只有邓丽君。由此，也就可概其余了。

2004 年 3 月

最早的地理课本

陈伯达，我不知道今天该如何评说此人，好歹同我关系不大。但是，当1954或1955年间，我忽然在北京东总布胡同十号的大院里遇见他，却实在受宠若惊。当时我是各位社长、总编辑手下打杂的（有时也叫秘书，但比诸人们习称的首长们的秘书，地位高下不可同日而语，爰名“打杂”）。他轻车简从，来找曾彦修或王子野先生。他们都不在。我简单应对后说，社领导只有陈原在，他说很高兴见到陈原。一见面，言谈之下，我很惊讶，此公对陈原著作极为熟悉，虽然他们过去从未见过。他言谈间极赞陈原的地理学著作，说在延安时读过，这使我更加意外。我当年从一个小校对员被提升到社领导身边，自然十分认真地研究领导们的论著，几乎白天黑夜都在研读。我最早读陈先生的国际问题论著，以为他是国际问题专家。忽然又读到他译的狄更斯和谢德林，觉得他又是文学家。又常去陈府玩，知道他和夫人都是最早的苏联歌曲的介绍和译制者。我们在共青团里常唱的一些歌，不少是他们贤伉俪译配的。忽一日，听他提到世界语，我又赶快在他面前卖弄一句“leono estas besto”（世界语初级课本第一册的第一句），谈下来，于是知道他又是中国世界语运动的倡导者之一。现在忽然被提到他还有地理著作，怎么能不意外。

赶紧去图书馆找陈著地理著作来读，它们成了我最早的地理课本。陈著地理著作不下六七种，大多是三联系统出的。主要的一本是《中国地理基础教程》，估计陈伯达在延安读到的也主要是这本书。这本书写于1940年，很明显，名义上是一本教科书，实际上说的是抗战，是左派主张抗日的重要论据。书中开门见山引用了一个德国记者的话：“广大的空间是中国胜利的王牌”，“中国的领土保证了它的生存，日本还是求和吧”！抗战期间左派出地理书的目的，应当在此。

这几本地理书一读，悟出一个道理：出版物的门类并不重要，要紧的是书中的观念和思想。三联书店不是地理书出版社，但照样可以在地理书中讨论抗战。此所以出版社在20世纪50年代要专设一个地理著作编辑室。这个编辑室委派了一位三联书店前辈张梁木先生当主任。张先生之努力并善于开拓，为我所仅见。建立没多久，局面就打开了。他几乎三天两头要交上一份访问报告，绘声绘色地讲述他采访作者的种种情形，我由是间接知道当编辑应当如何待人接物，开辟工作，可惜的是，张先生以同样罕见的热忱在1957年整风运动中向党支部提意见，于是地理编辑室连同他本人都在三联书店历史上先后一一消失了。

陈原先生现在不幸因中风而出现言语障碍，不然他一定会告诉我们更多故事。

2003年1月

陈著《总编辑断想》后记

1980年，我有幸在陈原先生领导下编《读书》杂志，这是我第三次同陈老有密切的交往。在这以前，已有两次。第一次是1954年，那年我二十三岁，奉调去给人民出版社的领导们当秘书。陈老是领导成员之一，我的座位正好在他对面，于是天天听他以及其他领导讲好多我听不大懂的话。这以前，我只在出版社干过四十个月的校对，完全不知道出版特别是编辑是怎么回事，所以到这时就十十足足当小学徒了。那时一大一小两间屋子坐了五六位领导，以曾彦修先生为首，还有王子野、冯宾符、张明养、史枚以及陈原先生各位。我听他们特别是陈原先生的宏论三年，到1957年，政治运动来了，才告一段落。

第二次密切的交往是在“文化大革命”中。这是一种有特殊意义的“密切交往”——他成了审查对象，我被认为是“小爬虫”，即紧跟他们这些“走资派”的走卒。当然，陈先生是敌我问题，我还算人民内部矛盾。我只有狠揭狠批陈原诸人，方可过关。我当然是老老实实地做了，也就是把上面所说三年里所接受的一切关于出版的启蒙教育都给否定了。我记得，写过一张大字报是狠批陈原在家里请我吃饭时劝我多读书的“谬论”的，也就是他在本书第一节所说的那些道理。这位“走资派”居然在家里设宴用“读书”这诱饵来毒化像我这样的“革命青年”，是可忍孰不可忍！这一来，我当然同走资派划清了彼此的界限。要说明的是，当年如此这般做来，是相当心甘情愿的。我那时埋怨的只是对我公开施加压力的几位同龄的小伙伴，怪他们对我这老朋友下手太狠。对“大方向”，说实话，压根儿没有怀疑过。就这么，把自己三年里所受的教育都给否定了。广义地说，人们间的此来彼去都属“交往”，因此我同陈先生的这一次来往也可说是“密切的交往”，只是性质特殊而已。

以后就是上面说的第三次“密切的交往”。这一次，我真正当了他的下手。一起编个杂志，他遥控，我执行。事情刚一上手，我就意识到那些老人家是在把1957至1966年被打断的事继续做下去。想不到，“否定之否定”这一规律也适用于自己。我起初很困惑，怎么1966年那么热忱地否定过、批判过的一切，现在又那么大规模地实践起来，不同只是，现在不用去讲苏联的“先进经验”，而只是老老实实谈自己的传统和实践了。我举一个小例子来说明1954年与1980年的类似：以我之不学，在1954年间怎么会知道世有陈寅恪其人。当时，那些领导老在嚷嚷陈寅恪，后来还用三联书店名义出了他的《隋唐制度渊源略论稿》和《元白诗笺证稿》。1957年以后的几十年里，听不到这名字了。到1980年以后，又老听这些老长官说到此人。那时对这名字我就不陌生了。即使没有受过历史学专门训练，也算读过他的一些著作，甚至可以倚老卖老地说一些20世纪50年代的往事。

因陈寅恪，又想到所谓“衣食父母论”。这更是我在20世纪50年代天天听领导在谈的一句话。到“文化大革命”，包括我在内的革命群众哪能将“走资派”这个罪行轻轻放过。批这理论还有一带劲的做法：把作者揪来一起批斗，于是这会就开得热闹了。何况听说此语源自某大“黑帮”，更可以做到大方向没问题。20世纪80年代后，还是陈原这些老先生，言传身教，要我们真正把作家当做“衣食父母”。可以说，《读书》之可以办得出色，受此论之惠多矣！同事中这方面实践得最好的是赵丽雅女士。她是从文化、从书迷的角度真正奉作家为“衣食父母”，同他们交朋友，为他们出力的。她把陈老的种种主张融会贯通了。

从上面这些背景来看这本小书，可以大致掂出此书的分量。它实际上是一个极有智慧的老人从事出版一个多甲子的经验总结。在这个总结中，作者又把他对他的前人经验的理解融会在内。陈老为文，明白如话，兼以幽默风趣，这种他经常指点我们的“可读性”，恕我直说，有时也有一个副作用，这就是有的论点容易为读者轻轻放过。鄙人在这里以追随此公数十年（其中有若干年背叛，前已言及）的旧部的资格奉劝读者，千万慢慢地耐性读，不要放过书中的微言大义。

这本书完成于1993年1月。是时也，鄙人虚度六十又一，获准退居二线，从兹少问世事。因此，陈老出版观念的许多新发展，我已不及实践，以是恨恨。例如讲系统工程，讲凝聚力，其中指述的许多优长之处，为我前所未知，而有的弊端，却是我工作中常犯的毛病。现在读到，恍然大悟，但改已不及，徒呼负负。从这里看，年轻的读者朋友，你们在还能把陈老的经验付诸实践的大好时光读到这本书，是有福了！

2000年10月

界外人读

商务印书馆为了“收复失地”，开始出版一些国内学人论著，是大好事。其中有本馆陈原前老总的《陈原文存》若干种，尤为“失地”中的大都会，现在一一收复，列为本馆“领地”，更是值得欢呼。

刚读到的一本是《界外人语》，陈先生过去从未辑印过的杂文集，其中不少文章连我这种陈作的崇拜者都没见过，所以到手马上就拜读一过。书分四辑：思想录、书志、艺文志、人物志。我最感兴趣的，是从一个新的角度，用一种新的认识，谈论许多我所熟悉的书、事、人。这种文章，四辑中每一辑里几乎都有。所以关心书中谈到的自己熟悉而不是陌生的书、事、人，是因为我深知此老往往语出不凡，许多我辈久以为常的事情，在他笔下，可以化腐朽为神奇，使人得到新认识。这是我的一条重要的“读陈心得”。例如说一“整”字（页 24），寥寥千余言，把这字的当代含义说得活龙活现。这大概是西方新派学人通过“关键词”来研讨社会、文化问题的一种时髦方法，然而陈公不动声色，不引洋人，不故作艰涩状、高深状，别出心裁地把我们社会里“整”（人）的沉疴写出，同时又不声不响地批评了某些辞书中的提法。书中谈《读书》起步那几年，谈三联书店的五十年（我个人觉得尤其亲切的是此文的附录：《一段插曲》），其中谈到的人和事，许多为我这个这些事业一度的后继者所不知。例如我也写过史枚老人，敬佩他的耿直，但我完全不知史老托陈老转信一事（页 189）。陈老告诉我们这类故事，实际上对当代文化史作了重要补充。

我特别想说的是此书的名字：《界外人语》。这当然可以视为作者的谦词：自居在某一学界之外，因而“说的尽是外行话，无足轻重”。然而，根据我的认识，这四个字与其说是谦词，毋宁说是表达了作者的一种文化宗旨和主张。陈原这位多学科的专家，其写作有一重要特点，就是举重若轻，深入浅出。他所关注的“受众”，界内以外，更重“界外”。

他的这种主张，后来实际上成为了他所亲手创办的《读书》杂志所追求的风格。我辈不学，既无厚积，自难薄发，所以没法学习这种写作特点；但是作为编辑，还是有一种优长之处：自己做不到的，可以请作者做到。一二十年里，在陈公坚持下，《读书》的编辑工作拼命往这方向努力，如有成就，原因盖在于此。

明明是“界”内的行家，偏偏要请他或他自己要作“界外人语”，原因在何？道理很简单：为的是让“界外人读”。老一辈学者，往往有这种常为“界外人”考虑的善念。这也许还可以视为三联、开明等单位的一种出书传统和文化传统，而陈原老更身体力行之。这种善念，可以解释为“群众路线”的体现，而更广泛地说，应当还是“学术乃天下之公器”的精神的发扬。

自然，我们并不因此排斥供界内人读的学术专著，不过对我这样的十足的门外汉来说，只觉得大家出“界”论学谈事，更亲切些。

2001 年 3 月

几十年后的话

2006年11月4日，商务印书馆别出心裁，在陈原老人谢世两周年之际，在涵芬楼书店举办了一次追思会。会上，各级领导都有极富感情的发言，使我辈受到很大教益。领导在场，在下不便去抢话筒说话，没有主动要求进入起来讲话的追思者行列。但是，在整个会上，我的“思”其实一直未停。尤其是，会一开始，商务印书馆安排了一位王女士，用极有激情的语调，朗诵了一段陈老奉劝当编辑的年轻人要多读书的名言。

这一段话，对别人也许只是一段有益的教言，对我，却勾起了我的无穷思念，使我羞愧无比，以致哽咽得无法言语。

那几句话，是陈老在20世纪50年代上半期常对我讲的。1954年8月起，我跳出校对员的“火炕”，开始学习当编辑。请当今在做校对工作的各位同行朋友原谅，在我们那时，有高等学历而分配去当校对员的，大多认为自己屈才，要想方设法跳出这个“火炕”。我是当年校对员中学历最差的（真正的学历是初中肄业），按说当校对员已是“高攀”，但在那时的思潮影响之下，也一心想转行去做编辑工作。没过多少年，我时来运转，调任总编辑们的秘书了，真是快何如之。

我很幸运，被安排同陈老在一屋办公。我读过陈老的书，特别知道他是外语专家。于是，见面不久，就同他用那些半通不通的俄语、世界语说话，不断向他请教。我又借送文件等机会，常去陈老府上。陈夫人余荻女士，为人极为谦和，对我百般呵护，总是招待我同他们全家一起吃饭。于是我就成了陈老家里饭桌上的常客。

在饭桌上，陈老同我说的，大多是关于读书的话，同追思会上王女士朗诵的差不离。我得天独厚，在这次会以前五十多年就十几二十次地亲聆他的这些教诲，真是幸何如之。

但是，不幸的事在后面，我在陈老教育下逐渐成长。我总算发了一点奋。当年人民出版社资料室是不开架的，就在曾彦修、王子野、陈原等几位开明派领导的主持下，改成开架陈列。于是我下一决心，分期分批，把资料室主要的书尽可能浏览一遍。这一来，我这小秘书神气了，领导们会上会下说起什么书，我不用查卡片，就立刻能找出来，说起谁谁谁的观点，我也大多能尽快找到出处。我同陈老特别谈得来，不仅是屋里往往只有我们两个人，而且我又努力学了几句德语、法语，同陈老的“共同语言”又多一些。他即使同我用德语提到哲学家维特根斯坦的某些话，我也对应得上，这一来，我当然就“青云直上”了。

但是，且慢！到1958年，灾难来了，上面号召批“白专道路”，我不幸被选为典型。那时我是要求入党的积极分子，大炼钢铁的勇敢分子，如此攀升机缘，岂能落后。于是在全社的交心大会上把自己的读书活动大骂一通，实际上全盘否定了陈老的一切有关教导。那会陈老没参加，只有王子野老人参加。他会后语重心长地对我说了一句：书当然还是要读的。我这才有点悔悟。

不过更大的灾难还在后头。1966年“文化大革命”来了。陈老是出版系统的大“走资派”、“黑帮”头头。我当过他的秘书，人们当然不能放过我。我被点名为“小爬虫”。他们那些“走资派”第一次被押送到一个会场时，我被指定走在队伍前面，手持一小锣，不断敲击，以示我在革命队伍中从来的角色是为“走资派”鸣锣开道。以后，开始大批判、大揭发。我的一个同乡朋友C君，原来也都是陈老的崇拜者，这时赫然成了批斗“黑帮”陈原的专家，专门系统揭露陈老的“罪恶”。我被动员多次，为了自身安全，不得已，也写了一张大字报，内容是，揭发陈原在家里用请吃饭的办法笼络我，总是劝我多读“封、资、修”的书，来毒化我们这些无产阶级文化事业的接班人。记得大字报在结尾时还用上那句当时的名言：由这看来，“走资派”的狼子野心，岂不昭然若揭！

大家想想，还是那些劝说青年朋友多读书的话，在这位老人去世两年后的追思会上，由一位女士用抑扬顿挫的语调念出来，当时我听了是什么心情。我简直什么话也讲不出。在今天的年轻朋友看来可能是几句听惯了的警句名言，在我的一生里，却几起几伏，包含着多么丰富的内容。而这些内容，在我个人说来，又大多是同陈老联系在一起的。

20 世纪 70 年代后期，陈老又出来主持出版工作。他不计前嫌，还是找我这旧部与他共事。我同他说起那些往事，他一笑置之。我在他领导下做的第一件事是大肆宣传多读书、读好书的好处，批判“四人帮”鼓吹的种种谬论。这么做时，我想我们是“心有灵犀一点通”的。但是那时讲这些话也不是全然没有风险。因为登了那篇《读书无禁区》，我到有关部门去做检讨和进行辩解好多次。但我到这时已明白我们是在贯彻陈老等前辈的一贯主张，实际上弘扬他们的这些正确的人生经验、工作经验，尽管挨批，没有气馁。我过了二十多年，历经风风雨雨，反反复复，才总算完全懂得了陈老的那些谆谆教导。

不过，直到现在，又过了三十年，我本人对提倡读书多半还只是停留在口头上，没有像陈老那样身体力行。这几十年，我的确“翻阅”了不少书，却极少像陈老那样好学深思。我是追思会上在座各位中最早受到他的教育的，却反反复复，总是不能把他对我的教育一以贯之，把陈老的人生经验真正学到手，愧何如之。

2006 年 11 月

费老的最后嘱托

费孝通老人在世时，同《读书》杂志的关系十分密切，但这同我并没多少直接关系。原因很简单，最早的联系人是冯亦代老人，他和费老都是中国民主同盟的领导，经常见面，有事不必我来操心。后来，张冠生兄为费老作了很好的安排，包括多次去郑州讲演，出席《读书》在那里组织的“越秀学术讲座”。到现在为止，我牢记在心并且感到深深遗憾的只有一件事，那是费老亲自同我交代，并且再三说明一定要做好的。他当时用英文对我说这事的重要，我印象尤其深刻。

大约在 1998 年中，当年费老大概是从国家领导岗位上退下来了。某日，老人忽然约我一谈，他开门见山地对我说，现在大家都说老人要进行 physical exercise，这对老年知识人说来当然重要，可是很少人想到 mental exercise 对老年人的重要。他把 mental exercise 翻译为“思想操练”。他希望我把在北京的一部分老人组织起来，经常举行“思想操练”。我当场提了一些名字，他大多赞成。特别是李慎之先生，他们原本就熟。李老听说这消息也高兴，他们后来可能还就此说过一二次。慎之老人后来同我通过电话，觉得这可能是目前老人之间对话的最好形式。

1998 年 6 月 13 日，举行了第一次“思想操练”，在华北大酒店。地点是我选的，因为据说那里有不错的苏州菜——想必是费老爱吃的家乡菜。活动经费央请企业家欧阳旭先生资助。我经办这类事情从来有过于谨慎的毛病，不敢邀请传媒，更没有做什么会议记录，还是办《读书》杂志的服务日时的老作风——没有主题，没有主持，没有开始，没有结束。

可惜，饶是如此小心翼翼，第一次以后，名声还是张扬开去。出于种种原因，这个“思想操练”不得不停顿。打这以后，同费老见面机会也少了。我想再去请问，人们告我，还是不要去惊动老人家的好。

但是，费老关于 mental exercise 的恳切教导，至今常在我记忆中。现在关于这活动，只在废纸堆里找到当时的活动安排记录一纸，附印在这里。

“思想操练”活动（第一次）

（1998 年 6 月 13 日下午 3 时于华北大酒店）

莅会人士：

费孝通　李慎之　李　锐　蔡仲德

资中筠　陈乐民　庞　朴　王　蒙

龚育之　曾彦修　王若水

本次活动经费由北京国林风书店赞助。国林风书店董事长欧阳旭先生与会向各莅会人士致意。

下述单位向莅会人士赠送书刊：

《一九五七年夏季》《红镜头》各一部——万圣书园赠

《牛津精选》一套拾册——辽宁教育出版社赠

《读书》杂志 1998 年第 6 期——《读书》赠

《地理知识》一册——《地理知识》赠

2005 年 7 月

我的后台梦

干我们这一行，照出版江湖的办法，最好有个后台。出版这行比较危险，有个后台，比较容易站住脚。那么，我在出版界混了多年，后台是谁呢？

读我的自传，不难想象，我的后台是陈原、范用等出版界前辈。这不假。我追随他们多年，他们称得上是我的后台老板。不过，他们的行政级别都不算高，尤其是算不上中央领导。那怎么办呢？

中央领导人的面我都从来没见过，真是欲求无门。左盼右盼，一直到我的出版生涯的最后几年，才结识到一位非共产党的国家领导人——全国人民代表大会的副委员长，费孝通。

我一直愿意把做出版工作办成公众文化事业。20 世纪的最后几年，受到一些朋友的鼓励和支持，在河南郑州创办了一个“越秀学术讲座”。我请国内各地的学者来郑州讲演，郑州的朋友都很高兴，愿意支持我。越秀酒家的老板崔先生，郑州三联书店主持人薛先生不用说了。我还因此结识了郑州的学人张冠生先生和河南文化界一些有实力的人物。因张先生的举荐和安排，我结识了费老，请他来郑州讲演好多次。他是国家领导人，每次来，阵势自然不凡。例如，那时的省委书记李长春就会接见他。据说，费老经常在接见晤谈时提出一些很有内容的工作建议，颇受省委注意。

费老是社会学家。我这个年龄的人，一听说“社会学家”，心里都会嘣的一跳，而我更甚。我是学苏联经验长大的，从来就接受一个观念：有了马克思主义，社会学那资产阶级的玩意儿就没用了。还有一个观念对我影响更大：社会问题是资本主义特有的，社会主义社会根本不存在社会问题，我们这里只有光明面而没有阴暗面。记得 20 世纪 50 年代的早期，我刚学习做编辑工作。一天，有位潘光旦教授来访，高级编辑不在，由我接待。潘教授带来一大包稿件，是他翻译的恩格斯《家庭、私有制和国家的起源》，希望给他出版。我同潘教授谈得很投机，特别因为他是上海宝山人，那是我的老家，我乘机同他扯了半天家乡话。以后，我看了一些他的译文，发现他结合中国情况加了许多译者注，我十分钦佩。但是，这稿子当年没法出版。你想，解放后，怎么能允许一个“资产阶级社会学家”来翻译革命导师的伟大著作呢？

幸好，到改革开放年代，一切都改变了。在见到费老以前，已经听到传达，1979 年 3 月，胡乔木公开为社会学“正名”，中国社会学研究会（后改名为中国社会学会）宣告成立，由费孝通教授任会长。这是中国社会学史的转折点，它标志着中国社会学中断期的终结与重建期的开始。

因这缘故，更因为可以经常见到费老，我就比较关注和阅读费老的论著。在费老的浩繁论著中，最令我心动的是他的田野调查。我当年对毛泽东思想心醉神迷，很大的一个原因是读了《毛选》的开卷之作《中国社会各阶级分析》和《湖南农民考察报告》，觉得革命领袖当年真是不辞劳苦，对中国社会作这么认真的调查研究。读了费著，觉得这位前辈这方面的辛勤劳作可说不让共产党内的大人物。尤其是，后来听费老说起，他作这些调查，简直到了出生入死的境地。那是在 1935 年 12 月，费孝通和夫人王同惠在国内边远地区作调查，山路极其曲折险峻，以致他们走迷了路。费孝通误入瑶人设下的虎阱，被木石压住。王同惠奋不顾身地把石块逐一移开，但费孝通足部已受重伤，不能起立。王同惠赶紧出林呼援。但她从此一去不返，第七天才在急流的山涧中发现遗体。这时距她与费孝通结婚之期才一百零八天。

从这开始，我当然更想请求费老做我这小出版商的后台。但是好景不长：郑州的学术思想界发生了一些新情况，越秀学术讲座不办了，同费老见面的机会少了。我不死心，还想在北京重启炉灶。这个主意北京学术界都很赞同，尤其是李慎之。他特别认为我找费老这“后台”找得好。费老本人也同意用他名义举办活动。他老人家在那时经常用英语对我说：对我们老人说来，mental exercise 比 physical exercise 更重要。可见他的态度。可惜，北京的活动，只举办了两三次就停了。原因在何，也不去细说。也正好，我本人这时也正好到了该停止一切活动的年龄，应当回家去一个人做种种 exercise 了。

现在回顾起来，费老在我出版生涯的最后阶段圆了我的一段“后台梦”，是我永远难忘的。

2013 年 7 月

路是这么走过来的

吕叔湘先生谢世已有一段时间。吕老生前，我已受命在编他的《全集》，几年下来，直至目前，十九卷皇皇巨著还没全部付印。想想吕老多年来对我的教育和帮助，我对自己的拖拉真是惭愧万分。尤其是最近因编吕老的书信，顺便把他多年给我的信件清理一过。整个新春佳节，到处喜气洋洋，而我却因读了几十封吕老给我的旧信，心情沉重，思绪万千。

我像现在很多年轻编辑一样，当初是为了组稿去见著名语言学家吕叔湘先生的。比较特别的是，我自幼失学，读书多半是在商店柜台下边做的功夫。由于是自学，对吕老不少深入浅出的著作便觉得特别亲切。所以见到吕老之前，我早已是他的一些通俗论著的最忠诚的读者之一了。这自然容易谈得“入港”。后来，吕老知道我又兼差编《读书》，那就谈得更亲切了。

吕老对《读书》的关怀，除了面谈外，还在一个时期里差不多每月都写一篇对《读书》杂志的读后意见给我。信中主要是指出错谬。我真佩服老先生的认真。他鉴别错字的能力，比我这多年校对员出身的人还强。正是在他的推动下，我们的编校工作才逐步走上正轨。

但是，最让我们受益的，是吕老对《读书》的编辑方针的指点。

1986 年中，考虑到不少有学养的老专家对《读书》有意见，我们专门组织了一些座谈，听听老作者、老读者的意见。吕老为此，不仅赴会，在会上谨严地读了他准备好的发言，之后，他又专门给我写信，找我谈话。吕老的意见，从具体文章谈起，主要是讨论《读书》应当怎样来编。幸而我手边还保留着吕老当时的一些来信和发言提纲，允许我做些摘引。

吕老说："编《读书》这样的刊物，要脑子里有一个 general reader（翻成'一般读者'有点词不达意，应是'有相当文化修养的一般读者'）。要坚持两条原则：一、不把料器当玉器，更不能把鱼眼当珠子；二、不拿十亿人的共同语言开玩笑。否则就会走上'同人刊物'的路子。同人刊物也要一家之言嘛。但是，不能代替为'一般读者'服务的刊物。而况《读书》已经取得这样的地位。"

这个宗旨，原本就是《读书》创办人陈翰伯、陈原两老当年反复对我交代过的意思，现在吕老说得更加明确、透彻了。为什么需要反复强调这一点呢？这是因为，当时学术界产生了不少新理论、新主张，还有一些新的文章作法。我曾就此事请教过吕老，他在同一封信中专门就此说道："新不一定就不好，但也不一定就好。新有两种：计算机越新越好，时装也是越新越好，但是计算机不会从集成线路返回到电子管，而时装却会反反复复（就拿留胡子这件事说，马克思、恩格斯时代流行大胡子，20 世纪前期流行光下巴，现在又有回到大胡子的趋势）。"

他接着又发挥："比新不新更重要的是货色真不真。但是辨别货色真不真要有点经验，而认识新不新则毫不费力。因此不知不觉就以新为真了（当然，也有人认为凡新都假）。"

吕老又在另一封信中说："我想，不同年龄的读者对题材的兴趣可能有不同的倾向（其实也不尽然，在年轻人中爱好古典文史的也大有人在），至于在质量高低、文学优劣的鉴别上，顶多有些小出入，不会大相径庭。如果有一'代沟'观念横在脑中，那就在稿件的取舍上难免会出现偏颇。"

除了所谓"代沟"问题外，吕老又在另一处谈到产生这种情况的一个根源："《读书》有《读书》的风格，这就不容易。很多杂志没有自己的风格。什么是《读书》的风格？正面说不好，可以从反面说，就是'不庸俗'。""可是这'不庸俗'要自然形成，不可立志求'不庸俗'。那样就会'矜持'，就会刻意求工、求高、求深，就会流于晦涩，让人看不懂。"

我当时看了这些话简直是目瞪口呆。因为这里说的，正是我思想深处的疙瘩。我在《读书》创办一年后才从老人手里接过这刊物，年轻好胜，自然会处处要求“立新”。但是，如何“新”法，却少考虑。“新”是必要的，但要从根本功夫做起，不如此，就极容易走到吕老最后说的“矜持”和“刻意”的路上去。文化之事，一旦走到这条路上，便容易令人生厌了。

打这几封信和座谈以后，吕老又多次找我谈。1986 年 7 月 5 日，我在给编委们的信中这样说：“吕先生对《读书》真是爱之切、责之严。他多次对我郑重其事地说，‘怎么你们还没改进’？最后一次说，‘我都不能给你们写文章了，看你们的劲头，我的文章你们不会要的’！听了令人难受。”“我真害怕见这位始终和颜悦色的老人。他总是用自己的榜样鞭策你认真做好编辑、出版工作，可是我发现这几年来我们总是辜负他的期望。”“这一次是否又令老人失望，我不敢说。正在努力之中。”

我和编辑部同仁以后的努力，效果如何，犹待评说。但不论如何我们就在这样一些老作者、老读者善意的催迫、说服、示范之下，一步步走了过来。有一点可以告慰的是，打这以后，吕老给《读书》的文章又多起来了。以后他索性开了个专栏，这就是他晚年以“未晚斋”命名的一系列文章。等我“告老还乡”以后，有青年编辑同我讨论编务，我还总是拿“未晚斋”的文章以及我过去看过的一些旧杂志，用来作为示范，说明自己立意追求而总难达成的目标。

转眼之间，《读书》已经办了二十年了。早年的路，大致就是这么走过来的。一个小刊物在那么多老人的呵护下，才有今日。一个刊物，如果它是成功的话，多半是在众多作者、读者的呵护、关切下成长，因此，严格地说，它应当已经有点像是“公产”，而非纯然的“私见”了。

1999 年 10 月

关于《中国人学英语》

偶然知道董桥兄在港报专栏中盛赞《万象》第11期上的一篇文章:《第二只布谷》。董兄打听作者“大年”是谁，柳叶兄告他是吕叔湘先生的公子吕大年。这当然错了，吕大年实是吕老的外孙。柳兄发现这错误后，首先用电邮告我并表歉意。前日，柳兄又传来董作《替我找个语文老师》，让我一开眼界。

董兄曾特别提到吕老的大著《中国人学英文》，此书我特别有感情。盖1948至1949年前后，我作为上海滩上一个失学的青年，一心想自学英语。起先读了《纳氏文法》，又跟一位和先生学了一阵做waiter用的英语口语，总觉不得门径。后来读了两本书，才稍稍知道什么是英语。一本就是吕老的《中国人学英文》。另一本是葛传槼先生的《怎样读通英文》。

读吕著，除了把自己学到的散乱知识稍稍理顺外，主要是知道英语究竟有些什么特点，它同中文的异同。葛著深些，我学起来挺费劲，但也收获不少。例如，我至今记得葛教授说，有的英语书你读不懂，不是语言不行，而是你的智力及文化根底跟不上作者。这使我恍然大悟，知道光学语言还不行。

一辈子没见过葛教授。知道他是个传奇式的人物，上海英语界无人不知，但我这上海的小学徒如何能见得到他。到了北京，到20世纪80年代后，因编《读书》杂志，同吕老倒是常见了。

吕老听说我自学他的《中国人学英文》的过程，以及曾经照王宗炎教授的推荐对读吕译《伊坦·弗洛美》的情况后，顿时同我熟了起来。其实我当时向他请教英语译事不多，主要是为三联书店和《读书》杂志向他约稿。20世纪80年代中，他几乎每月要给我一信或打一电话，告我读当月《读书》后的意见，主要是批评我工作中的缺点。但当我因种种原因而情绪沮丧时，他又总是勉慰我，劝我振作。我从他身上体会到老一辈知识分子对《读书》杂志的关心。遗憾的是，当时实在太“功利”，一心只从老先生那里找稿源，谈闲事太少。但尽管这样，他工工整整地写给我的几十封信，实在是我一生编辑出版工作的大收获。

退休后，想做的第一件事是帮吕老出一全集。向老先生请示后，他欣然同意。于是，又同辽宁教育出版社俞晓群兄联系，他也竭力支持。这事做了七八年，现在十九卷《吕叔湘全集》总算问世，千余万字，算是一个大工程了。这多少年，因工作需要，可说是遍读吕著，但自己在语言学上并无寸进，只是毕竟真正体会到了老先生治学的谨严。遗憾的是，我们编印《全集》还缺少吕老的谨严，印出以后发现还有些毛病，正在修补。

以董桥兄的博学，自然不必再读《中国人学英文》，但他既然说“至今买不到”，我马上从手边《吕叔湘全集》的样书中抽出第十四卷寄去，向他报告目前做过的这件工作。《中国人学英文》在 20 世纪 50 年代后改名为《中国人学英语》，现在将它同吕编《中诗英译比录》《英译唐人绝句百首》合印一册，是为第十四卷。

希望此文刊出时，董兄已收到我寄去的书，于是我又能见到他文采斐然的信了。

2004 年 4 月

汪老的儒行

“文革”早期，我当过一个时期“造反派”。

我多年来是单位领导所宠信的人，怎么会去当“造反派”呢？这倒不全是因为自己看到形势陡变，而想投机取巧。1966 年 6 月，单位里忽然有人发动了对我的猛烈攻势。6 月 8 日，一位平时非常亲近的革命同志忽然贴出一张长篇大字报，指出我是一个阶级异己分子，又多年忠实于文化黑线，勒令我交代一切问题。紧张之余，赶紧打听情况，方知文化部里的一位部领导认为我所在这个单位的第一把手有大问题，而我是此人所宠信的，于是人们商议后想以我为突破口。可是，后来又一了解，说这位领导近来自身也难保，另有造反派想整他。于是，无奈之余，我立即贴出大字报，支持这个造反派，并申请加入。这一个小动作，让我免于眼前的巨大灾厄，有了一些安稳日子可过。

这个造反派中大多是新来的大学生。我加入后，他们给我指派一个任务：帮助他们去抄家。我又不是彪形大汉，抄家时又可以干些什么呢？他们有一想法，抄走资派家里的书，什么要没收，什么留下，由我鉴别。这事倒不难，因为“毒草”大多有名单，成问题的作者也往往有名单，大体上办一下即可。

干了这事，得到一个意外的好处是：认识不少处理抄家图书的人物。他们有的原本出身书业，说起来也还都熟，于是成了朋友。闲下来时，彼此还常常聊聊书。特别在后期，还能找东寻西地找点古怪的书回家去闲读。到了后来，老干部大多“解放”，我这个副业变得有点小名气了。喜欢书的老干部往往找上门来，托我到那些堆放抄来的旧书的地方去找什么什么他们必需的书。

就这样认识了老干部汪道涵。他在机械工业部，同我从来不搭界。

经别人介绍，我去东城汪芝麻胡同他的宅邸专门拜访。谈话的主题，当然是书。他“解放”后又有了一个小孩子，我去时还抱在手里，老先生总是一边逗孩子一边同我谈书。

汪老是机械工业部的，我以为他不会喜欢什么文科的书。事实不然，老先生不仅谙于文事，而且开口就是洋文和古文，指名道姓要看某某英文书和中文老书。有一天谈得高兴，他大讲莎士比亚，某剧某剧，某某人物，倒背如流。我只记得谈到 to be or not to be 时，我还算懂得，也知出处，插了几句嘴，别的就茫然了。他表示遗憾，现在家里连莎翁的原作都找不到了。老人这一心情，使我马上去雍和宫附近堆放抄家物资的地方找朋友，把好话说尽，想找一本莎翁原作。屡经翻腾，总算找到一本英文版全集，付书价大洋一元，于是连夜送到汪宅。这一来，汪老甭提多高兴了，又同我说了半天。因为白天我对 to be or not to be 接了嘴，这次他大谈中国和欧美学者的生死观。我实在想不到，一个革命多年的老干部，会那么钟情莎士比亚的原作，懂得那么多西方哲学观念。

以后，汪老去了上海，当上了更高的官，我自然是难以见到他了。但是，大概在 20 世纪 90 年代，上海淮海路六百多号的一个地方要开三联书店门市部，要找领导人剪彩。大家正在无奈之时，我说，同书有关的事让我这北京来的人去找汪老多半会卖面子。果不其然。我找他秘书一说，汪老立刻同意到会剪彩并讲话。这对我这个出版社的小商人来说是多大的面子！但我知道，他这面子不是给某人，而是给书的。

汪老去世，人们痛惜一位“儒者”的离去。我虽然已多年不见这位老人，但是对他的儒行，我一直是印象极深的。

向后看

李慎之先生去世一年多了，很多人写了悼念文章。我虽然在去年闻讯从国外赶回来，帮助料理一些后事，但文字一点未写。原因很简单，李老是思想家，我退休以后，闲居无事，乐于为他服务而不善于同他老人家进行思想交流；何况关于他的思想业绩，人们已经写得够多了。

我认识李老是比较早的，大约四十年前，国内出现了“反修”的需要，我被调去编印所谓“灰皮书”“黄皮书”。我所在的单位，领导相当开明，交代我如有语言上、理解上的难题，可向新华社的一大批“摘帽右派”请教。我由是认识了这些“右派”知识人的大头头李慎之，以及董乐山等诸位前辈。李老当年虽然遭厄，我虽然名为某个中央机构派去洽事的干事（自然只是个小干事而已），但他说话做事仍然气势不凡，一无低声下气的样子，何况事事说得在理，自然一下子就把我征服了。以后，尤其是改革开放后，我更不断请益。我退休以后，自愿为他办一些杂事。例如，有一度，他所在的单位通知他，他写的文字可以由有关秘书部门打印，但只能交他一二份打印件。可李老交友广阔，不够用，怎么办？此类小事，我最乐意效力：上街十分钟，不是全都解决了吗？

李老对出版极其关心，常常同我谈些有关意见。我印象最深的是，他主张在吸收西方文化时，要“向后看”。他认为西方 19 世纪和 20 世纪初的文明，我们还了解得很少，特别在人的解放和启蒙这些问题上。我们只在低级层次上，例如女同志可以同男同志坐在一起聊天，有所改变，这是一百年前办不到的。但从根本上讲，我们没有在人的解放这方面真正学习到西方多少东西。他同我说，这些他也是近几十年逐步认识到的。1949 年刚进城时，他认为已经解放得不得了了。

我是出版商，一旦赞赏这见解，自然要把它运用到我的出版活动中来。自从改革开放后，我主持出版的翻译书，因此大多是所谓“老书”。这中间，最有名的是美国房龙的著作，尤其是其中的《宽容》。出书时并不在意，结果一印就是十五万册，更使我惊异的是，近几年，《宽容》的重译本多达十来种。更有甚者，近来发现此书的序言已被收为中学教材，我还见到有关的教学大纲。这事相信没有什么人在着力推动，只是它适应了社会上“人的解放”的自然需要。绝不会有人会想到这同李慎之老人有什么关系，却实实在在是他的“启蒙”观念产生的一个小小的果实。他同我没有谈到过房龙（他喜欢谈乔治·奥威尔等人，我后来也都设法出书了），但他的观念的力量是巨大的、适应时势的。很有一阵，有关的朋友认为我做翻译书的路子太“旧”，因而要改弦更张，大出“最新最时髦”的书。这当然不错。但是看来李老关于启蒙的观念，还是没失去时效。由《宽容》年来之一再时行和畅销可知。

读出真正的金克木来

金克木老人去世好几年了。不少有成就的学人认为，老人之中，学问和文章堪称一流的，钱钟书之后，首选似乎只能是金先生。金先生作古，不少人又兴起中国文化何以为继之叹。这自然是过虑，但也不能不说明金老在中国文化上的地位。

三联书店有幸，可以说是在改革开放以后的二十来年里，同金老联系最早、最多，推出他的著述最早、最多的一个文化单位。记得《读书》创刊未久，大概是在冯亦代老人的指点下，我们去找金老约稿。当时有一位老人就提醒大家，金老虽和蔼，约稿却是极少应允的，去了多半会碰壁。不料时移世转，在改革开放的大形势下，金先生不但答应为《读书》写稿，而且似乎一发而不可收，来稿源源不绝。这叫我们大家都喜出望外。《读书》在当年的环境里之办得成功，可以举得出十来个标志，其中之一，怕就是请金先生等老人出山。20世纪80年代中国文化界之了不起，之令人缅怀，首先就正在于一大批积学的文化人在这中国文化侥幸新生的环境中，“起死还生”了。我辈生而有幸，正是首先在这一辈“起死还生”的文化人的扶持下成长起来的。

等金先生在文化学术上“起死回生”时，他已经六十多岁了。记得当年我们每次去见金先生，他总要开玩笑说，我们这次见面多半是最后一面，要寄给你们的稿件也大概是最后一篇了。可是，这话以后，他一次寄来的稿件可能不止一篇，而是三篇。“起死回生”的氛围给这些老人带来如何的喜悦可想而知，然而，那恁多年中国文化的“死寂”，又给他们带来何等的心理压力，这也是时时可以估摸得到的。

金先生像许多老人一样，晚年喜谈往事，爱写回忆。三联书店一恢复建制，要出书，当然首先求助于金老。他陆续交来一些回忆文字。可能是正因为他的这些稿件的缘故，三联书店才开创了一套小开本、白封面的名人回忆杂录。我们知道，金先生有非常奇特的经历。他没有辉煌的学历，但后来当了最著名大学的著名教授。他读书极多，而据说自己从不藏书。他自然对中国社会有深刻的批判见解，却极少正面形诸笔墨。他是浪漫的诗人，又是严肃的学者……凡此种种"吊诡"，我们倒只有通过读他的回忆，才能了解一二，有时读后可能突然产生一个快感：原来如此！到这时你往往能想起一句简单的英语：You are your experience！

读回忆文章的况味，不必多说，几乎谁都有过。但是读金克木的回忆，却又有不同。他把自己的回忆称作"小说"，把回忆写得"真中有假，假中有真"。到了晚年，这一写作特点越发突出。三联书店出的《孔乙己外传》，以及其前的《评点旧巢痕》，可说发展到了顶点。《孔乙己外传》是从20世纪80年代那本《难忘的影子》演化过来的，然而前者显然比后者大大发展了。在这里，推敲回忆文章要不要"真中有假，假中有真"已经完全没有意义，金老本来没有说写的是传统意义上的"回忆录"。他在最后这本著述里，不只"真中有假，假中有真"，而且让死人复活，给古人穿西服、讲洋话。看到这里，你会莞尔一笑：原来金老晚年，居然写起游戏文章，或者玩起什么"后……"来。此老毕竟与时俱进！

但是仔细看去，这想法似乎又离金老的原意甚远。这就好像我们过去每次去见他，听他高论一番，当时似乎都了解了，回来一咂摸，似乎有些话里还有深意。我隐隐然有一个感觉：金老的"真中有假，假中有真"，很可能离他个人的经历有时稍远，可是离社会的真实应当更近。他的"真""假"，实在都有其深意存焉。他不只是在写个人，尤其在写社会。由于语言环境，由于个人写作特色，他把个人同社会密切结合在一起，于是形成一种诡异的文体。想到这里，我觉得说"you are your experience"其实是不够的。只有把个人的experience同时代、社会结合在一起，才能说明这个 you are。从这意义上说，金老的“真中有假，假中有真”，才是本真的“真”。这样去读《孔乙己外传》等书，也许可以读出一个真正的金克木乃至一个真正的社会来。

2000 年 10 月

清理旧物的感想

最近北京的地产商做了一件好事：在西山新开发的住宅区里，资助书商开了一家有品位的书店，并且举行文化陈列。陈列的首选是 20 世纪 80 年代的《读书》杂志。为支持这次陈列，我也翻箱倒柜提供不少旧物，并且由此回忆起许多往事。

找《读书》首任执行副主编史枚先生的照片和墨迹，最费心思。史老 1981 年谢世，是杂志早期的实际负责人。我之所以进杂志编辑部，估计同他有关。因为此老当时已近七十岁，要找人接班。而他又是有名的固执，年轻人中，似乎只有我始终对他执弟子之礼甚恭，彼此相处得比较好。

我 1954 年即同他在一起工作。未及三年，他老人家成为“右派”。以后，此公似乎一直是单位里的问题人物。但我们一起劳动、说话、聊天，都还相得，尽管在名义上我们彼此属两个“营垒”。“文革”之中，两人都闲了，于是说话更投机，彼此又想做点符合“大方向”的事，免得以后吃亏，于是合作着手编写本单位的《两条路线斗争大事记》。这《大事记》至今犹存，十几万字，当然内容很糟糕，但也没忒多伤天害理的笔墨。史老先生担任重头工作，除了写作外，还刻钢板。我由是知道，这些 20 世纪 30 年代以来的老共产党员，做刻钢板这类事都是能手。

后来在干校，两家住得近，天天相见。他天天读马列，而且要站着读，我至今不明究竟。说话中，有点知道他的经历，但是我没盘根究底的习惯，听过也算了。1981 年 4 月他突然去世，其后我见到不少老人，才知道这位我曾经朝夕相处的老人家，其实是个十分不简单的人物。

首先大吃一惊的是，他是江青他们当年的熟人。他本名佘增寿，又叫佘其越，是唐纳的好朋友。据一位作家后来研究：“唐纳、蓝苹（江青）、史枚是同龄人，然而不约而同的以史枚为长，因为他是 C.P.，而且有学者风度，老成持重，蓝苹在他面前也颇慕敬。就连她跟唐纳吵了架，也常常要在史枚面前告状。”（叶永烈：《蓝苹外传》，1988）

更有甚者，此公亡于夜半，而此前十来个小时，他还同我晤谈，表露出对中国政治前途的悲观，我竟并未察觉这种心情对他的健康的严重危害。据陈原老人生前回忆文章，我方知史公当时在谋求为布哈林恢复名誉，到处找高级干部陈说，要求向中央反映。史公早在 20 世纪 40 年代就已被党除名，1957 年又是“老右派”分子，可还那么热心国是，委实少见。我看到过一些俄文资料，对布哈林一案也还熟，因此此前他常同我讨论，而我一直以为只是彼此说说闲话而已。他当时热衷了解布哈林等人提出“发财吧!”口号的情况，但也从没说该在中国实行与否。实际上，他在 1981 年 4 月 11 日上午已得讯他的不少有关建议遭到严厉呵责，下午四五时见我时实际上流露了失望情绪，于是当晚脑溢血谢世。

这位被除名几十年的老共产党员一直在忧心国是。可是，为了保护我这后学，他从不鼓励我去呐喊，只是一个人默默地干。多少年一无所得，终于抑郁而终。

2005 年 1 月

没有冯老，就没有当年的《读书》杂志

冯亦代先生不久前谢世，是这里著述界、翻译界的一大损失。

已经有不少人写了悼念文章。对冯老的文学业绩，我一无可以补充。老实说，他的译品我读得不多，更很少同他讨论译事。他的论著不少是我经过手的，印象很深。但是更难忘的，是他自20世纪80年代以来带领我编杂志，把我带进了文化界。

我在二十世纪七八十年代以前，要说对出版内行，至多是有点做政治宣传的经验。《读书》一办，仔细一看，这类经验是实在用不上了。比如，照我们过去的办法，编辑是“把关”的，很少同文化人有精神上的联系，我们的任务只是指挥作者干啥干啥，特别是防止他们乱说话。乱改作者文章，尤其是不顾作者文风，过去是常事。1954年为此挨过曾彦修先生的严厉批评，但还是难改。原因也简单，那时喜欢统一。文风统一、用字统一、标点统一……更不要说思想统一。到1958年，全国一刮“共产风”，出版社可以用一纸短笺就把作者的稿费减发一半。“文革”起来，几个人自说自话成立一个“战斗队”，就可以随时到作家家里去贴一张大字报，勒令这个“地主资产阶级的孝子贤孙”把多年来已领去的稿费退回。总之，编辑也者，我们心目中是代表人民和党的，岂能有人反对，除非这作者是大官。所有这些，我在不同程度上都参与过，那要用来编《读书》杂志，岂非南辕北辙？

这作风，20世纪80年代开始，在冯老这些老人家领导下，在《读书》杂志可以说砸个粉碎。冯老外号“二哥”，在文化圈内以善交往和排难解纷著称。在他指领下，出去做事，一改过去的作风，简直无往而不利。譬如说，在我原来的工作环境里，20世纪50年代末一次下乡劳动时我同一位老编辑在工余多谈了一些《围城》，回来差不多挨批。到《读书》一办，冯老带头率领一帮年轻人去见钱钟书、金克木等，给刊物带来生气。没有冯老，在这方面是绝对打不开局面的。

有人说冯老是“海派”，这也许不假。可是“海派”在当年似乎并不是一个好词。我早就听说一个故事：“文革”结束，好多老人得到平反，冯亦代先生当时提出希望去一个权威的外国文学研究单位工作。传闻这研究所里一位老前辈竭力反对冯老进去，理由就是冯老是海派。大概在京派老人看来，海派是做不成大事的。当然彼此的文学主张也自然不同，据说这位老人后来还曾竭力反对出版美国流行文学作品，一直上告到主管当局。可是冯老不同，带领我们访京派，见海派，找左派，认右派，无不兴高采烈，侃侃而谈，一无门户偏见。当然我们自己还是有一定之规。在冯老指点下，我立即响应他的“广交朋友”办法，想法把刊物办得活起来。人们都说《读书》杂志是主张所谓“自由主义”的，其实新左派一露头，《读书》就立即最早发表他们的主张。1994 年有关新左派主张的文章发出后，领导层里没有一个老头起来指责我。“杂志”也者，“杂”就好，这是冯老和陈原他们的一贯主张。他们所反对的，仅仅是当了编辑就假借职权打别人棍子。另外，就是他们一贯主张文章要让人可以读懂，不要云山雾罩，更不要虚张声势。这是因为他们不主张把《读书》办成学术刊物，尤其是只代表一个学派的学术刊物。这不是说办成学术刊物就不好，而是因为这不是当年办《读书》的初衷。

冯老对《读书》的更大的贡献是帮我们打通了海外通道。办杂志而大量刊用海外当地作家的专栏（而不只是我们驻外记者的作品），应当说是从《读书》始，而当年也似乎只有《读书》办得到。原因也简单，那是因为我们有了冯老。这里不想列举董鼎山先生等一大串名字，只想举一件小事：接待韩素英。这位海外名流来到中国，我们有幸由冯老出面单独宴请，席间知道海外有个新动向，出了一本新书：《第三次浪潮》。我们决心由此突破，大力引进新思潮。事实证明这是完全成功的。现在的读者想象不出我们当年的孤陋。我在迎韩的宴会上，向她请教的是以后接待外宾要穿什么服饰。今天的年轻朋友听到，得笑歪大牙。

完全可以说，没有冯老，就没有当年的《读书》杂志。

2005 年 4 月

荒芜的“荒芜”

我不认识李荒芜先生。只记得在自学英语时，读过他译的马尔兹小说，自然十分佩服。却料不到，到了《读书》杂志，首先遇到的一个麻烦是处理荒芜先生的稿件。

荒芜发表了一些旧体诗在《读书》1979年第5期，总题“有赠”，共十几首，分别为写给茅盾、朱光潜、俞平伯、姚雪垠、艾青和马尔兹、乔·劳生等人的赠诗，最后一首《赠自己》。这最后一首，下文时常要谈到，全文引出如下：

> 羞赋《凌云》与《子虚》，闲来安步胜华车。
> 三生有幸能耽酒，一着骄人不读书。
> 醉里欣看天远大，世间难得老空疏。
> 可怜晁错临东市，朱色朝衣尚未除。

发表这几首诗作时我还没到编辑部。可是到1980年三、四月间到编辑部后不久，某天赫然收到本单位党委书记转来的上级单位的笔杆子写的一篇批评文章。这篇文章已在一个给高级领导看的内部刊物上发表过，现在要求在《读书》杂志重刊。文章开首就批评上面引的这首诗，说诗中说的，“或苦闷，或郁结，或不满，或有恨，或发思，或寄情，表明现实中有解不脱的矛盾，填不了的不平。诗人虽写明此诗‘赠自己’，但又想到发表，说明还是不甘寂寞”。“荒芜不过是拈封建士大夫阶层失意文人的笔触来刺中国人民生活着的社会主义‘现实’罢了。他不愿意为这个‘现实’说好话，即所谓的歌功颂德；也不愿意与这个‘现实’同流，即所谓的耽酒避世和遁空拔世；他更不愿意为官作仕了，红色的官服还没有脱下来（朱色朝衣尚未除）就丢了脑袋，何苦来。”

二十多年后，我们不大容易读到这类高明的文字，所以不嫌词繁，再引一段：“也许诗人要反驳说，我这诗是在1976年5月写的，是针对‘四人帮’那个时候的。这当然是巧妙的。但是我们要说，把这首诗仍然作为《赠自己》在1979年8月登载出来，不是表明这首诗对荒芜仍然有用，荒芜仍然要照着它看待现在的世事，照着它实行吗？”

问题是够严重的。作者在高级领导机关工作，稿又通过组织系统交下来，照传统的理解，这是上级领导对我们的重大关怀，帮助我们纠正错误，似乎非发不可。但在内部讨论时，平时沉默寡言的副主编倪子明先生却写一长长的书面反对意见，其中指出：“荒芜《赠自己》，明明是对‘四人帮’统治的愤慨之词，为什么要说它是影射现实呢？如果说‘迎来人民的春天已经三个年头’就不准再发表针对‘四人帮’的作品，那么一切揭露‘四人帮’黑暗统治的作品岂不都应该扔进垃圾堆去吗？诗无达诂，最易引起误解，因此也容易罗织人罪。那位理论权威最擅长此道，这是大家都知道的事。我以为摘人几句诗来搞探幽索隐，此风不可长。”

全案最后送主编陈原先生审决。陈只对我说了一句话：“我们的性格，应当是容许发表各种不同意见，但不容许打棍子。此文不是争鸣，而是棍子。怎么办，你去定吧。”这一句话把我点透，于是赶紧退稿了事。

据说荒芜先生自己还是见到了在内部刊物发表的批评。他写过一篇答辩文章《说诗存照》，当地当然发不了，据说发在香港出版的《开卷》上。他1995年八十岁高龄逝世以后，有人在悼念文章中说，他见那篇来头很大的批评文章后一直心情抑郁，对这批评不能释怀，以致荒芜先生晚年的著译确实全都“荒芜”了。

我很遗憾的是，虽然当年没有发表对荒芜的荒唐批评，但我以后再也没有去找过荒芜先生，鼓励他写新作；甚至以后连旧体诗都不大敢发，只怕惹事。荒芜晚年的“荒芜”，应当说，吾辈与有罪焉！但不论如何，在一些长辈的坚持下，毕竟拒绝发表一篇上级党委书记交发的文章，这是我编辑生涯中的第一次，也是在长辈教育下的第一堂课。

2004 年 8 月

少一些精神奴役的创伤

许觉民先生按年龄大概比我长十来岁，可是按我们行业中的辈分，他十十足足比我长一辈。他们这一代出版家同我们有一个重大区别：他们主要是为了理想做出版，而我们，至少是我，主要是为谋生和求职。同许先生认识很久，知道他是个敬业、和蔼的老干部，同有的老干部也许有些区别：他比较地没那么多“政治”，至少是没把“政治”成天挂在嘴上，用可以上得了桌面的话说，比较通情达理一些。

然而此公在“文革”中被斗得很凶。“文革”后期，大家都在算计什么时候从干校回到岗位上去。有人预测，老许怕是不行了。原因在何，也说不清，因为不在一个单位。这么一个精通业务的好干部没回到出版行业中来，对我来说不免纳罕。

幸而究竟皇天有眼，此公后来在社会科学院和北京图书馆两处又居高位。但见到面仍然谦和有加，称得上蔼然。

上月在上海小逛，偶然见到上海教育出版社出的《风雨故旧录》，许觉民先生的回忆文集，赶紧向“上教”的熟人讨取一本，回来研读。许老书中谈到的故旧，我只识得其中一半不到，而且多半是“仰之弥高”的文化界大人物，谈不到交情。但所说的故事，则不少有过传闻。

自然也有一些是彼此“感同身受”的。例如谈韦君宜时，提到一位“隐性领导”。许公厚道，不提名姓，但是我猜得出是谁。这位先生也间接地领导过我。记得有一次斗争会上，此君一时性起，抡起拳头打人，而且理由充分：这个“阶级敌人”过去当然没少打过贫下中农，今天本人要为诸贫下中农申冤报仇。此君当年虽然职位不高，因有此等觉悟，简直人见人怕。许公描述说，连延安来的更老的老干部韦君宜都怕他，“那隐性领导成了太上皇”。而“韦君宜的胆怯，只因为是1957年的那块心病（为所谓‘丁陈反党集团’事说过几句公道话），隐性领导是知道的，弄得她事事都没有主意”。“我看得出，她（指韦君宜）不整人，只要隐性领导不出场干预，她说话条理分明，有逻辑性，讲道理，不是糊涂人，更不是‘左’的。”

诸如此类的文化界旧事，在书中着实不少。许公在“文革”之前似乎受厄不多，他在书中也说：“20世纪50年代中，风云诡谲，我驾着小舟绕礁石而过，幸好没遭没顶。”而且，他是主管出版、行政事务的副社长，加上他的随和，大概在社内往往以做“调人”称。周汝昌先生在关于北京生活五十年的回忆录《北斗京华》中，屡屡说到他当年在出版社的工作情景。周老在社内遇到了不平，总是要“为此找社长许觉民诉说”。而这么一位处事以公的人，在“文革”中却灾难临头，大小会斗争了他三百多次。例如，一个灾难是在社内积极发展民主党派成员。这本来是他这个社领导名分要做的事，却被认为是“脚踏两条船”，“一脚踏在无产阶级”，“另一脚踏在资产阶级”，“真心实意是在资产阶级”，“其政治目的是在一旦变天，就可以完全登上资产阶级的宝座”。我侥幸自己当年不在这家单位，不然，以那时的糊涂，也说不定会附和这类谬论。

读过这书，我正在侥幸自己没卷入上面这场风波，同时暗暗责备自己也有过的另一类的糊涂时，忽然读到许老写的《旧事新识》（《新民晚报》，2002年12月25日）。许老举自己父亲的事为例说，人之所以甘受委屈和损害，做出种种违心的事，是出于博得上级欢心与信任这种“需要”。这一下子，他解释了《风雨故旧录》中许多故事的因由，也等于指出了我曾经有过的不少糊涂的因由。于是，老人慨叹说：“千百年来造成的‘精神奴役的创伤’的消除，是何等艰难啊！”

我把这篇文章细心剪下来，夹在《风雨故旧录》中。每当重读书中某些故事时，就拿出这份剪报来再读一过。我领会到，此书此文都是贯通的。看来，老人一边怀念往事，一边思索其中的哲理。

到这境地，于是，风风雨雨，都已不再仅仅是过去的人和事，而有了新的生命和意义，这就是要让新的一代尽可能少一些“精神奴役的创伤”！

我们今天要知道这些“故旧”、这些“风雨”，其意义我想就在这里。

2003 年 3 月

我和因是子老前辈的因缘

1954年前后，我因为情绪太坏，加上用功过度，身体很坏。这具体肇因于在这前几个月，出版社人事部门的头头以我过去在上海做工人时为了谋生，曾经替人造过假账，现在要遣返我回上海老家，换句话说就是开除。我很恐慌。为留在北京工作创造条件，我想努力翻译一些苏联出版方面的“先进经验”，表明我的“先进性”。我在解放前受地下党员的影响，俄语学得比较早。为出成绩，那时我用功的程度很难形容，加上心情郁闷，所以很快就得病了。三个症状：一是神经衰弱，失眠，一个晚上只能睡三几个小时；二是肺结核，右肺有阴影；三是关节炎，南方人适应不了北方的气候，两膝酸麻异常。当时我很想请假去上海看病，正好社里有一项业务，就是郑易里的《英华大字典》修订本需要到上海去补排版。校对科长严俊对我很好，知道我病了，就以我懂一些英语为理由，安排我到上海出差，一边工作，一边养病休息。

我在上海住了几个月，其间很得意的一件事，也是终生受益的事，就是我学了气功。人家给我介绍认识了一位老先生，叫蒋维乔，字竹庄，道号“因是子”。他当过江苏省的教育厅厅长，是上海滩文化界的有名人物。他当时已经有八十来岁了，在上海大沽路有个诊所。他的功法初听上去非常简单，不讲什么外功内功等等，乱七八糟的更是没有，起首只有一条，就是“意守丹田”。怎么能“意守丹田”呢？这一点我学得很得意。他讲的一句话我能落实，就是“破除我执”。他认为，越是“执”于自己的某一点，就越不能成功，所以要放松。放松之后，把注意力集中在肚脐之下一寸三分，老是想着那儿，那儿就会发热，一旦发热了，就是所谓“得气”了。然后，你就按着书上讲的经络路线，把得的气引导到一定的穴位上。需要治哪个部位，就让气走到哪个地方。慢慢地，你的病就会好了。

我从他这里得到的教益，最主要的还不是治身体上的病，而是治心理上的病，就是倾听他的高论。蒋先生先同我谈“止观”，然后引入“我执”。所论种种，我这个二十来岁的小青年闻所未闻。从上海回来以后，我就遇事想得开了。人人都有天地，我只是尽我的努力，至于能做到多少，那就不是我的事情了，就是上帝或者是谁谁谁的事情了。这一来，就能免除自怨自艾的心态。自怨自艾损失最大，而且损失的是自己。这使我茅塞顿开。我过去有那么一股进取之心，可我只知进，不知退。他告诉我，要进还要顾退，你才能有真正的进步。

哎呀，真是的，若是没有他告诉我这一点，我可能以后就毁了。我当然还是要进，但是不再刻意去追求眼前当下的效果了。有没有效果，除了自己努力，还有个“缘”的问题。你当然要做准备，一边努力，一边等那个“缘”到来。不然缘来了，你没有准备，就错过去了。一个人，总是会碰到一些缘分的。你可能碰不上这个缘，可是那个缘会到你的身边。一个人，绝不能老抱怨，不能老去忖思怎么缘总也不到我的身边呢？经过这么一开导，真是让我得益呀！尽管他跟我几次讲话的时间都很短，但是我听进去了。后来他跟别人讲的时候，我也很注意听。对他我是非常崇拜和感激的。

回北京后，我同蒋老前辈还不断通信，他继续给我指点。后来，协和医院开了气功门诊，教的就是蒋先生倡导的“小周天”。我本来住在协和医院附近，自然成为了这门诊室的积极分子，让自己又往前走了一步。但是，我这人喜欢瞎“创新”。有时候，入静不了，我想应该把革命意志结合进去，于是就在做气功一开始就背诵自编的领袖语录：“下定决心，不怕牺牲，排除万难，去争取入静。”想用这办法“入静”，结果适得其反，让自己变得更烦躁了。我不知道这是不是“走火入魔”。后来协和医院的大夫劝说我终止了这做法。

我的周围，特别是我的领导，都不相信这玩意儿，有人甚至认为我走了邪路。我后来只同最熟悉的同事如刘元彦先生（刘文辉的长子）经常谈论这类事，对别人不再说起。但是按照蒋先生的教导天天练气功显然对我起了很好的作用。练气功加上别的治疗（打“空气针”治肺结核等等）我的身体慢慢好起来了，著译也慢慢出笼了。不知怎么一来，上面因而把我评为“青年社会主义建设积极分子”，又几次调动工作，当上社领导的秘书、编辑室的骨干。“缘”真的驾临到我身上来了。视我为上海来的“坏青年”的人事部门领导从此不再敌视我，至多遇到下乡、劳动等机会总要我“带头”，让我多吃些苦，促进我的自我改造。我也不以为忤，积极响应。如是，过不了几年，我自然就提干入党了。

如是过了好几年，直到1966年“文化大革命”。那时我尽管也受到冲击，但心情也还平和，私下还练气功不辍。但是过不多久，在红卫兵印售的毛主席早期著作选里忽然读到一篇《体育之研究》，其中专门点名批评了蒋维乔先生。原来那时他的师友杨昌济、蔡和森、张昆第等先生积极提倡气功，毛主席不以为然。他明确指出：“近有因是子者，言静坐法，自诩其法之神，而鄙运动者之自损其体。是或一道，然予未敢效之也。”另外还不同意他的“废止朝食论”。尽管这是毛主席老人家中学生时期的作品，但是那时红卫兵宣扬得很厉害，认为它已实际上同马克思主义关于生命的原理一致。这一来，吓得我更不敢同人谈气功了，但是自己私下还是勤练不辍。而且，我自忖，从蒋先生那里学来的哲学，在阶级斗争年代用以自保特别管用。

蒋先生当年也有著述，我买来读过。但我总想读他过去的原著。20世纪末我有缘去台湾，专门去台北牯岭路旧书店搜淘一过，发现那里各种版本的蒋著都有。我买了几个版本的《因是子静坐法》，但是找不到《废止朝食论》。后来上海的陆灏先生得讯，居然设法找到此书，送我一本。这一来，我大概配齐了蒋先生的有关著述。但我至今仍然不敢同人妄谈气功，只是把我到手的蒋著复印了不少，赠送亲友。其实，蒋先生的理论，今天已经有不少人在说了。我读过一本专著，谈生命的本质在于静止。最近有位有心人翻译了日本渡边政的专著《早餐的革命》，广告词是：“提倡不吃早餐，颠覆传统的早餐理论。”这不正是蒋老先生的“废止朝食论”吗？（顺便说一句，我虽然服膺蒋老，然而至今每天吃早餐如故。这因为我们上海的宁波帮从来崇信一个格言："天亮饱，一日饱，娶个老婆一世好。"从小如此，改不了了。另外蒋先生当面没同我说过此事。这是我练"小周天"十几年后才知道的。)

蒋维乔先生除了研究气功外，更是大编辑家、出版家，是我的行业的著名前辈。可惜我当年一无所知，失去了请益的机会。更有意思的是，影响我很深的几位老先生，都是上海中华职业教育社的，跟黄炎培他们一起的。蒋维乔先生是，那位给我中学第一年奖学金的沈恩孚先生，也是。他让我现在总算可以在履历表里把毕生的正规学历填到初中一年级。甚至我一辈子心仪而从未见过却往往冒称是他"事业继承人"的邹韬奋先生，也是职教社出身的。当年的上海滩，就是这样人才辈出，而我这小上海，都失之交臂了！只是好歹学到了蒋先生提倡的气功，让我这病病歪歪的身体，还能活到近八十岁的今天，算是大幸！

2010 年 2 月

书比人长寿

“书比人长寿”，虽则是一句西方的谚语，也虽则是一位西方学者用以褒赠中国出版家赵家璧的美言，却未必合于时髦。要算起平均寿命来，结果多半是：书的寿命一年比一年缩短，而人的寿命却在逐年延长。书尽管越出越多，可是可以长留人间的，却相对地显著减少。西方讲究所谓“用过即扔”(throw away)，因此要大出平装本（paper back)，提倡看过的书就扔掉；另有些学者有感于电脑发达，倡扬“文字印刷品”无用论——所有这些，也许自有他们的理由。奇怪的是，科技并不先进，经济非常落后的中国，近几年也在大肆缩短“书寿”。谓予不信，看看各处各地的书摊便知。

赵家璧老人博览群籍，腹笥极富，尽可选些更加堂皇的字眼来为自己的文集题名，而偏偏用了这一句洋谚语。老人为文蕴藉，不动声色，不若后代出版家那么毛里毛糙，但是征诸中国出版界的现状，看来这位老先生拈出此语作题是带一点愤慨的。

也怪不得他生气，因为老人毕生从事的，都是现在不很时髦的“长寿书”，大学时代（1932 年）即做编辑工作的赵家璧，未必在年轻时就意识到自己编的书能长留人间，但是因爱书而从事出版，必会走上这条窄路——此文人出版家与商人出版家区分之所在也。于是，几十年里，赵先生未能因出版而腰缠万贯，却着实主持编印出了一些至今值得怀念的长寿好书。众所周知的是《中国新文学大系》，还有《良友文学丛书》《晨光文学丛书》《美国文学丛书》等林林总总一大批。这方面的业绩，在赵先生的前两本文集（《编辑生涯忆鲁迅》《编辑忆旧》）里已有记述，这本书自然只是补充，但是仍有新意。这是因为作者虽然搁笔（或曰“搁剪”）不编，却依然致力于访问时人前贤，了解种种典实，以补充前两书了解之不足。我们从这里看到费正清、葛琴、周文、耿济之、钱钟书等当年为文出书的种种轶事，都盎然有趣。这中间有不少是文学史家们不能为或不屑为之事，而非赵先生莫办。此无他，作者认为“书比人长寿”，凡是关于书之事，他非得弄得水落石出、一清二楚不可。世界大势所趋，书固日益短寿，但在某些性情执拗的人看来，却还硬不认输。这也许就是希特勒烧书而未能得逞；“文化革命”大浩劫而最终翻案等一系列事变的重要原因之一。一切唐突斯文者都须记住此点。

赵先生善编“长寿书”，还有两个特点值得指出。第一是他不仅注意内容的“长寿”，而且关注形式的“长寿”。这本书由香港三联书店出版，作者喜不自胜，“因为这正符合我在‘良友’时代出版形式方面的高要求”。作者的信念一直是“一本好书就应当配上精美的装束，才称得上十全十美”。本书的内地版，至今因经济原因未能印出，目前人们要追求的是可否出版的问题，而非“十全十美”。不过，只要出，总还有一形式上的美观问题。前辈的这个经验仍然值得记取。

其二是赵先生同样注重普及读物。要“长寿”不是非要“大系”不可，小册子也可长寿。赵编《一角丛书》，其中就收有丁玲、夏衍等的名作。而这种丛书形式，至今仍然盛行不衰。明了此点，我们现在再编小册子，似乎也得考虑一点“寿命”问题。不顾前后，胡来一气，让不久以后的历史抛弃，给稍晚一辈读书人讪笑，似乎总不是办法。

中国现在出书多极了，不少寿命也短极了。但不论如何，有人会编黄色读物，却无人会去研究“中国黄色书籍史”。原因是这类书不值得载入史册。搞出版，任怎么说，总还得搞“长寿书”。赵老拈出“书比人长寿”为题，人们不会辜负他的苦心。

我们只希望，在赵先生倡导下，大家都来关心这个问题。

书要长寿，搞书的人也勿太短寿。人人都像赵先生那样，既热衷于出长寿书，又让自己得享高龄。如是，则中国出版界有福了，中国读书人有福了。

1989 年 10 月

柯灵老人与《万象》

我虽然在上海长大，却不大熟悉《万象》。“孤岛”时期我还小，而且出身贫寒，周围没有懂得文化的人，因而从不知《万象》其名。抗战胜利后，有一次帮助人家打扫屋子，找到一些破旧的《万象》，似懂非懂地读了一些。以后，常常帮在上海的地下党员做勤杂工，为他们买书报，才开始较多知道这个杂志，但那时《万象》似乎已经不出了。

20世纪八九十年代自己编了杂志，老《万象》的主编柯灵老人成了我的作者。每次去上海，总要拜见他。同时还认识了柯老的太太——翻译家陈国容老人家。我很喜欢柯老的文章：思想犀利而行文平和，又因对傅雷评张爱玲的文章感兴趣，于是设法把老《万象》找来细读。对这刊物到这时才算读懂。每次编自己的杂志要退掉什么好看的稿件时，总会想到：要是编的是《万象》，这稿子也许就用得上去了。但因刊物性质不同，也就无法如愿。

1996年奉命退休，也还能做事，于是想到请准柯老重办《万象》。柯老当然满口应承，可是我进行得并不顺利。那年9月我写信给柯老：

> 我退休后，颇思“蠢动”，包括恢复《万象》。但是挣扎数月，一事无成。不但上面不给刊号，而且旧识前友，亦有人乘机“告状”。悟及自己已“恶贯满盈”，遂不复活动。七月去美国探亲，九月刚回。归来后，坐卧小楼，看云听雨，临池遣日，如斯而已。
>
> 在美国遇李欧梵教授，极赞《万象》，称它是“亦今亦古，亦中亦西，亦雅亦俗”，竭力主张复刊。然此事费力太多，耗资亦大，只是筹议而已。
>
> 现在治疗目疾，约需半年。此后或将来沪一行，届时当再

请益。

料不到，到了1998年“届时请益”之际，却把这事办成功了。原因是，柯灵老人不断促成、鼓励，而远在东北的俞晓群先生对这刊物怀有极大兴趣，设法弄到了刊号。辽宁的主政人物王充闾先生不仅支持，而且允予列名顾问。北京的“出版大佬”陈原先生更一再督办。于是，一个老海派刊物，居然在万里外的沈阳复刊。这时我已彻底“退出历史舞台”，编不了这刊物。想来想去，觉得最好是到上海请上海人编。这任务落到了年轻的“老上海”安迪君身上。到现在，出到第六个年头了，应当说声誉日隆。

出刊初期，还常常就办刊事宜向柯老请益。以后，柯老谢世。按理，刊物顾问名单上柯老之名应加黑框。可是几期下来，安迪君竟毫无动作。此君精于编事，不应有此疏忽，莫非忙于恋爱，无暇及此？某日，按捺不住，去电话询问，不料安君正色告我：在他看来，柯老与这刊物永远同在，不存在去世与否的问题。加黑框自是多事。

我闻讯，只有一个答复：这主张实在是“高”。于是唯唯而退，欣然挂机。

现在见到每期样本，总觉得安迪老弟的确是高，柯老的确与《万象》永远同在。

2004年6月

上苍的安排

在内地说起香港作家董桥，知识界脍炙人口的一句名言是："你一定要看董桥!"尽管不赞成这说法的人也尽有，但是它确实大大地影响了知识人，乃至缩短了内地和香港知识人之间的距离。一度还曾为这句话的"版权"产生一些问题：人们以为引用过这名言的一位学者是它的创始人。其实，它来自柳苏先生一篇文章的标题，此文载于20世纪80年代《读书》杂志某期，是我参与经手和办理发稿事宜的。

真是上苍的刻意安排：柳苏先生原在香港，按说怎么也请不到他来北京为《读书》写专栏。但在20世纪80年代某日，我忽然奉派去见一位香港来的史先生，说是可以请他写稿。见面之下，知道原先我们可能在香港见过，现在他要在内地住上十来年，于是一说即合。史先生用"柳苏"为名，在《读书》开一专栏，不断为文介绍港地文人文事。此公据说是当年港地第一支笔，那些香港文人的个性特点，都在文中活龙活现描绘出来了。《读书》的老前辈总是嫌我们组写的不少文章"可读性"不够，现在好了，有柳苏先生文情并茂而又含意深刻的专栏了。写董桥的一篇不去说它，印象特别深的，还有另一篇写小思的（《无人不道小思贤——香港新文学的拓荒人》）。小思女士我见过，当然是在香港欢迎我们这类内地出版人的酒会上，似乎是一位很有风度的女教授。但柳苏说："你没有看过小思讲课，那完全是另一个人，浑身是劲，简直像一头狮子!""她温文尔雅，瘦小柔弱。然而，当她全身心投入工作时，却显出了别有气势的英姿，使她的同事不由得不为之动容、赞叹。"读过此文之后，恨不能也赶到香港去听一次小思女士的课。但是，更令人感佩的是，柳苏此文一出，立刻有广州中山大学学生陆续来信，生动述说自己在中大听小思教授授课时的类似印象。我真想不到柳苏文章有那么大的感染力。

柳苏先生还乐于助人。知道我对金庸小说有兴趣，专门写一介绍信，让我于1989年1月去见作者，洽谈出书。我同金庸先生谈得很愉快。可惜的是，我不久退出出版舞台，没时间在任内办成此事。但金作后来在我们三联书店里终于出了，并且着实热闹了一阵，以致人们戏说，这家出版社的经济来源全来自“吃菜”（蔡志忠）和“拾金”（金庸）。柳苏还介绍我认识名报人徐铸成老先生。同徐先生的谋面，产生了一个附带的小影响，就是因徐老辗转之介，认识一位青年薛正强先生，他要在郑州开一间三联书店的首家外埠分销店。我赞赏这想法，慨然说，店允许开，只是不许卖次品位的书，一定要保持品牌。至于利润分成，开创时期总店可以一文不要。因为在我当时看来，开高品位的书店是赚不了钱的。当年这些构想，今天看来，也许都是很落伍的了。

上苍安排柳先生在京安居多年。此举之天意究竟如何，为凡人所不知，但这可真为《读书》杂志立了大功，帮了大忙。我除发表柳作外，还先后为柳君出了三本书，第一本最好看（《香港文坛剪影》），可是请读者原谅我这个短财少钱又没眼光的小出版商，磕磕绊绊初版一共印了二千五百册，现在想必找不到了。时下出版行业正是为要赚大钱而争执不休之际，一旦风平浪息，回过头来又想起振兴文化时，我真想建议印一本讲究的带插图的《柳苏文集》，内容除文章以外，还要多收他的杰作——旧体诗。那时，我也许已到张中行老先生说的“老年时期已经过去”之际，那就现在先说在头里吧！

老年时期

在一次北京老人之间的宴席上，传说一个故事：

张中行老先生近来已经不能行动，有记者采访他，老人神智清楚，但无法以言词应对，只在纸上写了这么一句话：想不到老年时期就这么过去了（大意）。

这故事在老人们之间引起不少反响。

老人们集会，容易听到的话是：老了，不中用了。现在张老这话指出，人还有一个“老年时期”，还能做事。这使我很容易想起韬奋先生引用过的伍廷芳说的一句英语：“I am seventy years young”。韬奋接着说：“我们知道英语说多少岁数，总是说‘怎样老’，十岁的说‘十岁老’，二十岁的说‘二十岁老’。伍老博士到了七十岁，偏说‘我是七十岁幼’！这是表示他老而不老！年老而精神不老！”“伍老博士所用的‘幼’字代‘老’字，在英语尤能相映成趣，非译文所解尽达。”

我认识张中行先生时，他至少怕已到六十高龄了，应当正是“老年时期”。说实话，我们这类读《青春之歌》长大的人，听说张中行就是这部小说里某个不敢革命的年轻人的原型时，心里不免有点不敬。等到见面，才发现这位老人慈祥、和蔼，更不要说博学了，于是原有的先入之见一扫而空。他长年在教材出版系统，所以彼此说起来，共同的熟人也多。当然，更重要的是，此老的文章写得真好。早年的《读书》，说实话全靠这么一批老文人支撑下来的。那个“十一届三中全会”，真不知会有那么大的威力，让那么一大批老人“young”起来。金克木、吕叔湘、王佐良、张中行，等等等等，让我们永远有用不完的好稿子，让刊物永远有无穷活力。我们现在读到的张老多卷本厚厚的文集，应当说都是他“老年时期”的成果。

张老对《读书》，另一贡献是“识人”。《读书》的编辑，我再三说过，绝大多数没有学历，说得好也只是“草莽英雄”。赵丽雅（扬之水）尤为突出。本人有一“名言”形容赵君：她喜单独旅行，而每次远征都能平安归来，令人既高兴又诧异。一次说起原因，我说这可能是她双目炯炯，服装毫不讲究，蓦然看来，倒会令旁人首先戒备一番，不会想到要去抢劫她。这么一位女士，却让我们的张老委实“动心”。张老同我说过不止一次，更多是亲自为书作文，表彰赵君的学识和努力。他的《赵丽雅》一文，我看大可作为谈编辑的范文。说实话，我也是读了这篇文章才知道每天见面的这位小女子委实有功力，自己也从中悟出不少做编辑的道理。我们行业里有一种以敝店创办人命名的奖励，我很想以此文为证去为赵君申请此奖，但后来听说人家另有标准，也就不说了。但张老在“老年时期”的这一功德，我辈永远牢记不忘。

我同张老常见面的地方是平安里的柳泉居饭馆。那是一个典型的老北京餐馆，据说明代就有了。每次听他在那里指点菜肴，让我懂得不少北京菜的道理。现在去西城，总还是要去柳泉居，在那里想想 I am seventy years young，能做出什么事来。于是，一当肚子撑饱，赶紧骑车动身，忙这忙那，因为自己也算过了 seventy，用我的“洋泾浜英语”来说，“so young，so young!”

2004 年 6 月

王老教我做菜

文物出版社近出《王世襄（中国文博名家画传）》一书（晨舟著）是一本很值得一读的书。我认识王老早于著者，但读了本书，方知王老的博大精深，远远超过我原先的了解。晨舟先生还说，现在他写的还只是“一幅素描的轮廓，还需要仔细地刻画”；“这本书的出版并不是一个结束，而是一个开始，是研究王世襄的一个新起点”。

我于文物，于艺术，可谓一团漆黑。对王世襄研究之感兴趣，除了附庸风雅，更由于王老之善于品食。而王老品食的特色，不仅在于善于指点和品尝别人做的菜，而且擅长烹调——亲自下厨。这是文人中极为罕见的。在上举书中，亦有专节谈到王老这一特点。

20世纪60年代末70年代初同王老在一个干校劳动，但并不熟。干校回来后，因《读书》杂志和其他种种因缘，熟了起来，于是得以常常品尝王老的名菜，以致向他学习厨艺。

照我从旁远远看来，王老下厨做的菜，所以能够味道好，令人口吻生香，首先得益于他不辞辛苦，亲自采购选材。我和他家当年都在朝内菜市场附近，清早七点多，我看他就推着自行车在菜市场门口等市场开门了。我很奇怪，询以原因，原来他要赶早买到新鲜的菜蔬鱼肉。晚了，就可能不新鲜了，或者已都是挑剩的了。接着，我看他回家亲自或和夫人一起洗切。特别是菜蔬，把不新鲜的和蔫老的一一挑掉，精挑细拣，十分费劲。

如果某天朋友请他去参加便宴，于是此老骑着自行车，车前挂着挑洗后的菜蔬，车后捆着他自己专用的锅勺，兴致勃勃，来到尊府烧烹并赴宴。当年东城朝内南小街上，有时可见到此老如此身影，飞车过市。谁能想到，这是一位举国闻名的文物名家正去亲自赴宴。从此老的经历看，当年必常有着燕尾服赴宴的光景。而今日能与此老如此共席，当为殊荣。

我有此种殊荣多次，尝到不少他的名菜。我特别爱吃他做的两个家常菜：一是“葱烧海参”，一是“麻豆腐”。于是请教手艺，在旁看他操作一二次，似乎学会了一些，以后，成为我招待客人的“看家菜”了。我知道，这绝不是此老的看家本领，而毋宁是我的见少识窄而已。

所谓“葱烧海参”，其实不用海参，而用大虾米干代替。用北京的大葱葱白，切段，与虾米共烹，上席的确有海参的味道，仿佛是山东名菜。至于“麻豆腐”，我这上海人从未见过，一次尝他所做而生喜，于是进而请教。他介绍我哪里去买，如何做——以后越吃越有味道。直至今日，品食水平已经上升到非羊油炒麻豆腐不过瘾，而不能只用素油代替了。

向王老学厨艺，我是永远毕不了业的。主要的原因是，他是文物专家，学问渊博。而我于艺术、文物，实在一窍不通。厨艺也者，不只是手艺，更是一门文化。与王老共饭，或者进而品尝王老厨艺，最重要的是听此老畅谈文化。不仅是品味评菜，而且是畅谈文物。就中特别应当一提的，是王夫人袁荃猷女士。关于师母，时人知之甚少，其实她是难得的音乐史专家，又擅剪纸。三联书店近出她的剪纸作品集，收集名作多帧，是一本十分珍贵的书。

2003 年 2 月

清晨的一个电话

1993年初，某天清晨五六点钟光景，我还没起床，忽然接到许国璋教授一个电话。他用非常恳切的语调对我说："我看你这人办出版社多年，总是不谈经济，只说文化，这么下去过得下日子吗？"然后，用非常郑重的口气说："昌文，我干了这么多年了，深深体会到，没钱是干不成文化事业的！"我听了这话，为之愕然，半晌应不出话来。我实在没想到，许先生为我们的工作，考虑得那么深。说实话，市场经济一冒头，就把我这个在计划经济体制下造就的所谓"出版家"弄得晕头转向。要知道，我当出版社领导，拿手的一招是控制印数，就是说，估计某书上面会不喜欢，就尽量控制印数，缩小影响，别的书，也从来没有考虑过所谓销售问题。

20世纪50年代就听说许先生大名，到认识他，已是20世纪80年代初了。《读书》杂志1979年创刊，办了两三年后，面目日益凸显，就要征求著作界的意见，扩大作者队伍了。这时，我毛遂自荐，去见许先生。我记得很清楚，先是通信，然后拜访。拜访时，正是严冬，许先生谈得高兴，一定要我一起到附近一家饭馆里去吃晚餐——记得好像是涮羊肉。于是，又畅谈了两三个小时，对我来说，这是促进我办好《读书》杂志的一次极其重要的活动，我于是才稍稍认识到自己在做的事的意义。

许先生精于西学，对于如何办好《读书》，多举外国有关杂志为例。他当时举的大约是《纽约书评》，促使我办成那样一种风格、特征。说实话，以我的英语，至今还不能顺畅读完《纽约书评》上的长文，至多只是仿佛会其大意而已。但是，从他的介绍中，我稍稍懂得为知识人办刊物是怎么回事。许先生当然说了许多，我比较听得进、记得牢的是关于知识人的批判精神，也就是说要重视知识人的骨气。以后，无论中外朋友面前，他提起《读书》，总是说："这是中国的《纽约书评》。"我知道，这只是为了特别向外国人说明刊物的特色，用了对方自己的事例，并不一定把这两个刊物等同起来。但是许先生那些激动的话，是我永远不能忘怀的。

许先生的为学特色，不是我辈编书匠所能说得明白的，但从我同他的交往中，却直觉地感到，他尽管精英语、通西学，却不是一个单纯崇拜西方的学者。他更多的是强调"中国特色"。我们这方面的讨论，大多是从谈翻译开始的。他非常鄙夷那些只会在形式上原样照搬的译文，主张翻译要融会贯通。他说过，这不单是中外文水平问题，更是一个是否仅仅拜倒在原作前面的问题。据说早年英译《圣经》，便是主张一个个词对译，不敢越雷池一步。他批评我们有些经典著作的译文，颇有此病。由这谈开去，他常常劝我，看西文的东西，要有自己的选择、态度、观点。《读书》每出一期，他见面总要笑着对我说，这里某文照搬西方某人某说真是太厉害了，实际上是一种亲切的批评。

许先生那天一大清早说的话自然打动我的心，我赶快向他进言，希望他帮我策划一些能赚钱的书。他说当天就要出国了，来不及谈，以后再说吧。

许先生从国外归来，我已快要退休，但仍忙不迭地陪同要接任的董秀玉女士，一起去见许老。许老也真尽心，专门找一场合，办了宴会，介绍董、我和学院有关领导见面。我到即将退出出版舞台之际，才稍稍懂得在市场经济之下出版工作的做法，当然动作还是很慢，等到我们内部安排停当，再找许老，他已精神很不济了。我这时，没法多说，只能就一件事向他请教：打算出版一套香港的英语参考书，请他写序。他起初答应写，后来在电话里说，写不动了，请你代笔吧。我把他说过的关于学英语的思路整理一下，同他通了电话，最后写成一篇短序。等我派人送去，许老已经不能见客，以后只由许师母托人告我，同意刊用。

十几年来，同许国璋先生交往并不多，也不深。他有时也笑着对我说，同"商务"比起来，我对你们"三联"没做什么！是的，由于我的后知后觉，我总是想不到请许先生出面为“三联”主持一些大的出版活动，而只是小打小闹，只听他同我聊天，满足我个人的精神需求。等我稍有觉悟——还是在许先生提醒之后，为时已晚。现在许先生成了古人，我自己也退出了出版舞台，已无法以行动来弥补这些缺失，只能形诸笔墨，写些不像样的回忆了。

2005 年 7 月

七十二·五十五·三

旅美女作家於梨华来，赠我一册新出的散文集《别西冷庄园》。见到她后，共饭两次，又细读她的新著，不免思绪万千。

我认识的作家无数，但说来也怪，以这位远在他国异乡的女士为最早，算起来，该有五十五六年了吧。当年我是上海一家银楼（首饰店）的小学徒，忽一日，店主家来了位亲戚，於升峰先生，是留法的化学家，由我们小伙计招待侍候。过些时候，於家全家都从大后方来了，住在银楼的三楼。照例，这些位当时我们的心目中的贵客不会到我住的一楼湫隘的小屋来。但说也凑巧，升峰先生的大小姐名梨华的，忽然想看书。银楼里上上下下哪会有书？于是有位饭司务（厨师）说，书只有一楼那个小伙计那里有，于是於小姐就屈尊找上门来了。

我在这家小店里算是爱读书的，但也不过念念《古文观止》，背些尺牍，读读英文《泰西五十轶事》，有时看看鸳鸯蝴蝶派的小说。当时也有点新思想，就是常去我所工作的银楼附近的吕班路（今重庆南路）生活书店买《青年自学丛书》看。这大概是我喜欢上出版这一行以及后来当上生活·读书·新知三联书店员工的契机。其中沈起予先生写的《怎样阅读文艺作品》尤为爱读。我不记得借给了於小姐什么书，但不论如何，彼此都认识了，而且都知道喜欢读书。那时我才十五六岁，失学未久，还有点复学的念头。

一晃几十年过去。蓦然看见报上说女作家於梨华如何如何，这个奇怪的姓，立刻引起我的注意，因为这似乎是浙江镇海某地独一无二的姓。于是就找她的书来读。读过小说，再读随笔，以及当年新写的纪实作品《新中国的妇女》等等。其间多次通信。我还妄图张罗出她的文集，但没成功。直到这次读她新出的文集《别西冷庄园》。

於梨华与我同龄，都已七十二岁，可谓垂垂老矣。她的散文集，有老年作家的特点：娴于怀旧。这当然特别对我的胃口了。她说美国的生活，我读来只觉新鲜，但当读到她写父母的往事，就禁不住要震惊了。

於升峰老先生我只见过几面，但通信倒有多次。这是因为店主见我喜写毛笔字，爱读尺牍，常让我为他代笔写信给这位大知识分子亲戚。於先生的浪漫在镇海同乡中是很有名的，我常听长者谈起。他太太，只记得是位拘谨守礼的妇女，当年印象不深。但读了於梨华的回忆《探母有感》，实在对这位老人家肃然起敬了。於老太太一生并未得到多少丈夫的深情钟爱，但相夫教子，终生不渝。老人家的这类德性，不可学习，但要崇敬。因为在彼时彼地，一个受教育不多的妇女，对人类、社会、家庭的所能为，也就只可尽于此了。於升峰先生在我原来的心目中是彼地的大官，读后知道，老先生因为耿直，仕途并不亨通，晚境也不免凄凉。这类怀才的老知识分子所病多在秉性不肯妥协，甚至如於梨华所说，会“当众‘开销’上司”。於梨华笔下对父亲有褒有贬，态度相当公正，这大概不是她在中国受的“为尊者讳”的教育，有点美国脾气吧。但又一想，也不见得。因为我最早听说她的故事是她在台湾大学外文系同老师俞教授抬杠的故事。也许，我十五六岁时认识的这位小妮子，从来就是一个倔强性格呢！

在散文集《别西冷庄园》里确实可以找到一些“倔强”的印证。例如，她写了一本《新中国的女性》，得罪了台湾当局，竟然名列黑名单，多少年不让回台湾。我又回想起十多年前我们在北京饭店的一席谈话，那坦率直让我这小书商出一身冷汗。

人都老了。我看着於梨华那仍然欢乐、畅然的笑脸，不知怎的，又想起她散文中对自己母亲晚年“眼里没有认知，脸上没有喜悦”的描述。下次见面，我们这些老人会不会这样呢？但不论如何，我更相信於梨华小弟弟的一席话：“母亲没有老年痴呆症，只是她已回到三岁孩童时期，世事不知。何尝不是幸福。”

我这几天的幸福是回到了十五六岁，可以同梨华小姐大谈往事，并像当年那样向她介绍自己看过的书（上海文艺出版社新出的一本书，我推荐她一读，但这里买不到，我请她到上海问陈保平兄要）。下次再见，我想，也许我该回到“三岁孩童时期”了。

从七十二岁退回五十五年，可以叙说当年的往事，是一种幸福。如果能再退到“三岁孩童时期”，那一定更幸福了。

2002 年 10 月

牛虻与虱子

写过作家於梨华，于是想起了翻译家李俍民。这是我在十几岁学徒生涯中遇到的另一位大知识分子。

大约是1947年吧，某日，店主人带来一个同乡，说要住在店里，让我安排住宿。这种事常有，而且来的不少是苏北解放区的地下工作者，原先新四军所谓“三五支队”的。来干什么，我什么也不知道，只知道，他们往往来时穿着大破棉袄，下次见到时可能已经服饰鲜明，焕然一新。可是这次来的这位，说要住许多天。到哪里住？我想，就把我的床铺给他吧，自己去别处借宿。

大约一周时间，我们天天相处。我知道他叫李俍民。他长我十来岁，还谈得来。他很坦诚告诉我是在苏北工作的，现在因病来沪治疗。他的家在上海，是富家子弟，过一阵子再回家去，现在不便。过几天，果然回家去了，以后又常来，知道他已入沪江大学，读英语。我是喜欢学洋文的，没事常找他请教。他谦虚至极，但总会给我一些指点。

李俍民先生走后，我又住在原来的床上，用我自己过去的被褥。过一阵，只觉浑身奇痒。慢慢，在裤腰处发现小虫。经请教大人，才知长了一身虱子——俍民先生将从苏北解放区带来的虱子过渡到我的床上和身上了。我没任何埋怨，只觉得好玩。当然也一点没意识到它的进步意义。

后来我知道李先生又通俄语。我当时也在学俄语，所以也常请教他。我学得并不专心，因为当时又迷上世界语（Esperanto），不知该先学哪样好。等我后来参加工作，专心学俄语，俍民先生已经译著甚多了。他最著名的译品是《牛虻》。刚读《牛虻》，我立即联想到俍民先生当年给我带来的虱子。从苏北解放区来的虱子没在我身上产生牛虻的革命作用，但是这虱子确实使我对革命和革命家产生好感。一个富家子弟，凭什么跑到苏北去长虱子呢？我还记得，当年店主要我照料的客人中，有一位带着一本英文书来，不时阅读。他以为我不会懂英文，有时把书交我收管。我一看，是桥牌手册。共产党为什么还要读这书？后来细心观察，才知此君为工作需要，常要陪上海商人打桥牌。因而不得不细心研究牌经。某日，我果然被安排去伺候一些人打桥牌，其中即有此君。我看他 diamond，spade……叫得很热闹，心里不免佩服当年革命知识分子的热忱。此君的名字现在记不得了，想必过去也是有钱人家的子弟。如此为革命尽心的人，20 世纪 60 年代听说，不知为什么挨整了。

佷民先生后来是我同行了，同在出版业。听说他也在什么运动中挨过整。李先生从苏北回来后，一直从事译事。我知道，他是出版界有名只译革命小说的人，直到 20 世纪 90 年代初去世。近来我查读宁波镇海大碶镇网站（大碶镇是佷民先生故乡），知道他其实在 1937 年即已参加抗日斗争，真正是老革命了。这么一位老同志，从参加革命斗争到毕生译述革命作品，真可谓为革命献身了。

遗憾的只是，我敬佩他的虱子，他的牛虻，却没有让它们在我身上产生更多革命作用。

2002 年 12 月

若干乡谈

同董鼎山先生可谓暌违良久。不编《读书》以来，只在1996年在纽约拜见过他一次，以后就少通音闻了。自然，当乃弟乐山先生在世时，我们见面，少不了要问起他。我近年“偃旗息鼓”，凡待人接物均少为“组稿”谋，一个老编辑工匠一旦少此谋划和动力，自然与文坛越来越远了。现在忽然见到鼎山先生厚厚一本文集——《纽约客书林漫步》问世，仿佛老友重会，真是亲切异常。

鼎山先生是为当年的《读书》立过大功的。我1980年3月调进《读书》，他已在为它写专栏。当时刚提出“开放”，可是文化界对外面还一团漆黑，如何起步？此之谓“一团漆黑”，应有两解。一是对外面的种种懵然不觉，如是犹可；另一是以为光明只在中国，外面黑暗异常，那就更糟糕。在冯亦代先生带领下我们努力冲出这种困境。自然，同时会遭到不少阻力。大家只要看看头几年《读书》上登的有关单位的抗议、声明即可知。这中间，鼎山先生的专栏（以及另一位亢泰先生的英伦文讯专栏）和冯老自己的专栏，与有功焉！鼎山先生是中国出去多年的“纽约客”，由他来议论美国彼邦的种种文事自然更有分量。

如是者匆匆十几二十年，这期间我们几乎月月通信。以后，出去的留学生多起来了。说实话，到了20世纪80年代后期，我们曾经议论过董先生大作的写法是不是已经“过时”了呢？因为从中国出去的文科留学生写回来的通讯，为文更加汪洋，更加富有学术性，也更加开放。但是，我们议论来，议论去，结果认为，鼎山兄的纽约文事通讯仍是不可替代的。这里请根据个人认识，略述董作之“不可替代性”。

第一，鼎山先生本身是纽约文墨场中人，因此为文多“个人笔触”。记得我同他通信讨论过这个问题，他似乎用英文personal touch来表达这个特点。我们十分赞赏他为文的这一特色。写纽约文事，有了这层特色，方显得亲切、有力。有了这一特色，他笔下的许多外国文化人仿佛“站立”起来了，读来不再枯燥。

第二是他的文章有学术根底而不掉书袋。鼎山先生好读书入迷，可是不拘于一隅。他学新闻出身，喜欢用记者笔法叙事。《读书》杂志当年有过一大讨论，便是我们这个刊物究竟是不是学术杂志。20 世纪 80 年代国内文事大兴，学术日渐抬头，年轻才俊大多希望在学术上立功建业，自然要求这份杂志更有学术分量。可是前辈们当年办这杂志，目的首先在于“思想启蒙”，而不只是“倡兴学术”。我在这夹层中奋斗多年，后来得吕叔湘老人指点，他提出《读书》的对象应是 general reader，方才悟出若干究竟。从 general reader 的观点看，董作应当说是优秀的。当然，学术大著自然也需要，但那是另一码事。

从学术性和思想性又想到另一件事，那就是文章的可读性。老实说，20 世纪 90 年代以来，颇多谈外国事情或用外国观点谈中国事情的文章，写得比较新潮，甚或相当费解。这是不是我们“开放”时必须学习的新观念、新做法呢？鼎山先生是老资格的“纽约客”，我当然要向他请教。他的答复是斩钉截铁的：No。他告诉我，海外文坛的主流还是理性的，文章也是讲通顺的。自然，在自由制度下，免不了有种种诡异之事，但他觉得不一定非去效法不可。他自己的文章，就十分可读，颇少奇诡费解之处。这一指点，使我安心不少。我开始认识到，为了开展思路，观点不妨新颖，但因而非要把文章写得奇诡而费解，似乎并非必须。

第三，鼎山兄这位“纽约客”，并不像我们过去想象的资本主义世界的文人，必是满身铜臭。他喜欢纯正的文学。他也讨论大众文化，谈到某种娱乐思潮，但谈了归齐，钟情所在，还是文人文事。这种看法在 20 世纪八九十年代的中国还可 pass，到了 21 世纪的今天，可能遭“落伍”之讥。到了现在，我亦已告老还乡，董兄是否“落伍”应当与我无关。但是就我个人兴趣说，自然还是属于“董党”一流。我很赞赏他的这种坚持。

就作者关系说，我可以说曾为这位同乡仁兄服务达十五载。我这里提到我们的“同乡”关系，不免有攀附之嫌。我其实不是宁波人，但因种种历史因缘，在上海的“宁波帮”中长大成人，谋事求职，因而说话满口宁波土腔，办事追求“刮辣松脆”。次次同董兄晤面，彼此宁波官话，无不分外愉快。这位宁波老乡现在已少来此，我亦多年未去彼邦，读《纽约客书林漫步》后，只望相见有日，可以再次彼此说说宁波乡谈。日前听说董嫂身体不好，极望早日康复。

既然攀附同乡，希望这篇小文只是彼此的若干乡谈而已。

2001 年 4 月

纽约访董鼎山小记

房门开处，进来一位身材高大的中年人，衣着朴素，温文有礼，我猜想这就是应约前来的董鼎山。叫了一声，果不其然。在《读书》上写了一年多《纽约通讯》的董鼎山，这回总算在纽约见到了。

没见董鼎山时，心中不无惴惴。因为自己的英语，恰如一本小说中描写过的那样，“像得了感冒的鼻子一样欠通”。他旅美三四十年，要是不大会说中文，该怎么办？不料他的中文不只说得清新流利（同他写的文章一样），而且满口宁波乡音，真使我这个也爱说宁波话的喜出望外。

屋里有两个人说宁波话，凡在江浙住过的人不难想见其热烈和活跃。起初，当然还互称“先生”，说不几句，老董就直呼我名，后来，相约大家不要“先生”这个挺麻烦的劳什子了。开始我惊讶这位初次见面的朋友的直爽，最后到底被他的爽朗明快征服了。

人民文学出版社的屠岸也来到我的房里，彼此无拘无束地谈着。老屠与老董都是20世纪40年代在上海做过文化工作的，自然就谈到当时亲历的往事，虽然过去他们并不认识。余生也晚，没有参与谈论这些文坛经历的资格，不过由此却了解了董鼎山的过去：

董鼎山1922年出生在浙江宁波，从小就喜爱文艺。抗战后到上海读中学，就开始用“坚卫”的笔名在钱君匋主编的《文艺新地》上写散文。后来继续在柯灵和芦焚（师陀）编辑的一些报纸副刊如《世纪风》《浅草》《草原》上写散文。

日本投降后，董鼎山正好从上海圣约翰大学英国文学系毕业，就开始在上海一些报纸当记者和编辑。这时，他同进步文化界人士如冯亦代、吴祖光、丁聪、徐迟、何为等开始结识，直到1947年来美留学。

董鼎山近年在文章中屡次欢呼：“世界太小”，用这句外国谚语来说明自己在中国、美国遇见熟朋友时的喜悦心情。从这里也可以知道，他过去在国内文坛认识的人是很多的。几十年里，老朋友、旧相识都隔膜了。我想在那中美隔绝、音闻不通的年代，董鼎山一定是在不断慨叹：“世界太大!”

老董邀我去他家里晚餐，便道又去卞之琳、冯亦代住的旅馆把他们一起接去，外加一位美国诗人罗伯特·潘因（他有个中国名字叫白英）。在董家，中外诗人、作家畅叙一堂，他们用英语谈话，我虽能勉强听懂大意而无法置一辞。老董怕我发窘，便不时地又同我用乡谈攀扯起来。他告诉我近几年多次回国的情况：1978 年他回到了阔别三十一年的祖国，见到了兄弟、师友，看到了打倒“四人帮”以后祖国的新面貌。他欣喜无已，一连给美联社特稿辛迪加写了七篇访华印象，后来又为《纽约时报》《洛杉矶时报》特稿辛迪加写过一些访华观感。使他高兴的是，国内报刊译载了他的不少文章，反响很好。特别是，一些老相识都因而同他恢复了联系，互叙多年阔别之情。上海的老报人唐云旌读文后在香港《大公报》写诗寄意，尤其使他感动。

以后，董鼎山又随美国《滑雪》杂志主编来祖国东北滑雪场地访问。他给我看许多在塞北照的相，述说当时的见闻。这次，他也给美国报刊写了不少报道。与过去不同的是，他在报道中除去描述了祖国边陲的风光和新气象外，还批评了某些工作人员的官僚主义。这些报道国内报刊也译载了。读了这些文章，使人感到他不仅对祖国有深切的眷恋之情，而且还有强烈的责任感：他不是只想当一个旁观的朋友。

董鼎山谈起《读书》杂志，更加兴高采烈。他说，自己不仅为《读书》长期撰稿，而且在国外写文章介绍这份杂志。他给我看美中友协会刊上他写的有关文章，香港《大公报》更是多次发表他关于《读书》的印象。我们在同海外出版界人士接触中，发现知道《读书》的人不少，我看，这同董鼎山的介绍是分不开的。

老董在美国是学新闻学和图书馆学的，在纽约市立大学市立学院图书馆工作多年，曾经负责东方部的工作，因此，对于国外出版界、读书界的情况，非常熟悉。他在《读书》发表的《纽约通讯》，迷人之处怕即在此。他问我，中国读者对这些通讯有什么意见。我说，对美国你是熟的，但是对中国，尤其是十年浩劫期间的所作所为，恐怕还不全部了解。你在一篇文章中把中国的十年浩劫与美国的麦卡锡时期相提并论，有些读者来信表示异议。虽然中国读者不太了解美国这一时期的全部情况，但总觉得中国十年浩劫期间损失之大，要超过麦卡锡时期。老董接受这个意见。事实上是很难要求一个不在中国的人完全体会到十年浩劫的一切灾难的。那天吃饭时，冯亦代同老诗人潘因谈起十年浩劫，这位老诗人每听到“四人帮”的一个罪行，总要天真地问一个“Why?”我想，他恐怕也觉得难以理解新中国为什么会有这类颠倒是非的事。

我不是特地采访老董去的，既未笔记，又没专门提问。回到北京以后，看到不少读者给《读书》的来信，表示爱读《纽约通讯》，并要求介绍董鼎山的情况。为供读者参考，爰为小记。

给“底气”

经常想起一位已经过世的女作家：李以洪女士。

我同李以洪不算很熟。见过面，聊过天，也许还吃过饭。知道她在剧协工作。英年早逝，也许只有五十多岁。但是，彼此不是非常相熟，因为我究竟不懂戏剧，是个十足的门外汉。

说到这位女士，是因为她写过一篇石破天惊的文章：《人的太阳必然升起》，发表在1981年第2期《读书》杂志上。当时，我刚编了一年杂志，什么都还生疏。1979年4月杂志创刊号发了李洪林的《读书无禁区》，并不是我经手的，不过等我管事，却轮到我出面去作检讨。由此才知道编杂志这件事的厉害，开始尝到味道。但是到1981年初，陈翰伯先生找我，说他要用编辑部名义亲自写一篇《两周年告读者》，要我提供资料。我看了他的初稿，自然佩服至极，只提出，可否为《读书无禁区》说几句话。老先生听我说完，立即表态：我支持这篇文章。于是在“本刊编辑部”署名的《两周年告读者》中加了一段话，明确表示“我们重申我们赞成‘读书无禁区’的主张”。陈老还特别在文章中指出，我们今后“思想要活跃，形式也要活跃”，反对“摆起面孔训人”。这位老先生的这一番话，使我从沮丧消极中回醒过来。

就在这时，收到李以洪女士的稿子：《人的太阳必然升起》。文章写得真精彩，读得我们编辑部全都拍案叫绝。李文要求人的尊严、人的自由，说“三十年来，我们曾经把尊敬、热爱、信任和崇仰无限止地奉献给神，现在是偿还给人的时候了”。“人性与人道主义问题曾经成了禁区。但是神封的大门一旦被实践推开，巨大的能量就会被释放出来，丰富的精神蕴藏就会在实践中焕发光彩。从物质生活到精神生活，所有社会实践的领域都将迸发着摧枯拉朽、振聋发聩的声响和火光，以此欢庆历史新时期的开端。这将是人的重新发现，是在新的历史条件下的人的重新发现。”“神的太阳落下去了，人的太阳必然升起。”

但是，文章能不能发，我仍然很拘谨。想想陈翰伯的态度，他一直鼓励我们思想解放。但请示他，似乎太严重了，不得已，就请教主编陈原先生。陈老挂名主编，其实一切都让我们做主。我把文章给他，他读后立即回话：一字不改，全文刊登。

文章登出后，自然又少不了上面通报批评，我们作态检查。但我心里很稳，一点不慌乱。同陈原老屡屡谈起其事，他总是一句话：要相信马克思。后来，一位非常有威信的作家写了一篇批评文章：《狗的月亮已经升起》，对李文进行了可说是毁灭性的打击。但到这时，两位陈老给我们垫的底气，使我们仍然一以贯之地执行思想解放的方针。

现在，二十多年过去了。我偶然在书店见到这位很有威信的作家重新出版的文集，用心翻查，似乎《狗……》这篇名文并未收入。可见，到几十年后人们回过头来思索一切的时候，也就一切明白了。

我由是懂得，编杂志要出好东西，首先要有李以洪那样有勇气有才华的作者，同时更应该有领导给我们足够的底气，使我们在编时尚的文章时具有充分的历史感。

2004 年 7 月

一头牛的看法

对台湾出版大家郝明义和他写的《工作 DNA》，我可以很自豪地说一句：其人和其书，在大陆的出版同行之中，我都是最早有缘结识的人中的一个。

从一认识郝明义起，我就满怀敬意。他，坐在手推车上，工作和生活可以说都不甚灵便，但很少能看到像他这样具有强烈的生活、工作和创新意识的人。我还记得二十来年前我们结识后不久的一个夜晚，似乎是在一个卡拉 OK 的集会上，我看他兴致勃勃，又说又唱。唱起歌来，嗓门洪亮，极富情趣，看来是全身心投入，不是敷衍了事，逢场作戏。他的强烈的、十分自主的生活情趣和被动的、无奈的行动拘束，形成强烈的对比，我由是知道一个人的心灵自由有多大的意义。

当然，更多的接触是在出版业务上。当时他还只是一只《工作 DNA》中所描述的骆驼，而不是鲸鱼；而我，从 20 世纪 50 年代初开始工作的第一天起，就心甘情愿地当一头牛。做“老黄牛”是我们这一代人的口号。老黄牛也者，就是听话、苦干，绝不能有任何非分之想。我很奇怪，从结识郝明义起，直到今天，常听说一个词叫“营销”。我从懂得和从事出版的第一天起，就只知道一本书印出来，新华书店怎么也会要一万五千册，除此之外，何必他求。我领导过出版社，常用的一手是：控制印数，绝不能冒进。不能多印的书主动多印，就是犯错误。20 世纪 60 年代后，我受命编灰皮书、黄皮书，就严格控制发行范围，这才博得上级的信任。在这么一种思路下做出版工作，怎么能理解郝明义其人其事呢？

幸而，他是随着改革开放的脚步来到大陆的。我这头黄牛，其时正处于彷徨和迷惑之中，无奈之余，只得抬头四处仰望，看看有没有用另一种方式耕种革命的出版田的机会。这时，瞅到了这位坐着手推车的大骆驼。他行动不便，可谓板滞，可是思路灵活，往往出人意料。例如，二十年前，他居然同我讨论如何在海峡彼岸出版《资本论》的问题。我当时开玩笑地说，以后我都可以介绍你们做 communist 了。其实我很懂得，这在海峡彼岸，只是引入一个可靠的经济学译本——大家知道，这里的《资本论》中译本是投入了大量人力物力，译文是很有水平的。可以说，在这种思路的启发下，当年我才敢于做托夫勒的《第三次浪潮》的中译，由是打开了借助出版引入新思潮的门径。

郝明义做了鲸鱼以后，我们有更多接触的机会。我当然更有机会领略到他在广阔的出版大海中，自由游弋的本领。

在出版行业里，我近年经常宣扬一种类乎“反动”的思想：要研究台湾的出版经验。我知道，把台湾人做过的事情说成是“经验”，对某些人说来是犯了大忌。但毕竟，把出版当做一种经营来运作，他们比我们起步早。走得早，好歹摸索出一些新路，更何况像郝明义那样在不停止地思索、探求和进取之中的人。这一些年，我非常欣赏他的一个业务才能是善于把经典同时髦相结合。经济一搞活，不论你意愿如何，时髦的货色立刻蜂拥而来。于是，卫道之士或诅咒，或责骂，似乎一切都搞错了。我暗中观察，解决之道只能像郝明义那样，耐心引导，细心解说，说明时髦是需要的，但它也源于远古，同经典并不矛盾。只有懂得“故”，时髦才更有新意。现在这里有了女博士说《论语》，似乎做得更精彩。但究源头看，郝明义他们曾经走在头里。只是那里市场小，人口少，不如这里吆喝起来嗓门大。

说来归去，我这一辈子都是做牛式的出版：听话、恭顺，不敢越雷池一步。年轻的朋友可能不知道，在几十年前的这里，说某人搞出版长于“独立思考”，那可能是对其人最大的打击。因为这一来，也许他会遭难多年。现在世道不同，新型的出版家们，你们有可能做做鸟，做骆驼，做鲸鱼了。让我这条老朽的牛祝愿诸位，在读了郝明义的这本《工作 DNA》以后，身体力行，更有发明，成为中国大陆改革后日益兴旺的出版业中前所未有的大鸟、大骆驼和大鲸鱼！

值得怀念的时代和值得怀念的人

当代大陆的各派思想家们常常争论中国20世纪60年代初所谓的“三年困难时期”的情况。此来彼去，热烈讨论那时究竟饿死过多少万人，出了哪些问题，责任又该在谁谁。这类大事，愚鲁如我，实在无法置喙。但是，一读到这类文字，我会立即想到自己在当年可悲而又滑稽可笑的处境，想到一些难忘的人和事情。

1957年，我侥幸没划上“右派”。1958年，因此大为积极。凭我的羸弱，居然是大炼钢铁的积极分子。我们把每家每户的废铁乃至有用的门锁、铁链都收过来，连夜投入炉内融化。当晚炼完铁，几个长者带领我们去附近的“大酒缸”喝“老白干”。后面这一场景，最为激动人心，但令我今天仍然纳罕的是，在这种场合，居然在喝酒的时候没人会发牢骚，人人只求把自己灌醉，然后心安。

1958年我在全体人员大会上交了心，检讨自己“走白专道路”的错误。所谓“白专”，说的是自己读了一些马恩关于宗教问题的著作后，又去研读了几本他们批判过的原著。大会上一片批判声，只有一位宋家修先生说了公道话。他指出，我的根本问题是书读得太少，根本无“专”之可言，何尝有“白专”之可批。可惜此公自身难保，他的话也就在一片喧嚷中淹没了。我的最后表态是以后决心同资产阶级读物“断绝关系”。

于是，上面觉得我这个青年虽然1957年有点“右”，但还是有药可救，于是，1961年，让我去河北高碑店公社参加“整社”，下乡锻炼，以观后效。

那年，在北京也已吃不大饱饭。我好歹已升入“糖豆干部”（科级，每月有糖和豆的供应），但为了以后能做“肉蛋干部”（处级，每月可供应肉和蛋)，下狠心在农村大干一场。

到了高碑店，在住处一看，我的“同床”竟是高骏千老兄。高兄是人民文学出版社外文部的编辑，算是老熟人了。我那时也算是朝内大街一六六号大楼的活动分子。那个楼里有两家出版社，我到处串门走户，熟人不少。同高兄更有一缘：那年炼钢之余，要演话剧。我可能形象不佳，人们让我演一个被批判和遭诅咒的美国鬼子。这我也认了，可是我不会打领带，又没西装，怎么办？一切一切，都由高兄协助。那时我拜他为师，第一件事就是学打领带。现在同卧一榻，自然更要向他学艺一番。我虽然被批过“白专道路”，但他的看法接近宋家修先生，劝我不要放弃努力。他是英语专家，但我不愿学英语，因为太帝国主义了。我在偷偷学德语，每天背《共产党宣言》，把“幽灵出没”之类弄得滚瓜烂熟，可他不喜欢德语。他每天自学阿拉伯语甚勤，因为他在编辑部要开拓这方面的文学出版业务。我一看阿拉伯文字母就吓回去了。后来我们俩达一协议：由他教我法语。那是他在燕京大学念书时的第二外语，熟透了的。

于是，我们两人每天“访贫问苦”、下田劳动之余，就偷偷叨咕那几句法语。一年下来，应当说念了不少，但是记得最牢的只有两个词，一个是 une pomme de terre，另一个是 bon appetit。前一个词意为“土豆”，可是法国人也怪，按法文原意那几个词的意思是“地里的苹果”。我和高兄，每月只有二十斤不到的粮食定量，不能不多吃白水煮土豆充饥。往往还不饱，于是一起下田去采野菜。每逢土豆到嘴，两人都得念叨一句法国话“地里的苹果”。你想，天天有“苹果”吃，多美！至于饭前，尽管粮食极少，我与高兄必然礼貌地说一句“bon appetit”！（好胃口）这是法国人宴席上常用之客套话。

骏千兄不善言谈，但是在这种环境之中，自然要彼此多说身世。我奇怪的是，尽管我俩睡的是大炕，盖着破被子，可他睡前一定要换绸衬衣，据说否则睡不好。由这衬衣，我知道他如何由一个比较富裕之家的孩子，投身革命。他喜欢说爱德加·斯诺，以及他的《西行漫记》。他加入共青团比我早，觉悟自然比我高。只是他太爱文墨生涯，说到那些资产阶级作家，就一点也没批判态度了。又喜欢说外国电影。我小时候在上海美琪、光陆电影院似懂非懂地看过的原版电影，他说得滚瓜烂熟。记得有一部美国电影，名称叫《千金之子》，里面一个有音乐天才的年轻人喜好拳击，他爸爸很生气。有一次，父亲举起儿子的手，说明从钢琴家的手变而为拳击家的手是如何的堕落。老父亲有长篇激动人心的对白，我的英语程度只能听懂一小半。我问骏千兄，他居然原原本本都说得出来，我佩服得不得了。

在解放后中国最困难的那一年头，我同这位奇人同卧一榻，白天奔走田间，采摘野菜为生，夜间连床共话，由他传授我种种学问知识，包括法国话，在我说来，可谓毕生幸事。“锻炼”结束，回到北京，我算是锻炼后处境大变，入党、结婚、被提拔……好事全没错过。但是真正有用的反倒是那些学过的外国话。有一次同一位领导对话，他居然发现我还从法文读过拉法格，于是推荐我进到上级机要部门编了多时“灰皮书”“黄皮书”。可是高骏千这位老兄，却依然故我。“文革”之中，老兄处境当然很不顺畅。之后去美国定居。我在美国住过他家，按说更加可以连床共话，这时却再也提不起当年的兴趣了。

高兄不久前仙逝。在美多年，仍然不断研究老电影。积稿无数，至今在我案头。他对文学、对电影有太强烈的兴趣，加上遇事不肯苟就，不仅入党升官没他份，最后连个人婚姻也没“完成任务”。我同他在彼此生活最困难的一年，有过那么一段经历，我有幸在他带领下知道不少世事，又学得一些本领，应当是毕生一个难得的经历。由此，我不忘记那年代，更不能忘记老高这个人。

2005 年 12 月

小董、大董和老董

海内外久享大名的优秀出版家董秀玉女士今年七十大寿。道群兄约我为文记其逸事，欣然从命。

我了解的董女士，按其出版经历，大约可以分成三个时期。20 世纪 50 年代中进入人民出版社，至 20 世纪 80 年代初，一直在北京出版界，先学艺然后成为年轻领导，人咸称之为“小董”。以后活跃在香港出版界近十来年，港人都称她为“大董”。20 世纪 90 年代上半期回归北京三联书店，年高德劭，朋友和同事因称她：“老董”。

我与三董，都还算相熟。但最熟的是“小董”。“大”而“老”后，或谓成为“大佬”以后，因种种原因，我就不甚了了了。所以，这里所记，多为“小董”的故事。“大佬”亦有幼时，大家听听这些故事也好。

小董 1956 年自上海应招来北京，同来者共十人，似乎都是女性，而小董年龄最小。来后不久就“大跃进”，以后多次下农村劳动。有一次，我有幸同她编在一个班里劳动。那次干的是挑水。干到中间，年轻人都较起劲来了，比赛谁挑得多。最后，几个小伙子各挑一百斤，自然该称雄了。哪知董小妹接着挑起一百二十斤，把那些须眉统统比下去。从这里我开始发现这姑娘实在不简单。

她同我一样，进出版社后干的都是校对，因为学历不高。她来时，我已调离校对部门，当上社领导的秘书。我的“成功”秘诀是不打基础，“急用先学”，热爱卖弄。可是董小妹的办法是注重打基础。她念了一些夜大学，专修文学，自然比我扎实多了。

1960 年，人民出版社的共产党组织召开会议讨论通过我们的入党申请。这次会只讨论我们两人。她很快通过了，可我就是通不过。一大批党员认为我一贯走“白专道路”，不够党员标准。最后，出版社党委书记王子野作了长篇发言，支持我入党，这才勉强通过。就这样，许多党员，包括王子野的夫人陈今女士，一直对我的入党持保留意见。

当然，小董也并不一帆风顺。“文化大革命”后期，她忽被诬为“516分子”。霎时间，被“隔离审查”。于是本单位的熟人谁也都不能理她了。这期间，只有一位新华社国际部精通法语的崔先生，因为不是同一单位，可以见她，还时时为她送饭倒茶，热心服务。后来董女士就成了崔太太。

接着时来运转。她“解放”后，社领导范用先生发现了她。范用在1979年初创办《读书》杂志，调小董到编辑部参与筹备工作。她过去没有做过编辑工作，居然能很快适应。1980年我进入《读书》杂志，开始同她在一个部门工作，我勉强算是领导。我发现，那时她已很能胜任编辑业务。范先生一贯热衷联络香港三联书店的老战友，北京的许多业务争取他们的帮助。凡与“港方”来往，均由小董接待。我从旁观察，小董办事，还是当年挑一百二十斤的劲头，凡事力求完美，因此港人反应绝佳。

那时，在北京刚独立的三联书店经济状况非常糟糕。从人民出版社分出来，房没一间，地没一垅，只有三十万元现金。更要命的是，按照中国社会主义制度下的出版专业分工，北京的三联书店在20世纪50年代初就已被中国出版界“除名”，因而没有自己的专业，就是说没有一块可以垄断的地盘。这把我这个名义上的“第一把手”急得要命。三联书店20世纪50年代初在中国大陆被实际除名以后，只在香港保留。20世纪80年代初我以三联书店总店总经理的身份去三联书店香港分店参观，言谈之间知道他们的资金是八千万。这真吓了我一跳。后来，我发现内地出版社还不大注意海外华文作家这一丰富资源，觉得通过香港这条线去开拓比较方便。正好，港店一位领导同我闲谈，说起他们眼前有一个困难：照中央方针，干部要实行退休制度，港店的现领导已到了退休年龄，但是接班人难找。照内部规定，接班人必须共产党员，可是照香港当地的办法，又不能从内地随便调去一个人就当第一把手。我一听，觉得我们北京可以想想办法。我找了内地研究公司法的专家请教，他们认为，把总店的副总经理调到分店当总经理是名正言顺的，绝对符合国际准则。我于是学习一下公司法的语言，向香港的有关领导建议，把董秀玉调去当第一把手。小董在港人眼里原本声誉绝佳，当然马上就OK了。

这一来，北京三联书店的海外业务就好开展了。举个例子说，北京三联书店出了蔡志忠漫画，可是蔡先生远在台北，联络不便，我很担心人家抢走我们的买卖，因为这里的出版社后来也注意到海外的写作资源了。有董秀玉在香港，我说合她担任蔡先生的代理人。于是蔡先生的上百万元版税放心地全部存在北京，我借用来做三联的事业，快何如之！

小董去香港之成为“大董”，三联书店的老前辈却不断责备我是为了“排除异己”才把她调港的。其实，由于我们两家的世交，董一去港，她的儿子由我太太抚养，我的女儿还要帮他复习English。我干吗要这么费劲样来排除她这个“异己”呢？

大董到港工作后不久，港方的领导对她非常满意，专门同我说好她不回北京了。一度我在《读书》杂志上还印着大董的“副主编”名义。有一次我访港，因为这事，港店的一位比我年龄稍大的“元老”，当场为此斥责我，认为我还要妄想让大董回北京来。以后又为此拒饮我敬他的酒。我看在港分店八千万资金的面上，忍气吞声，狂笑而过。哪料过不多久，忽然得到通知，港方要大董回北京工作了。北京的领导要我安排。我当然希望她回三联书店，为此开罪了原定的接班人选，也无可奈何。北京三联那位原定接班的先生得讯后，借别的题目向上级告我一状，当然告不倒我。我于是借别的因由去上面查看港方改主意调大董回来的文件。看了吓得我一跳，原来毛病出在我曾委托她为我热心照料一些内地文化学术界的北京三联的作者朋友。这些朋友有的惹了点事，人们就莫名其妙地把账都算在大董身上。如此说来，原始责任其实在我，真是罪该万死！

在北京，“大董”成为“老董”后，我不敢为三联书店的业务同她有所接触。原因无它，老前辈们盯得很紧，我又何必使她为难呢！另外，她在香港学了一些办出版社的现代观念，我也跟不上。我习惯的，还是老文化人做“皮包书店”的办法，现在当然行不通了。她退休后，做了不少声名赫赫的社会学术文化活动，我曾得便参观，悄悄旁听，发现自己的水平委实跟不上，也就退避三舍了。

但作为老朋友，我饶不了她。至少，我要让她经常请客，满足我的馋欲。今年春节，我们两家一起吃了火锅，由崔公子埋单，大家十分高兴。从这里来看，“老董”的可爱，还一点不比当年的“小董”“大董”差——至少我认为。

2011 年 3 月

能量来自辛勤

关于俞晓群的出版活动，我曾说过，同刘杲老人“文化是目的，经济是手段”的主张十分契合。可以说，俞兄是刘公论说的有力实践者。但是，能做到这些，谈何容易。俞兄毕生，不说空话，贵于践行。他如何辛勤地实践这些高论，细读这本文集，方可知道。

在这本书里，他逐年记下自己的重要出版活动。看得出来，一切都是当时的写实，并非事后追忆。这一点，我自愧未能做到。我写的种种，全靠事后追忆，绝少文件依据。因为我是个懒人，稍有空闲，便把时间花在吃喝上。美其名曰“业务需要”，其实是天晓得！

例如，他在 1997 年 8 月 16 日的日记中写到我的老领导许力以：

> 读罢此文，我们赶紧寻觅作者，得到结论后，沈昌文与我们都大为欣慰。第一，经查实，这位“徐雨”正是中宣部出版局原局长许力以。许先生为官中规中矩，为人平静随和，做事不露锋芒却屡建大业，颇受文化界与出版界人士敬重。像他早在 1989 年开创的海峡两岸图书版权交易会，实在是当时的一个大胆之举、远见之为；还有他出任主编的《中华文库》（台湾称《锦绣文库》），促成三联书店与台湾锦绣的合作，也是开先河的作为。现在他出面赞扬我们，我们自然备受鼓舞。第二，文章中提到“王云五”，也是解放思想的重要表现。因为我们号称追随王云五，一直颇受“左爷”们的攻击；其实商务印书馆也是在王云五的问题上犹犹豫豫，才让我们钻了空子，抢了他们的老品牌。现在许先生如此评价王云五与他的《万有文库》，表达了一种态度，也让我们体会到一种背景的声音。第三，文章中对沈昌文大加赞赏，虽然没有点破名字，但谁

都能看明白。以许先生的身份，他这样说，也起到了为沈先生“正名”的作用。因为在去年沈昌文从三联书店退休的过程中，各种议论之声是很多的。那时，也有人从不同的渠道告诫我们，不要那样“重用老沈”，否则会惹麻烦的。实言之，我是一个书呆子，又是一个崇尚“文化至上”的人，哪里懂那么多云山雾罩的事情。说破了，现在编了好书、用了好人，也是所谓的“歪打正着”啊！

我对许老，一直崇仰，但是这个故事却已早遗忘。这里讲沈某某如何，并不重要，重要的是，描述了许公的若干业绩，特别如论王云五等事。直到前些时候我在三联书店大肆颂扬王云五时，还一点没记起这位中宣部的老领导。

俞晓群能写下这么多真实故事，并且得以保存和发表，主要出于他的辛勤。但同时我们也不能不说，这其实也是时代的功绩。我当年也不是不写日记，但是，没写多久，就全部销毁了事。那是因为我在“文革”中，为了自保，免受我的副手的攻击，投身造反派。造反派让我当了抄家文物的鉴定人，我于是亲见日记的作者如何因而受迫害。于是在我回家之后，就把自己的日记统统销毁，并发誓以后绝不再写。我很高兴，比我小几十岁的俞晓群没有这种记忆。所以，能让我们读到这些宝贵材料！

2015 年 5 月

文化囧

俞晓群老弟这本书，应该是他“活学活用”出版传统思想和“理论密切联系实际”“深入调查研究”的结果。我本来想就这几方面颂扬他一番，但写了一些，又一想，我这糟老头儿，说话作文永远是20世纪50年代那些构思、那些词儿，人们见到大概就讨厌。现在就不要用这些来糟蹋自己特别是糟蹋俞老弟的大作了吧！

我两年前虚度八十岁以后，非常警惕这个“老”字。曾经忽发奇想，自命为“八零后”，想混进年轻人的队伍里。我不敢同他们面交，只能悄悄地读他们的作品，特别是网上的佳作。读来读去，似懂非懂，也好歹知道一些他们的事情。最近一大收获便是认识了一个“囧”字。

“囧”是个怪字，浅学如我，当然不认识，高明的学问家，除了文字学家，大概也未必认识。据说本义是光明，现在转义变成郁闷、悲伤、无奈等等，也许还可以概括为“尴尬”。我刚从新派文化人那里学到这些皮毛，忽然看到俞兄传来的大作。我过去对他建议过，希望把书名取为《可爱的文化人》。现在来看，写一些文化人的糗事、丑事、尴尬事，缺点、弱点、敏感点……用这怪字来概括也许也很合适。这些古怪事情，换一个角度看，有不少也是很可爱、很有趣的。知道了这类事，于是光明可能就在眼前。这样，“囧”的古今含义，就都包罗进来了。我们做出版的，天天同三教九流打交道，其中大多是高人，但也少不了怪人、奇人。难为俞兄把这些古怪的交往写出来。我知道，所有这些，首先得力于他的勤奋。我见过他写的一部分工作札记，真是卷帙浩繁，可见其人用功之勤。

本书虽然讲了不少糗事、丑事、尴尬事，但是作者落笔还是挺讲分寸，没有写成大批判文章。例如易中天“改写”尹宣译著《辩论——

美国制宪会议记录》的故事。尹宣此书是我引进的。我退休后在美国住了一阵，认识了尹先生，知道他投入大量精力，完成了一个大工程。经我向俞兄推荐，2003 年，尹宣的译作在俞兄主持的出版社出版了。这种书，当然印数有限，必然亏本。想不到的是，第二年，易中天先生用尹译本改写一道，搞了一个通俗本，在大陆出书。易并未回避利用尹译的事实，但毕竟不妥。本书追叙此事，就很有分寸。他说："改写者，有改变文体的，如将小说改为剧本；有改变读者对象的，如将成人版改为儿童版，将学术版改为普及版等。但'改写'是一个摇摆词，其性质常常位于原创与剽窃之间。"这个公案，就让读者来判断吧。

我虽然在出版界混了五六十年，但到眼下，眼见这个行业的种种新貌，自知已成为一个"屌丝"。蒙晓群看得起，我这"屌丝"有时还能为海豚出版社"搬砖"。我现在自居为"八零后"，就是想为五零后的俞晓群再多搬几年砖。我说过，干出版几十年，最痛快的时候，是那些向俞"范儿"学习的年头。想起以后还有学习的可能，我不禁——(^_^)。

俞晓群数术著作跋

我之知悉俞晓群兄是中国的数术文化专家，大概比一般熟人为早。他的第一本有关专集《数术探秘》，是1994年当我还在生活·读书·新知三联书店主持工作时由这家出版社出的。当然，我当时并不认识他，只知道这是一位有修养的业余专家。

我一点不懂数术，说实话，甚至不全能读懂俞兄的著述。我学过一点气功。五十来年前大病之后，曾在上海问学于蒋竹庄师，他授我小周天。当时所学的，包括老师传授和我自己杂览所得，我只记得一句《黄帝内经》中的话："上古之人，其知道者，法于阴阳，和于术数，饮食有节，起居有常，不妄作劳，故能形与神俱，而尽终其天年……"由此，我对数术颇怀敬意。但是，实际上，说实话，半世纪来，我连"起居有常，不妄作劳"都并未做到，遑论深究"和于术数"其中的奥妙。20世纪50年代当时，我一心要在出版这一行做出一些业绩来。在那时的情景下，办法是必须拼命阅读和翻译苏联的"出版工作先进经验"，想方设法由此出人头地，这样才可不再去做天天伏案劳苦的校对工作。如果当时有一说是"数术"来自俄国东正教，我也许会因而热心起来。

20世纪90年代前后开始有十来年光景，因缘时会，俞晓群给我拉下了水，我在他老兄麾下做编辑工作。这十来年是我从事出版以来最高兴的时候。因为，我几十年来在国内几家最大的出版社所学到的一切，这时有了一个全面实践的机会。这位俞老板也真放手，只要有益于中国文化的书他都敢做。他自己的主意更有文化色彩。例如他创议编印出版《新世纪万有文库》，当时吓了我一跳。因为像我这样1949年以后习艺的出版人，非常怕同王云五这个名字挂钩，更不敢去继承这位老先生的事业。好像在我的前辈直到我这一辈眼里，商务印书馆可学，而王云五不可学。岂止不可学，简直不能提，大家只要回想一下当年改写“四角号码歌”的故事就得了。但俞兄的识见打破了我的迷障。我由此觉得他在文化出版上确有大魄力大手笔。

有时也想，这位数术问题专家是不是在出版实践中对数术推往知来的神秘功能有所结合和发挥。因为在近十年的文化出版中，大概数术最可以有发挥余地了。尽管我一点不懂数术，但是我还算是文化出版园地的老兵，看得懂这行业中的奥妙。这十年，由于转制等等原因，这行业里的奥秘越来越被彰显，各种奇技淫巧最有用武之地。我不敢说这些同数术有关，但是俞晓群应当是知道这些伎俩的。可是，偏偏这位数术专家，不仅不用这办法，而且本人还颇受其害。

中国的出版，至今病在谋略太多，机心太重，理想太少。俞晓群以及其他一批有志文化的理想型出版家一再“腾挪”自己的理趣，是至今出版文化疲弱的重要原因。

俞兄此病，病在他爱文化甚于一切。他本行源自西方的数学，所以移爱传统数术，本源于对中国文化的热爱。而他主持出版，更是发疯似地擘划种种，以谋繁荣中国文化。他反对“跟风”，强调原创，我有时这样想，你老兄又是怎么去看待河图洛书呢？

俞兄新作出版，我理应欢呼他在数术研究方面的成就，而我这跋语，却在鼓吹他数术以外乃至反数术的实践的成绩。其实，细细想来，此公深究数术，其出发点还在弘扬中国文化，而不只是消磨时间，更不是我这出版商出于纯技术观点的无知遐想。区区私意，无非表示，以俞兄大才，出版业业者诚望他在这领域有更多作为，如此而已。

编辑工作的甘苦

居家无事，偶理旧卷，读到老同事吴国英先生 1964 年 2 月的一篇旧作《编辑工作甘苦谈》，不胜感喟。

吴先生是人民出版社的老编辑，多年编马列著作，精娴英、德、俄语。他加工了普列汉诺夫著《没有地址的信》译稿，写了一个工作报告。此书是曹葆华先生所译，原书由苏联学者所编。按说是名著名译，编辑大可省心。但吴兄却没少费心，仔细推敲查改，不只加工了译文，更主要是改正了俄文版编者的许多疏漏。大功告成后，写出这一篇三五千字的报告，详述其中甘苦。

重读吴兄这一大作之前，正好看到报上一篇文章：《版权贸易喜人，译著质量堪忧》。文中讲当前翻译出版品上的疏漏错误，实在惊人。例如，“一部文学作品中原作长达几页的描写，在中译本中竟成了‘光阴似箭，日月如梭’八个字”。文中有几句语重心长的总结性论断：“译德滑坡、学术腐败、编辑不济、市场混乱已成了译界、出版界的公害。”再回想近年来揭示的一些译本里的笑话，如门修斯之类（“Mencius”是西方学术界对“孟子”的标准翻译，一本国内学术译著将之再译为“门修斯”——编者注），吓得我简直不敢买翻译书看了。

吴兄的这一工作报告，被当时人民出版社总编辑王子野印送给主管思想文化的首长胡乔木。之所以呈送，原因我想也简单，因为《没有地址的信》中译文的某些问题，首先是胡乔木注意到的。他就此写一长信给人民文学出版社的楼适夷，时间在 1963 年 2 月 14 日。可能也因此，胡乔木看到吴兄的报告后，极为赞赏，复信给王子野说，“这是自力更生、奋发图强、鼓足干劲、力争上游的精神在编辑工作中的体现”。胡乔木的这些信，都收在今年出的《胡乔木书信集》里。

看看眼前这一堆文件、书信，似乎可以说：翻译书的质量实在是今不如昔了。但从出版全局看，似乎也不必作如是观。就出书的路子看，实在是现在比过去宽。例如，我一直喜读潘光旦先生的译品，20 世纪 50 年代中某天，潘先生挟着一大批稿件，步履艰难地来到人民出版社，找王子野先生，希望出他译的恩格斯《家庭、私有制、国家的起源》稿。他的这一译稿，犹如他译的《性心理学》，特色之一是加了大量译注。在当年，一个个人，即使名声之隆如潘先生者，也不可能出一本个人自译的马恩著作，何况又去“佛头着粪”，加一大堆注释。其结局，自然只是“婉退”。多年来，我一直记挂这件憾事。尤其记得的是，潘先生见我说上海话，问我原籍，知是大场人，于是同我大谈他在宝山的情况。几十年后，我经手敢出潘译蔼理斯的《性心理学》了，但还不敢出恩格斯的这一译本。现在看到全稿已收在《潘光旦文集》之中，喜何如之。这应当是选题思路开放的一个著例。

但译文质量之下降，自然还是值得担忧。呼吁之后，必然会有解决办法。当然单单依靠如吴国英兄当年那样，一月挣百把元工资，拼死拼活，查找资料，即使其后誉以种种美辞，现在怕也不能行了。还得靠一些新办法。这办法总会想得出来的吧！

顺便说说，过去管思想文化的领导，管得也许太紧，但是本人喜欢读书，往往有不少在行对路的具体指点，实在是我辈学徒生涯中的极好教材。上述《胡乔木书信集》即收有不少。但据我记得，似尚有漏收。如胡乔木给陈祖芬信（1980 年 10 月 3 日），其中谈语法修辞问题，我们当年都是很受教益的（例如不要用“人才们”这类说法）。

现在，想必还应常有这类指点，只是我个人见不到而已。

2002 年 11 月

永葆童真之心的杨静远

1951年3月，我从上海考进了在北京的人民出版社，被分配到期刊校对科当校对员。让我校对的刊物，有《新观察》《翻译通报》《保卫和平》等。做了几年校对工作，我结识了许多大编辑，特别是前两个编辑部里的人员。《翻译通报》是当年出版总署编译局办的。编译局那时也在东总布胡同十号里面，同我们在一个大院子。我是上海滩里出来的外语迷，见了那么多外语专家，当然是毕恭毕敬，勤于请教。说实话，我那时自学俄语翻译，最早的译文，很多都是请他们校订过的。后来人民出版社知道我伪造学历，混进革命出版队伍，人事处负责人要开除我。就是靠这些译文适逢其时地公开出版，使我成为那时引进苏联出版工作“先进经验”的模范人物，得免被开除之难，反而被评为“青年社会主义建设积极分子”。编译局还有许多英语专家，我请教得比较少，但也十分景仰。那时知道的英语专家主要是，出版总署副署长叶圣陶的女儿叶子美和从美国留学归来的杨静远。她们两位，我最仰慕的是杨静远。因为那时我们同出版总署是同一个青年团组织，我和杨都是其中的成员。团组织里负责人告诉我，杨静远在美国读了埃德加斯诺的《西行漫记》原文本，十分仰慕中国共产党，所以一定要回国来工作。她是爱国的模范人物。

以后，编译局被撤销了，合并到人民出版社，我同杨静远成为同事。那时上面让他们翻译出版关于马恩传记的俄文书，我才知道她也通俄语。

1957年，人民出版社搞鸣放，一时局势大乱。主要是一位中层领导调戏属下女同事的丑闻，群众纷纷非议。杨静远那时也说过一些不平的话，但因考虑她是从美国回来的爱国留学生，上面在“反右”时没有把她打成“右派分子”。

哪知道，1958 年某一天，人民出版社人事部门有一个给社领导的报告，让我转送上去（我当时已担任社领导的秘书）。我看了这个报告大吃一惊。原来杨静远 1957 以后在下乡劳动中写了一张大字报，建议农民要讲卫生，并且引了毛主席的语录：讲卫生光荣，不讲卫生可耻。当地农村的党组织认为这是污蔑贫下中农“可耻”，于是写材料到北京来告发。更让我吃惊的是人事部门的建议：把杨静远补划为“右派分子”。打报告的这个人，就是此前五年提出要开除我的那位政治立场一贯坚定的人事负责人。他在报告里还特别强调说，他对杨静远已实在“忍无可忍”了。这个报告不久就被批准。于是这位一贯爱国、爱文化事业的杨静远全家就成为“一门三右派”了。（她的父母，武汉大学的名教授杨端六、袁昌英，也被当地划为“右派”。杨端六教授在“文革”中因受屈辱而自杀。）

以后杨静远去了社科院外国文学研究所，我听到她的消息少了。直到改革开放以后，才读到她的一些译稿。我奇怪，她怎么现在乐意翻译讲儿童故事的英文书。读不多久，我忽然想起以前我私下问过人民出版社负责政治思想工作的领导人：怎么连杨静远那么爱国的人都要被打成“右派”。那位领导回我一句话：她太幼稚。“幼稚”二字，当时是贬义，到了几十年后回头想，倒觉得很贴切。

“幼稚”，用文言讲，也可说是“童真”。说杨静远其人永怀童真之心，可一点儿也不假。她一贯用她的一颗未经污染的童心鼓励人们追求实事求是，追求以人为本，追求不唯上、不唯书，一心为人民办好事。追求并宣扬这种童真之心的作家并不少，我记得的，至少还有丰子恺、谢冰心等等。

我从这个角度来读杨大姐的译品是有特别意义的。因为它们真是——

沾衣欲湿杏花雨，吹面不寒杨柳风。

只有永怀此心，我们才能做到，少一些欺诈，少一些执着，多一些自然，多一些淡泊。

2015 年 3 月

脑后的那根反骨

台北“书人”吴兴文先生几次来北京，事前总要捎个信，问问“书痴”要些什么书。

“书人”是我们背后给兴文先生的雅号，因其所业者书，所好者书，所写者书，无以名之，是曰“书人”。不懂台湾习俗，所以不敢当面叫。要是香港商界中人，平时又喜欢玩一点牌九、麻将之类的，听到这称呼要不高兴。这里也只好发表这个冒险犯难的称呼，否则无以应《诚品读书》之约，借个由头，写出那个大陆“书痴”来。

大陆的“书痴”，叫赵丽雅，是位普普通通的女士。芳龄三十出头，四十不到。同这年龄的大陆人大多相仿，是“知青”出身，没上过多少学，倒是响应了号召，很小年纪就当了工人。她大概一米五几的身材，起初卖西瓜，后来一度当上卡车司机。司机一职，在今日大陆是一小小的美差，自然比不上那些当几家公司总经理、董事长的贵胄子弟，却也丰衣足食，胜过赵某今日之职务——编辑多矣。赵当年不会念及这一层，却在另一点上使她不安于位；这就是她的一种执拗——你不让我有上学的机会，我偏要自己读书。事实上，大陆如今的偌多当年“知青”，大多是这么走过来的，这才使中国文化之一脉，虽然历经“文革”那样的浩劫，居然未能断绝。

但是“书痴”的执拗比别人加了些倍。朋友们开玩笑，说这是因为她“脑后长了反骨”。说得多了，传到她先生耳里，使得这位颇够得上“情痴”的先生真以为常有人想抚摸太太的“脑后”，深感不安。自然这是解释得通的。不过先生可能并不很了解太太聚书、读书的癖好正是这根“反骨”在作怪，不然也许会反而高兴。

下面的故事不必细说，生活的教训使“书痴”越来越固执，越来越不近人情。个人生活费的百分之七八十用去买书，想办法卖血赚钱买书，写信向作者、出版社索书，除书之外，简直不闻不问。写到这里，也要作些小小的交代：个人生活费百分之七八十买书所以行得通，是因为有情深的先生在挣钱；卖血云云，有过若干次，但不多，因此赵女士至今仍然白白胖胖（适度的“胖”，所谓丰满，不必减肥，有图为证）；写信索书，是因为她先借书看了，作了评介，他人自然愿意送她，并非“强索”。

但不论如何，赵丽雅一步步向书走去。因多读书而毛遂自荐，成了北京《读书》的编辑，于是更与书结了不解之缘。目前她好书的境界是：买古旧书，买海外（港台）中文学术图书，自己写书。这三者，正是笔者的薄弱处。过去还能同赵女士谈上几句书事，现在是不大有“共同语言”了。她写的专栏文字，是专给我们这类浅学的人看的，但其精细微妙处我却还不能尽解。好在自有行家在。下面摘抄京城大学者张中行先生发诸报端的一些评论，以为佐证。张老八十高龄，蔼然长者，最近却为文记述一位只有自己一半年纪不到的小女子，亦为大陆京城一桩小小的雅事。其文曰：

> 还有一次，是（赵）托我找《中国古代书画图目》的第一册，说她已经买了几本，只是缺第一册。我问编这书的符君，说共要印二十四册，平均一册定价三百元上下，这样，买全了就要七八千元了，钱数太大是一难，再有，如何安置呢？我当然又要说我的偏见，可是她像是听而不闻，只说她的理由，是怕放过就买不着。
>
> 我，不避自吹自擂之嫌，一生就没有离开书，可是谈到勤和快，与她相比，就只能甘拜下风。这像是给她吹，给她擂，为了取信于人，要有证据。自然只能是间接的，因为我见到她，都是办什么事而不能摊开书本的时候。证据是听她说，关于书的情况，尤其是新出版的，简直是如数家珍。显然这只能由多读来。多读的结果是多知，多到什么程度？举我亲历的一件事为例，是有人约写《滹南遗老集》的介绍，介绍完，要举参考的版本，当然最好是今人新整理的，可是有没有，不知道，于是摘下电话，向她求援，我话说

完，她毫不思索就答："没有。"这大胆的自信就是由勤来。

她发表文章都是用笔名。笔名不少，来源都是《语丝》式，翻开书，碰，如宋远，就是翻开《诗经》碰来的。文章多为蜻蜓点水式，不很长，少平铺直叙，可是精义与妙语叠出，能使读者感到有滋味，值得细细咀嚼。这样的评价文章，几年以前她就选辑了一本，取名《榗柿楼读书记》。书名雅，却是不折不扣的纪实，因为书确实是在楼上读的，而楼窗外也确实有合欢树（所谓榗）和柿树。

孔老夫子有云："四十五十而无闻焉，斯亦不足畏也已。"现在她尚未不惑，就已经足畏了。说起足畏，我想起不久前的一件事，也颇值得说说。那是寄来发表于《瞭望》的连载的几篇文章，总题是"脂麻通鉴"，署名"扬之水"。总题怪，我不知何意，先看解题，是来于明王琦的《寓圃杂记》：

吴人爱以脂麻（芝麻）点茶（泡茶），鬻者必以纸裹（芝麻）而授。有一鬻者家藏旧书数卷，旋摘为用。市人（买者）得其所授，积至数叶，视之，乃《通鉴》也。其人取以熟读，每对人必谈及。或扣其蕴，则实告曰："我得之脂麻纸上，仅此而已，余非所知也。"故曰"脂麻通鉴"。

寓意明显，是讲史而所知不多。接着看内容，以标题为《民意》《解缙》《廷议与廷推》三篇为例，都是谈明代政场大事的，引书多，熟于掌故，不稀奇，稀奇的是文笔老辣，有见识，感慨深。我一时有点迷惑，先是推想，可能是她杂览碰到妙文，不忍独秘，所以寄给我看看；继而一想，只有文而没有赏识的话，也可能就是她写的。如果竟是她写的，我心中倚老卖老，简直要喊出来："你这小丫头片子想干什么？真太可怕了！"

写二三千字短文，竟抄了张老一千多字。下面尽可自己再编一些，可是想起一事，原是张老内行。笔者如果另写，必不如张老手笔，不如再抄。这是谈赵女士书法的。此"书"并非彼"书"，而赵兼通，岂可放过不谈：

我求她，更多的是用毛笔写马湘兰风格的闺秀小楷。俗语有字如其人的说法，就赵丽雅说，这对不对呢？像是也对也不对。说不对，是看外表，粗粗拉拉，字却是地道的明清闺秀风格，清劲加秀丽加柔婉。也可以说对，理由是透过外层找，说内秀。且不管它，总之是写得好……

一次……求徽州一女砚工制徽砚，效“吴门顾二娘造”之颦，愿意制成后也刻砚工款“新安杏珍女史造”，这位杏珍女士不能写，所以就求赵丽雅写了寄去。一个操西瓜刀的能写闺秀小楷，再加上读得多，写得快而好，就使我不能不联想到昔日的才女，所以为她的读书记写序文，半赞叹半开玩笑，就写了这样几句：“你就是今代的柳如是，才高，身量不高，都很像，只是脚太大。”

张中老一时兴至，开了一个太大的玩笑：竟然称扬一位淑女为“今代柳如是”，以致引起京中文人的一些议论。原因无他，赵除文才外，其他方面不是柳如是而已。张老也只是看见小孙女辈高兴，欣然命笔，并无他意。

赵丽雅之种种，本无十分特殊之意义。要选“十大杰出青年”，无论按台湾还是大陆标准，大概都轮不到她。我们之所以乐于谈论其人其事，还是着意于她的那根“反骨”。有此“反骨”，才能在“文革”逆流中耐下心来读书（其时大陆流行“读书无用论”），才能在经济拮据时节衣缩食买书，也才能在“商潮”盛行之时依然做些与书有关的寒酸的工作。有了反骨，自然也惹人厌，因为往往不能流俗，例如不愿赴宴之类。但是，人类文明之能延续，也许，部分地，也靠人们在艰难困苦之际有此一根“反骨”！大陆之中，虽然商潮滚滚，此类书痴，却也不止一个两个。我们也许因此抱有希望，还想做点文化，关心一点书事！

旧时月色

老汉有幸与扬之水女士同过事。她同我出身类似。我在解放前为佣做工，她在“文革”后当店员做司机，上帝都不让我们同文化有缘。可是扬之水不肯低头，硬是要同上帝争个明白。挣扎一阵，当上国营大出版社的小编辑，要是我该心满意足了，可她还不低头，硬是要不断进取。十多年前她研究《诗经》以及文物，多年来成绩显著，出书无数。当年某日发现她用笔名“扬之水”写书作文，询之来由，知道这名字来自《诗经》。我从字面来猜测，想必这是她自谦之词：写出来的东西只配掷在水里。“扬”者当然是弃义，掷也，北京不是常常是尘土飞“扬”的么？

以后我有幸可以不再上班，也开始学习用“的了吗呢”来码字了，于是就把这意思写在自己的回忆里。我借此颂扬这位女士的虚怀若谷，并拍马说，我相信她的文章一定会传之于世，而不至于“扬之水”的。我以为这很合乎自己对这位女士的了解。

这一阵，同扬女士交往中发现她脸上常有憾色，不便细问，小心伺候而已。以后慢慢知道，她近作一书，想取名《旧时月色》。不料，她的书还没交付排印，香港的董桥兄已出了一本文集，名字正是《旧时月色》。我了解扬之水其人在文字上是很小心眼的，常常为想一个好的句子，一个好说法，简直旬月踟蹰，不像我是什么佳作名句都可以“扬之水”，而不在脑中停留。偏偏这一阵我又老要同她打交道，于是不断听她“捣鼓”。她要真是丢的什么东西，凭我同董桥兄的交情，准保可以让董兄加倍还她。但这几个破字，又何必如此上劲？

扬女士终于又想出一个书名：落花深处。给我来信说，这名字“是否贴切仍在踌躇”。她只是想“于落花处收拾一片旧风景”，因为“远远近近，深深浅浅，落花处的缤纷闭藏着曾经有过的历史真实，借助考古发现而复原的古典记忆，该有它独特的鲜明，虽然相对于原初的丰厚，它只是星星点点”。

好一番道理，让人不得不折服。扬女士博学，我又何尝出得了什么主意，来为她分忧。但由此，则又翻了翻《诗经》，去看看“扬之水”究竟是什么意思。这才在一本语体文的解释中发现，原来这是指缓慢流动的水。我想，这样的水才有深度，才值得人去寻思，才可能是她取这笔名的本意。这使我惭愧不已。凑巧，又在OK先生的网上文字中看到这位先生对“旧时月色”四字的领会。他说，扬之水“编《读书》，写《脂麻通鉴》，钩沉《诗经》名物，梳理先秦诗文发展脉络，果然一直沐浴在旧时月色里。于是我想，一个人心中没有旧时月色垫底，就没有沉静，没有深情，没有方向，没有厚度，没有风格，也就没有未来；一个民族也如此”。

由此知道，要这么理解才是扬之水的知音，怨不得扬之水为这四个字坐卧难安。枉为自己爱夸口是扬女士十几二十年的老同事！

2004年6月9日

“重审”精神

喜欢读关于“性”的书是在20世纪60年代初开始的。那时为了“反修”，要学习马克思主义史。无意中发现，马克思主义奠基人有不少谈“性”的言论，甚至很开放。再读下去，发现中国早期的开明知识分子都关心过这问题，有不少论述，更多的是译作。这种阅读愿望反映到工作中来，便是关注和采用有关的稿件。自己也翻译过一二本有关的小书，但分量很轻，谈不上意义。

改革开放以后，见不到的书都陆续见到了。印了一本《情爱论》，又印了一本《性心理学》，一共五六本，高兴得不得了。以后又找到不少有价值的书稿，甚至想大印蔼理斯的全部著作，但是没时间了，只能让给别的高明者。但我因这方面的兴趣，却认识了一位研究者康先生。

康先生给《读书》杂志投稿是很早的事，以后不知怎的，联系多了。退休以后，闲中无事，以读康君等写的有关文字为一种乐趣。忽然读到康君写的大著《重审风月鉴》。读后觉得，“重审”两字用得最好，中国文坛从来此类“风月”文字忒多，亟须“重审”。我想马恩各位之所以会关注这类问题，除了这事涉及人类的彻底解放而外，对过去的旧观念需要“重审”，也是一个重要原因。

凭借退休后的余力，协助康君出了《重审风月鉴》（辽宁教育出版社）。于是交往渐多，逐渐知道，这位康先生委实是一条汉子，值得向人道说。

康君据说在念大学时，听说某洋人出了一本名著，便写信去索取。其时正在“文革”初期，此信为邮检截获，于是被判“里通外国”，吃了很大的亏。

以后听说此君还是不思悔改，喜欢自己找书读，还愿意找到书刊给别人读。而所谓读也者，在我看来，无非就是让大家来一起“重审”已经过时的旧观念而已。当然不一定是重审风月文字。但是对一切现成文字乃至现成生活都采取批判的、“重审”的态度，却实在是为人做事的一个重要方面。我听康君说过多次关于“重审”既定一切的问题，又在国外同他相处过一段时间，深深感到他在这些方面不仅有见地，有眼光，而且身体力行，敢于实践。

听说康君前一些年在家乡又固执地“重审”既定事物，而处境不佳。现在又多年不见，也许不大可能再在北京遇到。他过去还有一本散文集《鹿梦》，我颇想出而未果。后来，想请他编一套叫 *BODY AND PASSION* 的丛书，也没有实现。前些时候市上出售《乳房史》，这书是他关注过的，在《读书》杂志上发表过述评。近来又听说他写了自传。我揣想，自传中一定有更多关于“重审”的重要见解，希望能早点看到。

幸而有了胡洪侠

靠海豚出版社信任，我往往能在胡洪侠老兄大作刚问世不久就得以拜读。我这一辈子都是靠贩卖“书情书色”过日子的，现在读胡著，当然觉得亲切。遗憾的是，自己年过八十以后，已经同“买卖”绝缘，他老兄所说种种，对我来说，有时不免有点“鞭长莫及”的难受。

前几天读得正带劲时，老友徐时霖传来一个信息：老前辈罗孚老人去世了。我同罗老关系非同一般。20 世纪 80 年代初，我因出版傅雷著作第一次去香港，得以结识这位文化界名人。不久，我在北京忽被委以重任：筹备恢复三联书店。三联书店当年被凌迟处死、名存实亡近三十年，现在忽然要恢复，谈何容易。上面给了我三十万元资金，实在不够用。我知道，生活、读书、新知三家书店当年最早是在香港合而为一的。现在，因为北京的崇高地位，三十来年后复出的小小的北京的三联书店居然成为“总店”，香港的反而成了“分店”。于是，我这总店的头子多次得以拜访香港分店，十分显赫。可惜，那时已经见不到罗孚先生了——他被控是美国特务，被判刑十年，在内地坐牢。但是，有一次我在北京意外见到他，他说，那个“罗孚”还在坐牢，他现在名叫“史林安”，是个自由作家。我大喜过望，不管三七二十一，请史先生在《读书》杂志开一专栏。他用“柳苏”为名，专门为文评介海内外文事。第一篇是《你一定要读董桥》，一炮而红。从这以后，我一再去中关村罗孚的“牢房”拜见“史林安”先生，请他为我筹划出版香港和内地作家的作品。第一本当然是董桥的大作，以后源源不断。他为我张罗的篇幅最大的书是金庸的武侠小说全集。我请他写了介绍信，专门去香港拜访金庸先生，自然一谈而成。在这位“史林安”先生大力帮助下，我个人也兴起了对港台海外文学和内地精英文化史的浓厚兴趣。

而罗老利用他在北京的便利，对内地老文化人也有了更多更深的交往。

退出出版舞台已近二十年，但对罗老启发下接受的港台文化和本地精英文化传统的兴趣不减。在内地，不易读到港台报刊，就专门关心当地文人谈有关问题的作品。就中，胡洪侠就在注意之列。尤其是，胡兄为文，亦正亦邪，有情有趣，十分适合我辈无知老汉阅读。他并不专注港台文化，按数量说，也许谈这里的书人书事还多些。但是，也许是因为在深圳工作的关系，一说起港台，便显得内行、亲切。我尤其喜欢的是他近年的两个有关文化作为：第一，编了一本《董桥七十》；第二，出了一本《对照记@1963》。第一本书，实际上是对我和罗孚老人在三十来年前掀起的董桥热来一个小结。第二本书谈三个1963年在两岸三地出生的文人的真实经历。后者的设想，简直匪夷所思，不得不令人叹服。

胡老兄在这本书里花了不少笔墨谈日记，并且称现在写的是“非日记”。“非日记”的表白，反而说明了这本书的重要。照我的理解，这就是有日记之实，而不用日记之名。我平生不写日记，但喜读我们业中人的日记。这是他们行事认真细致的标志。

罗老去世，悲痛已极，我失去了对文化的引导。但幸好还有胡兄在，精神需求照样可以满足。遗憾的只是，胡大兄没有如同罗老当年那样“有幸”在北京“坐牢”十年，让我可以常去“牢房”探视他。我现在同胡大兄彼此睽违两地，难以经常见面畅谈。但能读到他的“非日记”，同这位大兄一起享受书情书色的愉悦，亦为快哉！

2014年5月

竭诚奉献的钱月华

混迹文化界六十多年，艺术界的朋友认识不少，可是熟悉的朋友都知道，沈某人对艺术一窍不通。见到艺术界的朋友，彼此很少研讨艺术本身。我所关心的，顶多只是向艺术家请教怎么把书刊打扮得好看，仅此而已。

所以老友钱月华出版美术专著，嘱我写序，我在专业上委实无话可说。但从另一方面说，我大概称得上是钱女士夫妇的老友，还是可以讲些故事的。

20 世纪 50 年代初，我从上海来到北京，到人民出版社做校对。我是上海滩的小工人，进到全国解放后最大的出版社来工作，只能说是“混迹”。我不是正规的大学生，生怕出版社会借故解雇我，所以十分努力自修俄语，想寻找一门独特的谋生本领。我在上海时受地下党影响，俄语学得比较早，自以为是优势。不过，每当我的学习有所懈怠时，一看到钱月华、袁运甫他们努力写生，我便立即振作起来。袁运甫刚分配来出版社时，同我住一个集体宿舍。当时他还没同钱月华结婚。他们几乎一有空就画画。这真激励了我。我原先以为他们外出写生是去游玩，后来才懂得这就是他们的“作业”。这就大大地启发了我，觉得应该向这些勤奋的美术家好好学习。

但是，再过一些年，到 1957 年，忽然出了大事：人民出版社“反右派”，编辑部的重点之一，便是要反美术编辑的艺术高于一切的思想。三反两反，袁运甫他们也成了重点对象之一。我记不得他们的具体言论了，只知道他们大概不大赞成“外行领导内行”。这一场风潮以及后来的镇压，我都没有介入。不过我是领导的秘书，领导人每次讨论，我都参与。我知道领导对袁运甫他们是怎样的恼火。但是后来没把他们划上

“右派分子”，这其间大概主要领导人王子野起了不小的作用。王子野这位延安老干部，特别热爱艺术，我向他学习了不少东西。例如他一直教育我要从俄文材料多读普列汉诺夫，使我毕生受益。不管怎样，经过这场风波，我更了解袁运甫、钱月华这一对夫妇不止在艺术上勤奋好学，刻苦用功，而且有个性，有主张。

再过几十年，袁运甫离开出版行业了，我则有幸当上了人民出版社编辑部的小领导。1985 年我在人民出版社受命组建三联书店，以后当上独立后三联书店的总经理。当年又小又穷的三联书店有幸从人民出版社请过来一批名编，其中就有钱月华女士。我认识钱月华几十年，到这时才在业务上有了直接的联系。钱月华为三联书店设计了一些重要出版物的封面。例如这本书里收集的韩素音的著作就是。出版韩素音的著作，特别是她的自传，当年都出于老出版家陈翰伯的授意。他教我从斯诺的《西行漫记》出起，不断出版外国友好人士的著作。出版他们的书，意义不只在宣传，而且在交朋友。陈老的这一教导我始终恭行不辍。这些外国朋友对早年三联书店的发展出了很多力。例如，他们向我推荐出版《第三次浪潮》，就帮了我们很大的忙。这方面，追根溯源，钱月华也是为三联书店立了大功的。

我说过，我不懂艺术，但是我尊敬艺术。说尊敬，作为同事，不是说对他们的有关创作不提意见，而是彼此好好商量。自然，更不是要越俎代庖。几十年来，我同钱月华就是这么合作过来的。此刻，我读到陈丹青老兄为本书写的大作，赞扬袁钱夫妇的“竭诚奉献”，我深有同感，于是借为标题，万望陈兄见谅。

2012 年 10 月

感念闽籍翻译家

收到一本赠书：福建教育出版社出版、福建师范大学林本椿教授主编的《福建翻译家研究》，拜读之下，大开眼界。

我一直关心翻译界的事情。20世纪50年代同《翻译通报》有一些业务关系，由此认识一大批翻译家，最著名、对我帮助最大的是吕叔湘先生。以后，长期同中央马列著作翻译局的各位译学先进共事，得到他们许多帮助。我说的“帮助”，亦不只指译事，而是通过这些外文专家，了解许多外国的事情。我这人外文连一门也不能算精通，但是从20世纪60年代起屡被委以重任：如编辑供高干看的灰皮书、黄皮书等等。原因很简单，我认识一大批洋务专家，知道一些眼下国际上的“行情”。

近十几二十年来，我退居林下，没有正式职务，但也还能在译文出版上做些事。原因无他，我不知结了什么善缘，同福建的翻译家挂上了钩，他们帮了我很多忙。

我一句福建话也不会讲，怎么会求这些闽地的专家呢？当年中央马列著作编译局的副局长林基洲先生是我挚友，他是俄语专家，我常去请益。他同我一样爱吃喝，碰到长假，我们常常在一起过。有一次他同我说起，《列宁全集》新版请了一位福建来的女专家帮忙校译，译文很成功。我希望一见此人，才知道那是已经调到首都经贸大学的谢翰如教授。我们简直一见如故，立刻谈得很投机。我当时是做了准备的：先读了一些谢译，把难译的佳句摘在笔记本上，谈话中随意引出，使人家觉得我好像是个专家。

那时辽宁教育出版社的俞晓群先生有很大的计划，要翻译不少书，而且出什么书基本上让我做主。我最高兴的是后一句，因为即使像我这样当过出版的老总，所谓第一把手，选题也是不能自说自话，一个人说了算的。上面强调选题一定要集体讨论。在讨论会上，有人硬是要提不同意见，你自然可以压服，但是很可能由此成为“一言堂”的把柄。至于打“擦边球”的选题，更难通过。俞兄对我如此地重托，我自然不能办得过于嚣张，多提平和的选题。后来找到谢女士，这可就如鱼得水：选题以后的事，全由谢包了。靠她的人脉和努力，引介了大批十分优秀的闽籍翻译家，包括赠书的编者林本椿先生，以及这本书里提到的若干位女士先生。谢女士不只精通俄文，而且通英语，特别是肯做编辑们习惯的琐碎事，譬如编索引。退休后我在美国找到不少旧版俄文书，我们讨论这些书的出版，简直一拍即合。现在流行的《欧洲风化史》等书，就是我们共同拍板的。

《福建翻译家研究》一书收有《闽籍女翻译家综述》专文，但未记谢女士的译品和故事。这事说来道去，也许也是我的过错。因为她译笔虽好，大多因我的压力用在没有个人名义的校改上了。她在《列宁全集》新版上下的功夫，知道的人又极少。谢女士精心翻译过俄国作家梅列日科夫斯基的好多书；特别欣赏一位女作家妃格念尔，含着泪译完她的回忆录《俄罗斯的暗夜》（1992 年三联书店出版）。我知道，像她那样出身的学人，对当时俄罗斯的女革命家特别感动。她很激动地同我谈过屠格涅夫的《门槛》，又讲中文，又背俄语原文，激动得不得了。她多次要我给她时间译完妃格念尔女士回忆录的第二卷，我总是没有使她如愿。

2004 年 8 月 28 日，这位翻译家不幸去世。大概在这前后，俞兄也因种种外在原因已没法按原有速度出书。于是，我以抱病之身，天天面对若干闽籍翻译家尚未出书的译稿，包括谢译的高尔基，正在徒呼负负。读着这本《福建翻译家研究》，回想已出的上百种书，加倍感谢闽籍翻译家，同时也不无歉疚。

2005 年 7 月

杂　谈

人类的“书仇”心理

——从秦始皇到罗马教皇到希特勒

自从人类有书以后，世间遂多“书迷”（Bibliophile）、“书痴”（Bibliolater）、“书狂”（Bibliomania），于是，也必有“书仇”（Bibliophobes）应运而生。“书仇”的任务，是反对猎书，仇恨一切好书、读书善行，反对传播思想。大凡一个统治者为了便于统治，往往扮演“书仇”角色。这里找一些历史上出现过的“书仇”的故事说说。

也许因为中华文明实在源远流长，好事坏事都得从中国自己说起，包括介绍“书仇”非文明在内。据说先秦商鞅变法，就曾主张“燔诗书”。后来，那位在20世纪六七十年代的中国备受称赞的法家韩非说过，“故明主之国，无书简之文……”，主张废除书简（无怪乎此公在中国“文化大革命”中如此受重视）。秦始皇统一中国后，开始出现了言论不大统一，尤其是儒生动不动要搬出《诗》《书》等典籍来“是古非今”，于是丞相李斯提出，把违禁图书全部一烧了之。请看当时的李斯建议的原文：“史官非秦记皆烧之；非博士官所职，天下敢有藏《诗》《书》、百家语者，悉诣守尉杂烧之；有敢偶语《诗》《书》者，弃市；以古非今者，族；吏见知不举者，与同罪；令下三十日不烧，黥为城旦。所不去者，医药、卜筮、种树之书。若有欲学法令，以吏为师。”秦始皇采纳了这些建议，这就是中国后代所谓的“秦火”、“焚书坑儒”。从这里开始，战国以来形成的百家争鸣局面一扫而尽。

一笔带过几百年，下面说说西方的“仇书”运动。

撇开西方天主教早期活动不说，自从天主教统治西方世界以后，“仇书”活动便已产生，但是，当时还没有印刷术，说不上有什么像样的“书”，要仇也无从仇起。到15世纪中叶以后，出版业大为发达，有魄力的出版商在不到两星期内便可以出版四五百本图书，于是教会开始忧心忡忡。1559 年，天主教会的罗马异端裁判所出版了第一本《禁书索引》（*Index Librorum Prohibitorum*），列出几百科神学作品和世俗著作，认为他们都会对罗马天主教的信仰及道德造成危害。1571 年，庇护五世下令设立“禁书目录部”，专门从事有关禁书目录的编纂。教会不只颁发禁书目录，而且着手烧书。早在 1309 年，巴黎就禁毁了三大车犹太教典籍；西班牙于 1490 年焚毁了一个藏有六千卷书的藏书楼。到 1596 年，意大利仅一个地方就烧掉了一万二千册书。一个作家写道：“到处都是烧书的大火，这情景使人想起了特洛伊大火，无论私人图书馆还是公共图书馆，无一幸免，有的馆几乎空了……”

不过，到这时候，毕竟已经有了印刷业，禁和焚是解决不了问题的。美国作家房龙（H. W. Van Loon）说，塔西陀早在西元 1 世纪就曾宣布自己“反对迫害作者”，因为“这是一件极其愚蠢的事情，查禁图书与迫害作者的结果，只能是使那些根本就不会引起公众注意的图书，反而会因此备受瞩目。”房龙的论断是：“《禁书目录》以事实证明了这个论断是多么正确。”“16 世纪的德国和低地国家的雄心勃勃的出版商在罗马长期安插耳目，专门搜集被禁止或被删节的最新书目，到手后便由特别信使跋山涉水越过阿尔卑斯山和莱茵河谷，以最快速度送达赞助人手里。继而德国和荷兰的印刷厂着手工作，夜以继日地印特别版，以高利卖出，最后由大批职业书贩偷偷地运往禁令森严的国度。”

原来，以盗版对付“仇书”，由来已久。盗版自然可恶，但在这类具体场合，我们由不得赞美它了——虽然从事此业者多半只为牟利。

相当西方这一时期的中国，自然也出现一大批“仇书分子”。为图简省，这里只说说清朝的事情。

满族入主中原之后，首先想法消除文人及其著作中对自己不利的话语。开头自然大搞文字狱，典型的案件是庄廷鑨一案。这位庄先生编辑了一部书：《明史辑略》，被皇帝发现其中多“触讳之语”，于是成为大狱，庄氏全家死七十多人。如此等等，不胜枚举。然而清廷之禁书，尽管野蛮，亦有奇招，这便是以编纂《四库全书》为名，搞了一个“寓禁于征”的妙计。乾隆三十七年（1773 年）皇帝一再发出诏旨，说什么：“今内府藏书不为不富，然古今来著作之手，无虑数千百家，或逸在名山，未登柞史，正宜及时采集，汇送京师，以彰千古同文之盛。”说得何等光明正大。接着又说：“民间藏书，无论刻本、写本，都要借抄，抄后仍将原本还给，岂可独抱密文不欲公之同好。即或字义偶有触碍，亦是前人偏见，与近时无涉，何必过于畏首畏尾。”并一再声明：“书中即有忌讳字面，并无妨碍，或有荒诞字句，亦不过将书毁弃，传谕其家不必收存。”

后来，见征书收效不大，便露出狰狞面目，公然说：“明季末造，野史甚多，其间毁誉任意，传闻异辞，必有抵触之语，正当及此一番查办。”并威胁说：“若此次传谕之后，复有隐匿存留，则是有意藏匿伪妄之书，日后别经发觉，其罪转不能逭，承办之督抚等亦难辞咎。”

在清廷严词恐吓之下，全国各地搜获之书，陆续进呈，计得一万二千一百七十六种。这一万余种古籍，最后焚毁约八千种。另有各地呈作《四库全书》底本者，由四库馆审定，其中应焚毁者，由四库馆奏准销毁。二者相加，焚毁图书约万余种。加之，民间为避祸自毁者更是不计其数。

“寓禁于征”，不能不说是近代“仇书人”的一大发明。

再下面要说的，便是近代学者人人谴责的希特勒法西斯焚书。

这次大洗劫离现在时间不长，不过七十多年。1933 年 5 月 10 日夜，希特勒煽动上万名学生在柏林洪堡大学对面的广场上进行大规模焚书活动。霎时间，流风所及，焚书成风，仅仅莱比锡一座城市就烧毁五十万册图书。纳粹德国的宣传部长戈培尔当着十多万受蒙骗的群众说：“今晚，你们将这些来自过去的猥亵物丢入火堆，这是非常明智的做法。这是一个强有力的、伟大的、具有象征意义的行动，它将正告世人，老旧的精神已死。从这些灰烬中将飞出新生精神的凤凰。”一个检察官在把弗洛伊德的著作掷进火堆时说：“为了对抗以心理破坏性分析为基础的夸张潜意识驱力理论，为了人类灵魂的高贵，我将西格蒙·弗洛伊德的著作掷入火堆中。”

焚烧的图书，当然首先是马克思和许多共产党作家的作品，如布莱希特、西格斯·德布林等，还有大量犹太作家的作品，如海涅、茨威格等，连爱因斯坦等自然科学家的作品也难幸免。至于欧美作家，如杰克·伦敦、辛克莱、凯勒等人的作品，自然也都付诸一炬。

鲁迅先生认为，与秦始皇相比，希特勒的焚书，“首先是‘非德国思想’的书，没有容纳客卿的魄力；其次是关于性的书，这就是毁灭以科学来研究性道德的解放，结果必将使妇人和小儿沉沦在往古的地位，见不到光明。而可比于秦始皇的，车同轨，书同文……之类的大事业，他们一点也做不到”。但是焚书而外，希特勒似乎也有比秦始皇强的地方：如他不搞“坑儒”，而实行“驱儒”——把文化科学方面的精英人才驱赶到国外去。1933 年 8 月，纳粹当局公布第一批被取消国籍、“不受法律保护”的人的名单。1934 年至 1938 年，一共发布了八十四批名单，把五千来名科学文化人士驱逐到国外，其中包括爱因斯坦、托马斯·曼、布莱希特、康定斯基等。这还不算把许多知识精英送到军火厂做苦工，到前线挖工事。

1933 年 9 月 22 日，在戈培尔指使下设立了德国文化协会，它的目的是：“为了抓好德国的文化政策，必须使各方面的创造性艺术家都集合在国家领导下的一个统一的组织中。不仅必须由国家决定思想方面和精神方面的发展路线，而且还必须由国家领导和组织各种专业。”

于是德国法西斯领导下的“仇书”活动完成了。

从秦始皇到希特勒，种种“仇书”办法都试过了，似乎有效，但最终又似乎无效。

英国作家乔治·奥威尔（George Orwell）在《一九八四》一书中描述了一种“文明焚书法”：不用烧书，而成立一个“真理部”在书稿排校前予以扣检，以保证书稿中的“不良的精神”被合乎时宜地改换掉。“真理部”纠集了一批有学问的人从事其事，从业者居然都是乐在其中，个个兢兢业业地工作着，下决心不让一个“不良”词句影响大洋国国民的理想。如是，书既有了，也可提倡读书、爱书、好书了，但又不致让“不良图书”侵染国民的心灵。陈原先生也谈到过这类情况：

“关于书的厄运，好像总说不完似的。其实有些书还没有形成的时候，就已经跑进鬼门关了。……原稿还没有变成书，早就惨遭绞杀了。”(《书林漫步》)

这办法，我们似曾相识。这究竟算是爱书还是仇书，且存一疑，留待后人分解。

安息吧，布哈林先生！

1925年，苏联经过革命胜利后七八年的战乱，总算喘过气来，于是人们纷纷考虑苏联今后发展的前途。列宁在上一年去世，革命失去了统帅，党内思想也有了相当程度的活跃。俄共中央打算召开第十四次代表大会，解决发展前途问题。这时，一位资深共产党人，俄共中央领导人布哈林在1925年4月17日的莫斯科党组织的积极分子会议上就苏联今后的经济方针说：

> 应当对全体农民，对农民的所有阶层说：发财吧，积累吧，发展自己的经济吧！

他不只号召农民发财。照他看来，俄国当时之所以能够渡过革命后的战乱难关，正是由于：

> 我们开放了商品流转，这样，就有可能去发挥私有小生产者的经营兴趣，刺激生产的扩大，通过实行形式上和过去（按：指革命前）一样的工资制度——计件工资制等等，调动工人落后阶层的个人主义的刺激因素为社会主义服务，因为他们前进的动力不是共产主义思想，而是私人利益；我们使大家这样工作：让无产者以自己的私人利益为出发点去促进整个生产的高涨。

俄共领袖之一的布哈林公然主张对劳动者实行物质刺激，满足人们的私利，乃至号召他们“发财吧”，这在整个共产世界掀起一场大斗争。从20世纪20年代开始，这场斗争赓续了半个多世纪。

被中国共产党人视为“马列主义百科全书”的《联共（布）党史

简明教程》在20世纪40年代从斯大林主义的立场总结当时的情境说：

> 布哈林……偷偷地用自己的资产阶级和平长入社会主义的“理论”来同党的方针对抗，并用“发财吧”的“新”口号来补充自己的“理论”。照布哈林的说法，社会主义的胜利不是消灭资产阶级，而是培植资产阶级并使之发财致富。

于是，在后来的十四次党的代表会议和稍后的十四大上，自然谴责了“这些投降主义‘理论’”。不过，在十四大，斯大林还有更重要的政敌要解决，布哈林并未成为主要攻击对象。直到二三年后，他才对布哈林的这类主张发动了歼灭性的打击。斯大林在1928年的一次会上明确指出，这类右倾分子是富农在党内的代理人，而“如果右倾在我们党内获得胜利，就会放纵资本主义势力，破坏无产阶级革命阵地，增多资本主义在我国恢复的机会”。过不了几年，布哈林被撵出党中央政治局，还被逼作出检讨说：

> 在这场争论中……我们的观点已经证明是错误的。我们认识到了自己的错误……

事实上，随着斯大林“消灭富农”政策推行中种种问题的产生，布哈林同斯大林的斗争并未结束。一个美国作家后来分析：“反布哈林主义现在已经成为斯大林主义的思想意识中一个不可分割的组成部分了。”（科恩：《布哈林与布尔什维克革命》）终于，到1937年，斯大林对这个号召人民“发财吧”的党内右翼领袖发动总攻击，提出了一个长达八百页的起诉书，说他达不到让农民“发财”的目的后，在斯大林实行的集体化时期组织“富农造反”，毒死牲畜，阴谋使城市居民得不到消费品供应，而为此采用的一个手段居然是指使他们的代理人把玻璃混到食品里。最后，对布哈林等人的结语是：“一群没有任何原则和思想的杀人凶手、间谍、异端分子和破坏分子”，“是最卑鄙、最低级、最不足挂齿和堕落者中最堕落的罪犯”。结局自然只能是“杀无赦”。

布哈林在被处决前，曾写了一封《致未来一代党的领导人的信》，让他的妻子背诵下来，以便在将来交给新一代的苏共中央领导。其中说：

> “我向你们未来一代党的领导人呼吁，在你们历史使命中还应包括这一项义务：驱散滔天罪恶的乌云”，“我确信，历史的过滤器迟早必然会清除我头上的污秽”。

布哈林一案直到20世纪60年代赫鲁晓夫执政时才开始翻过来。不过，当时人们较少翻他“发财吧”口号的冤案。尽管事实上赫鲁晓夫实行的是类似布哈林的经济政策，但他顾忌由此涉及对集体化运动合法性的整体评价，由此麻烦很多。但不论如何，诚如美国作家科恩在20世纪70年代所说：“今天反斯大林主义的共产主义——不管用什么名字——从精神上说还是布哈林的东西，这的确是耐人寻味的。”

在中国大陆，布哈林的案子后来也翻过来了。但是且慢，在中国舞台上，翻案之前，先得把斯大林那一幕重演一遍。

1958年，毛泽东忽然欣赏中国三国时代张鲁“五斗米道”的原始社会主义政策。1958年底，他不断表彰张鲁，认为张鲁政策的优点就是“一穷二白”，“解放以后，人民掌握了自己这块天地，但‘一穷二白’古今是接近的”。毛甚至认为，“穷”比富好，对人民的富裕怀有深深地疑虑。1959年至1960年，他领导一批高级干部读苏联的《政治经济学》时，认为外国评论讲的“穷是跃进的动力”这句话很对，说“因为穷，就要干，要不断革命。富了，事情就不妙了。中国现在不富，将来富了也一定会发生问题”。又说，报酬以不死人、维持人民健康为原则，过分强调物质刺激不好；“在我国土改后，农民以穷为荣，以富为过，是一个好现象”。到以后，毛更认为，“穷则思变”，是革命的重要因素。

20世纪60年代中的“文化大革命”中，随着批判刘少奇运动的发展，中国大陆根据毛的指示精神掀起了批判“物质刺激”的高潮。

1966 年 11 月《解放军报》一篇社论指出，“立公，必须破私”。要破除“私”，自然更要反对“发财”。1967 年 1 月《人民日报》和《红旗》杂志社论进一步指出，当前反动分子的一个“大阴谋”，“就是用经济福利的‘糖衣炮弹’来诱惑一部分群众”，这就是“任意挥霍国家财富，随意增加工资、福利，滥发各种经费、物资……”“这种经济主义……是从老修正主义和现代修正主义的垃圾堆里拣来的破烂。”同年 8 月，《文汇报》等又发表社论批判刘少奇的“按经济办法管理经济”的主张，说：“这就是‘利润挂帅’，一切为赚钱，赚钱就是一切。”“这就是铜臭熏天的‘物质刺激’……是一把杀人不见血的软刀子。”总之，在当时看来，人只有“越穷越革命”，“穷则革命富则修”，财富是人的“原罪”。既然上面已指出“发财吧”是“老修正主义的破烂”，于是，中国的布哈林问题专家以后秉承旨意，进一步为文指出，刘少奇这些话“完全是妄图以‘物质刺激’为诱饵，欺骗广大群众跟着布哈林一伙向资本主义和平演变”。“社会主义苏联蜕化为社会帝国主义的历史充分证明，物质刺激这把钥匙只能打开复辟资本主义之门，绝不可能真正促进社会主义经济的发展。”（《机会主义、修正主义资料选编·布哈林言论》）

接着，到了 20 世纪 80 年代以后，才逐步开始另一个反复，终于把布哈林一案彻底翻过来了。邓小平在 1982 年就曾说过，“我国人民生活如此困难，怎么体现出社会主义的优越性”？“叫嚷要搞‘穷社会主义’‘穷共产主义’，胡说共产主义主要是精神方面的，简直荒谬之极。”1984 年又说，“我们提出四个现代化的最低目标，是本世纪末达到小康水平”。1987 年说：“搞社会主义，一定要使生产力发达，贫穷不是社会主义。”以后又说，“世界上一些国家发生问题，从根本上说，都是因为经济上不去，没有饭吃，没有衣穿，工资增长被通货膨胀抵消，长期过紧日子”。因此，他又进一步正式指出：“让一部分人先富起来。”2001 年江泽民先生的“七一”讲话，又正式提出拥有个人财富的私人企业家在承认党章的条件下可以加入中国共产党。大陆多年奉为理论圣明的 class 一词，现今不再译为“阶级”，改译为“阶层”了。通过正当的“诚信”途径发财致富现今已是“共产世界”里一条切实的晋进之道。20世纪20年代就提出“发财吧”口号的布哈林先生，你大可放心了。尽管后代没有明言奉先生为圣明，但也确实实行了先生的遗愿。“历史的过滤器”确实驱散了人民头上的乌云。

安息吧，布哈林先生！

狼来了！

提倡市场经济以来，经常听到说起“狼来了”。我们从来受的教育，是反对“弱肉强食”的“丛林法则”的。何谓“丛林法则”？据说无非就是狼与狼相处的准则而已。不仅中国传统对狼没好感，西方似乎亦然，小时候就学过一句英语：wake not a sleeping wolf，意义似乎稍近中文的不要引狼入室；“入室”以后或 wake 以后会怎样，那就立刻让人想起什么“狼外婆”的故事来了。印象之中，说狼好话，让我们记得很牢的是瞿秋白论鲁迅时说的那个狼的后裔“洛慕斯”的故事，但那似乎也是反其意而用之。

因是之故，逛书店时看到一些书名带狼的书（奇怪的是，最近似乎人们挺爱出以“狼”为名的书）免不了找来翻翻。贾平凹的《怀念狼》当然首先映入眼帘，但那是文学大作，讨论它是文学评论家的事。容易马上令我辈看懂的是两本讨论人们事业修养的书：《豺狼的智慧》（华文出版社版）和《与狼共舞不受伤》（中国城市出版社版）。两本书都是中国专家的著作，写得都不坏。前者认为豺狼的智慧是“强者智慧的代名词”，因此告诉人们做事业必须像豺狼那样，“永做强人，战胜小人，不再窝囊受气”。后一本则教人“圆融”，认为只有圆融才能与凶横的狼“共舞”而自己受益而不受伤。这些人生经验，对我辈老汉来说可能意义不大了，因为人已定型，难以改变。我们年轻时接受的是“修养有害论”，以为人之生，有一“立场”即可。为人做事的关键是“屁股”坐在哪一边，其他可以不论；万一论了，保管倒霉。现在当然观念改变，但再要修养也来不及了。尽管如此，两本书中对狼的种种形容，以及对待“狼”的不同态度，给我印象很深。

在这时，朋友送我一本新书——《狼的智慧》（辽宁教育出版社版)，是美国人写的。它同《豺狼的智慧》书名简直全同，我差一点以为是同一本书。但是仔细一看，似乎两者立论颇有歧异之处。《豺狼的智慧》主要赞美狼的强悍，而这位《狼的智慧》的美国作者却举了许多证据，认为狼的优长何止强悍，它简直“集美丽、尊严和智慧于一身”。作者概括“狼的信条”是：“尊敬长辈们，教导年轻人，配合大家庭。玩时须尽欢，狩猎不怠慢，休息在其间。分享你的爱，表达你的情，留下你的痕。”因此，“如今，人们日益认识到可以再一次向自己的老朋友——狼——学习”。“借鉴狼群的经验便可指导我们的生活。”

简直大吃一惊：原来狼还是这么一种可敬可爱的动物。读到这里，我简直不想做人要做狼了。也许那书里的形容是夸大其辞，不过我对动物学没有兴趣，不想明其究竟。但是，至少作为一种借喻，狼的形象已经与我过去接受的大大不同了。正是这一点，很引起我的好奇。这位美国作者讲狼的智慧的第一条便是团队精神，以这作为他对美国管理人员宣扬的“狼的哲学”的第一课。这种提法，似乎很适合域外流行的“后福特主义”。从这里想开去，那么，是不是随着管理理念的改变，人们对狼的认识也不同了。前两本书的新见是，不管狼如何如何强悍蛮横，我们还是要同它打交道，必须有来往，必须“共舞”。后一本书，则干脆认为人好多地方并不如狼，尤其在对后工业社会的管理上，人应该以狼为师。

说到最后，想说的只是一句话：狼确实是来了——那么来的是什么狼呢？这世界太复杂，只往“弱肉强食”一根筋上去想象狼，怕已经不够了。我没有能力去讨论市场经济的种种是非利弊，以及形形色色的应对之计，只是就狼的故事东拉西扯，说说闲话。

2000年2月

废物利用

多年来，大陆的出版从业人员往往对自己出版的翻译书的译文质量自豪。自然，这里有个翻译标准问题。大陆出版界在这方面继承鲁迅的传统，倾向于宁信而不顺。这也许是个毛病。但不论如何，“拆烂污”的东西的确相当少。20 世纪 50 年代初我给出版总署主办的《翻译通报》杂志当校对员，亲见领导们如何指斥民营书店翻译出版物的质量低劣倾向，赞佩国家出版社的高质量。现在，过去了半个来世纪，已经没有一家民营出版社了，可是翻译书的译文质量却比当年大大下降，说得上是“一泻千里”。

这要从那些年代的故事说起。过去的翻译质量的确高，一是要翻译的东西少；二是，年轻人恐怕不知道，在阶级斗争年代里，知识分子不行了才让他翻译东西，这叫“废物利用”。例如，“文化大革命”中上面命令翻译 H. G. 威尔斯的《世界史纲》，那时我正在人民出版社做小编辑，知道一些情况。费孝通、谢冰心、翁独健等等，这些大知识分子当时都受冲击，让他们翻译东西，算是优待。那时候，翻译东西等于是给有问题的知识分子的一个机会，能给事情做，就算优待了。这些人可是有真学问的，大多是留学生，外语也好。当年可以翻译的东西又少，所以翻译质量是相当好的。而编辑部也是人多事情少，来稿都经过了仔仔细细的审校、加工。

当年有个“著名”译者叫“何清新”，译了许多书，特别是西方经典名著，社会上很有名。其实世上并没有这么个人。那是北京附近清河劳改农场的集体笔名（“何清”——清河，“新”——自新，当年对犯人的别称）。那年头知识分子“犯罪”的多，于是就让他们在监狱里翻译东西。这在当时算是够开明了。据说，“何清新先生”的日译本质量尤其好，因为当年那里关押有一批伪满的知识精英，中日文俱佳。我不晓日文，也不认识那些日文专家，难以语其详。

1957年以后，新华社和一些高等院校内有一批人划了“右派”以后，就被命令去做翻译工作。李慎之先生当时就是新华社“右派”翻译队伍的成员，大概因为他是老革命，所以贵为队长。20世纪60年代初他们翻译了《第三帝国的兴亡》等书，影响极大。我就是在那时因书稿认识李老以及董乐山等有名的翻译家的。后来组织他们翻译不少“灰皮书”“黄皮书”。现在知道，那对“文革”中期和以后的新一代知识分子的成长极有意义。因为那些只供高级干部看的书，“文革”中竟然流散出去了，让那些小青年看到。比如那本德热拉斯的《新阶级》，让他们看到，又是在自己上山下乡的困苦日子里，当然很容易滋生“异端”思想。

这一历史情况，说它是好还是不好，我真是踌躇。说它好，因为翻译书的质量因此真的很过硬，究竟有益于社会；说它不好，这么做毕竟不是人们自觉自愿的。广而言之，现在很多乌七八糟的事情都该批评，但我很踌躇的是：我是从过去走来的，过去这种事很少，是不是就很好呢？不论如何，强迫费孝通、谢冰心、李慎之他们去做不一定情愿做的翻译工作，对社会对他们这些知识界的精英来说，总不大公平合理吧。

2004年10月

到北京去做“醒客”

十来年前的万圣节，在北京出现了一家私营书店：万圣书店，至今它还是逛北京的读书人不能不去的一个地方。

北京的书店够多，够大，西单图书城、王府井新华书店，还有美术馆东街的韬奋图书中心，都是大书店。人声鼎沸，书种繁多，一入其中，仿佛到了书的海洋。它们自然值得流连，但你得花时间，要有耐心。如果你只是想读些社会、人文方面的书，又不想同喧闹比高低，与繁华争短长，那何妨到海淀成府路蓝旗营上的万圣书店去泡几个小时，也许收获更大一些。

万圣书店的主人刘苏里先生，是位政治学家，十来年前，命运让他弃教从商。近年在中国大陆，“下海”是件令人艳羡的事情。不少读书人因而成了亿万富翁，上了什么什么富豪榜。刘先生下海这一步是走对了，可惜的是所下的是“书海”。他的学问在“书海”里派上了用场，可是财富的增长却并不比别的行业理想——自然还是比教书强得多。

但不论如何，刘先生乐此不疲。我敢说，在我们见到的“书商”之中，读书之多谁也超不过此公去。把读书同经商结合起来，而且结合得那么完美，于是使他的书店具有浓郁的文化特色。大陆现在出书极多，甚至可说太多。你有工夫，自己去书的海洋中遴选，自是好事。但如力不能逮，只能求人为你先选一道，那么这个“先选”一事，刘君自为合适人选。

书种精之外，刘先生还为读书人创造了一个宁静的读书环境。最值得一提的是这里附设的咖啡厅：醒客咖啡吧。“醒客”也者，thinker 之谓也。这个咖啡厅有几句口号，值得摘录：

不一定很费钱，但一定很费时间

不一定有很多人，但一定有很“醒客”的人

不一定是你身体要去的地方，但一定是你精神要去的地方

作为口号，不免会有点夸张。我们在这个咖啡馆所见的人，“醒客”自然不少，但是去谈恋爱、交朋友的年轻人似乎更多——自然他们也是为了“精神”而去。但不论如何，这家书吧可说是目前书店附设的吧中最大最宁静最温馨的一家。在主人夫妇的调理下，食品也具特色。营业时间到午夜十二时。

我不是“醒客”，去“万圣”有时只是为瞎逛。但我相信刘先生自己的确是个“醒客”，所以他才能开好这么一家书店。

木小姐与为民思想

大陆知识才俊眼下一件时髦的事情，是谈论木子美。

一位广东的青年女性，用无羁无绊的文字，天天在网上同你谈论自己的性经验，包括刚从昨天晚上产生的经验。对性对象居然提名道姓，性活动描述得活龙活现。于是群情惊骇，网上轰动。从惊异到评论，从诃责到赞许，无奇不有。据说百分之六十以上网民持批评态度，但也有不少包括女权主义的先进人物认为这是一种社会进步。

到11月底，更现高潮：木君的网上文字汇集成书：《遗情书》，由江西省二十一世纪出版社出版。书中夹一专门准备好的纸条，上面写着：

“本书绝大部分内容已在其他传统媒体发表过，文字符合国家相关出版法规条例。”

“本社出版此书，并不意味着赞赏或倡导作者在本书之外的生活方式及其他。”

“从纯文学的角度，这些文字是真实而优美的，它们应该有机会让更多的朋友分享。”

本书编辑写了一篇有深情的“编后语”，其中说：

“只有愿意有心去读的人才能分辨得出，哪些文字是来自心灵的。读着这些文字可以由文及人，可以读到内心很深的角落里一些属于人性的、令人心动的东西，比如说，孤独、忧伤、迷惘，还有——梦想……木子美的梦想是继续做水——‘很精致的水’。该祝愿的是她能实现这个梦想，或在永远守住它。”

不必再去仔细核查书中作出什么删节。单就这些就可以肯定：出版社的自我保护是做得够完备了，任什么，也无法怪罪出版社做错什么。

这对当局出了难题。这书该禁还是不该禁？

此后的故事要由善于探究隐私的高明记者来写了。总之，此书在北京书肆“亮相”几十个小时，然后，“失踪”了，也许是永远失踪了。

对所谓“木子美现象”，责备者大多说是西方思潮侵袭的缘故，更有甚者，点名道姓说同台湾的几次有关思潮有关。这自然也不假。但是，难道共产主义世界本身就不可能产生这现象？

人们记得，俄国十月革命之后，一位大名鼎鼎的女布尔什维克、教育人民委员、杰出的女外交家柯仑泰就提倡过“杯水主义”。“杯水主义”也者，无非说，既然共产主义者主张一切都解放，在性行为上也应当解放，人的一次性行为犹如喝一杯水那么简单，并无惊骇可言。这位老布尔什维克身体力行，某日居然放弃工作，同一个男友出去“喝水”好几天，弄得上层大怒。于是，当时的革命领袖托洛茨基主张枪决。倒是列宁，最后审定时提了一个反对的意见：枪决太轻，应当采用更严厉的办法：立即与这共饮水的男子成婚。

后世的列宁追随者艳称列宁的这种“人道主义精神”。

木小姐目前所作所为，颇有人主张应绳之以法。但毕竟时至今日，法难道可以那么容易的用在这位弱女子身上。何况，木小姐有一名言，倒是非常符合大陆主流的“三个代表”思想。她说，她希望天下男子都像她的男友那样容易在需要时得到性伴侣，这样就可以在中国消灭娼妓了（大意）。希望有人来阐释一下，此语背后是不是还有一些“为民”的思想!?

“非典”种种

“非典”肆虐，造成几乎近二十来年大陆某些地区最大的灾难。“非典”一词，几乎人见人怕。但是，撇开这词目前染上的可怕面貌，单就词的本义来说，却也不乏可喜可爱之处。

“非典”也者，“非典型性”之谓也。在文化领域，大陆主管部门讲求的是“导向”，是统一管理，也就是要求一切报刊、图书、文艺乃至所有形诸笔墨的言论，都走上“典型化”的轨道。从这意义上说，“非典”一语无异为文化从业者指出了一条新的出路。

例如说，湖南长沙电视台要推出二十六集的电视集《太极英雄》，不循序报送上级机关审查内容，却搞了一个“非典型”的新做法：公开邀请观众为此剧评审打分。由一百位随机抽取的观众在三天内闭门审片，百分之九十点六的观众认为该剧非常好看，百分之七十八赞扬此剧为上乘之作。这次活动还邀请省消费者协会、广播影视集团等单位参加，唯独没找党和国家的主管部门进行单独审查。应当说，这实在是影视业里空前的“非典”之举。

影视业里另一大动作是电视剧《走向共和》问世。这部戏里，对晚清历史人物特别是李鸿章作出新的评价，使几乎整个中国近代史“变脸”，人们认为反映了新的思想解放，也是一个惊世骇俗的大举动。

“非典”盛行期间，4 月 22 日，一位文化界著名人物李慎之先生在北京去世。李先生仙逝，与作为病灾的“非典”无关，却引起了一场大众舆论的“非典”之举。这位自由派的元老，大陆主管部门有明文规定，不准他的言行见报。但是网络上却先后出现了一百多篇悼念文章。在平面出版物上，尽管依然一篇“典型”景象，没有有关慎之老人片言只字报道。但到 5 月中，《人民日报》上出现了一二百字的讣告。

这一来，非同小可，无异于通知人们早先的规定开禁。于是手脚快的报纸赶快发表悼念文章。不论如何删删改改，总也已有好几篇问世了。

我们不必再说著名的蒋彦永大夫的故事。蒋大夫的英勇之举，反的是作为疾患的“非典”，而其性质都完全打破了大陆一贯的“典型”做派，纯属“非典”之举。

所有这些，至今不能说在文化、言论领导有关当局已容忍“非典”。“非典”依然是“非典”。上举《太极英雄》的做法，立即遭到批评纠正，主管人员还遭受撤职等处分。《走向共和》据说也要停播。至于李慎之老人，要像模像样地悼念还是办不到。但是终究出现了若干“非典”的苗头。报载，大陆宣传部门的负责人正式提出，报刊要“少报官，多报民”，“要把镜头对准基层，把版面让给群众”。这是不是在容许言论上的某种“非典”，未可其必，但终究给了人们一点期待。

关于乞丐的讨论

乞丐多是一个社会不光彩的表现。现在人们去大陆，尤其去一些沿海大城市和首都北京，每每为成群结队的乞丐所苦。要说施舍，所花钱财为数也不多，但是施舍了一个，后面成批而来，更有甚者，一些小孩扯着你的衣裙，拖住你的大腿，紧追不舍。你只有一个办法：一点不施舍，尽早逃之夭夭。

许多地方政府有鉴于此，在许多城市设立了“禁讨区”，北京等地更出台了地方法规，打击纠缠、拦截路人强行乞讨等。

这看来是好事。但是，近来却引起了许多不同的议论。

一种看法是，乞丐的乞讨是一种社会存在，并且随着城乡一元体制的逐渐解体和农民的大量破产，大量衣食无着的农民加入了乞丐的行列。这是不合理的分配体制所造成的。禁止行乞，表现出一种类似于种族隔离的思想，实际上是特权思想。

行乞并未并列为公民的权利，是不是合法呢？有的学者说，“严格地说，乞讨行为从来都不是一种被社会道德或国家法律所倡导的行为。行乞权在我国宪法和法律中找不到相应的根据”。因此，它是非法的。但是也有学者认为，“法无明令禁止之事不为罪过”，因此，政府无权干涉这类行为。

更有人指出，“乞丐的出现是政府的无能，是统治者的耻辱，因为它没有为人民建立一个健全的社会保障体系而使人民不致流落街头靠行乞为生”。因此，行乞权对某些人说来实质上是生存权。

近来，又有一种说法，甚嚣尘上：容忍乞丐是一种文明，限制乞丐更是一种不可缺少的文明。作者显然是一位法学家，列举了意大利、法国、美国以及韩国的刑法典来证明，立法者虽未严格禁止乞讨，但规定乞丐必须履行其不扰乱公共秩序、不欺骗社会、不侵犯他人权利等法定义务。作者进一步指出：限制乞丐符合当代世界人权公约的基本原理。因为在一个民主社会中，每个人的权利都受其他人的权利、全体的安全和大众福利的正当要求的限制。

此说为取缔乞丐辩论得振振有词。但是，不少法学家又去查考了不少国家的刑法典，发现论者为证明禁乞必要引用最多的《意大利刑法典》，原来是在意大利法西斯时期制订的，1995 年已告废除。眼下的意大利，政府特别关注乞丐，如在几个固定的地方为乞丐供应中晚餐。而更重要的是：有的论者口口声声强调人权公约，列举了《世界人权宣言》《公民权利和政治利国际公约》《美洲人的权利和义务宣言》《美洲人公约》《非洲人权和民族宪章》等一系列条文来为禁乞辩护，那么，我们难道是一贯尊重这些约文，在人权问题上是依此行事的吗？真要对台辩论起来，相信人们一定举得出大陆社会上许多人和事，使此论的从者为之语塞。

乞讨的确是大陆现在社会的一个顽症。不治本，只治表，只能越来越乱。从根本上说，是严重的贫富不均和农村破产产生的病态现象。不能只为了城市形象，采取“断然措施”。坚决执行当前规定的一系列振兴农业的改革，循此前进，才是根本的出路。

一个错字

可以吹一句牛：平生为各方英雄豪杰编书近千种。可是自己还没出版过什么论作，原因无他，并无论作而已。20 世纪 50 年代初开始学做翻译，出了几本书，但那是由于当年老领导宽容，鼓励业余译书，既能让我辈增加收入，又可以提高外语能力。在 20 世纪 50 年代，业余做事而又能有收入的，大概只有这一项。我记得，当年社内一电工师傅帮人家修电灯赚了些外快，后来挨批。这位师傅愤愤不平，说你们编辑可以赚外快，我们为什么不能。我当时着实有点羞愧。

到了告老还乡一切该鸣金收兵的光景，朋友却鼓励我把当年《读书》上的应景文字集为一书，名曰：《阁楼人语》。这都是一些工作报告，不是文章，所以出书，也许只对了解二十世纪八九十年代文化转型时期知识界的心态有用。感谢出版社，印装都做得很地道。署名：某某某著，于是这也算是鄙人的一个个人论著。说起来，光彩得很。五十多年耕耘，似乎还没白费劲。

忽然接到几个电话，有鼓励的，有责备的，说的都是第 247—248 页上的一句话：

> 一本曾经记得滚瓜烂熟的《语录》现在已经忘记大半了，记得起的，又不免夹杂着一些不堪回首的往事经历，不想再去说它。但是，回顾近十多年的现实生活，总觉得“一种倾向掩盖另一种倾向”实为不堪之论。

鼓励和责备说的都是末一句：“不堪之论”。或认为评得好，或认为太过狂妄。我自己一看，吓了一跳。编校书刊半个来世纪，何尝有一天敢公开张扬毛泽东主席的话是“不堪之论”。于是去查1994年第5期《读书》的原文，方知这里是个排校错误。原文写的是：“不刊之论”。

我不记得什么时候学到过这个文雅词。凭我那点儿根底浅薄的学校教育，是不会知道这词的。幸好，《辞海》第1328页救驾，那里解释“不刊”的意思是：“刊，削除。古时书文字于竹简上，有误则削去。不刊，就是无可改易的意思。扬雄《答刘歆书》：‘是悬诸日月，不刊之书也。’”以我之不学，怎么会去读扬子云，想必也是从某位今人的文章中辗转学得来的。

心里掉了块石头，赶紧向朋友说明究竟。我是干校对员出身的，这类事情经历过不少。1952年际，校对《新华月报》，把“抗美援朝”错为“援美抗朝”，被定为政治错误。幸蒙领导恩典，宽大处理。要是在“文革”，还非要坐八年、十年牢不可。

2004年1月

文化追求

出版界的老领导人刘杲先生近来一再发表一个主张：在出版业里，文化是目的，经济是手段。意思是说，出版工作首先是一种文化活动。

这话听来稀松平常，但在大陆的语境说，却是惊世骇俗的不凡之语。出版家当然是文化人，但说实话，多年以来，“文化人”却不一定是个好词。前多少年里，强调某人是“文化人”，多少在暗示其人不够“政治”。此人如果在做文化工作，特别是当领导，就要时刻提醒其人注意“政治导向”，免得“文化第一”。近十多年来，此风稍有止息。但是文化仍然不可第一。因为，至少在出版业内，已经演变为第一是经济。说某人是“文化人”，言外之意往往是，此公多半不谙经营。因此，也得对其人稍有警惕，不可过于重用，免得败坏大事。

刘先生强调文化第一，当然说得极其全面，甚少瑕疵可击。例如，把“文化”定义为“出版物所承载的社会主义文化建设的内容”，这当然已包括“导向”问题在内。诸如此类，自然还得讨论。但刘先生所论的矛头所向，还是很明白的。

因这场讨论，想起了老出版人的文化追求问题。出版史专家汪家熔先生不久前出版了一本专著《近代出版人的文化追求》（广西教育版）。在讨论这类的问题时，读读这本书是很有意义的。汪先生以商务印书馆在20世纪的文化轨迹为例，通过张元济、陆费逵、王云五等人的文化贡献，来说明前人是如何进行文化追求的。这中间，最有意思的是谈王云五。这位王先生，在我20世纪50年代以来所受的行业教育中，实际上是位反面人物。他的“战犯”劣迹不去说它，单在出版领域，此公据说实行什么科学管理方法，就是矛头针对进步文化人的。因此，20世纪50年代以来，我们从小学过的“四角号码口诀”，第一句“一划二垂三点捺”，不得不改为“划一垂二点捺三”，以示与王云五划清界限。现在，据汪先生研究，此公其实也有非常值得效法的文化追求，应当说是王公办好商务印书馆的一个主要原因。相比之下，汪著对王着墨略少，著者实事求是地说：对王云五，“因为众所周知的原因，对他的研究刚刚起步”，“研究他的材料很丰富，但由表及里，由此及彼，去伪存真，要花相当大的力气，而且还得翻翻他规划的书的内容，所以只能慢慢来”。

看看前辈的文化追求，想想自己做过的事情，实在觉得我辈在文化上的浅薄和短视。

2004 年 2 月

想做“三亚”人

海南三亚，据说风景宜人，内地士子学人颇有在那里置产购车，以为休假胜地，闻之不胜钦羡。不过，老迈至此，岂敢再有此非分之想。目前只想做一个另一意义上的“三亚人”。

眼下所求者，在此三“亚”：

第一是“亚健康”。“亚健康”也者，是指介于健康与疾病之间的一种状态，虽无临床症状，但多有潜在病患。医学界正在帮助人们走出“亚健康”状态，但此事谈何容易。就老人来说，处于“亚健康”状态，虽属苟活，却已万幸，何必非要“走出”不可。倦怠乏力，四肢不勤，昏昏欲睡，那就躺下休息。躺得腻了，再起来做些力所能及的事，譬如看二三页校样。自然，如有高人，可于此刻善修止观，身心调和，做到湛然空寂，自然更好。

第二是“亚文化”。这里用的是当代流行名词，我并不懂得它在科学上的确实含义。我只知道，人老了，许多地方已无法与另一代或几代人十分合群，往往表现出同社会上占主导地位的文化观念有所迥异。老人们经常表现出的“怪异”，我想大多属于此类。我最欣赏的老年亚文化是糊涂。一些文化人在一起，说着说着，便要谈到尖锐问题，此时救命的药便是糊涂；再不然，还有一个老年亚文化的常药可治：尿频。遇到不可解、不可说、不可问之事，躲到厕所里，万事大吉。

第三个“亚”更是一个杜撰的新词：“亚干部”。我辈从来也不是自由的文化人，而是属于体制之内某级某层的“干部”。干部也者，是要服管的，不然饭碗岌岌可危。老了以后，退休了，一个好处是，管得不那么严了，故名之曰：“亚干部”。通知你开会，可以说这几天血压高，去不了了。凡是不附带宴席的会，我看大多可以谢绝。另外，干部要看文件。成了“亚”级以后，也以谢绝为好。尤其是交友广阔者，看过某一文件，以后忽然说某事泄密，而得密者又是你熟识的 Smith 或 Johnson，你就不大好摆脱干系。索性不看，一了百了。好在凡文件所载，过几天网上必有报道。网上的新闻，我只虑其过多，而很少担心遗漏。如是，求知之欲仍可满足，何必循规蹈矩呢？内地文化干部中也有所谓“五十五岁效应”一说。这不是说五十五岁以后的大小文化界领导人忙于捞钱，而是指他们到这年龄大多不大能被管住，因为其时对升迁已不大寄予厚望。以当今之宽松，五十五岁以上不大听话的，至多只是赶紧让他们退休，驱之入“亚状态”而已，不会再有劳改惩罚政策了。

想来想去，“三亚”真好，“三亚”万岁！

2004 年 4 月

盛事可再

接到邀请，广西师范大学出版社召集会议，讨论未来一年的选题出版计划。事先收到他们寄来的计划。说实话，广西师范大学的出版社，在我们“老出版”眼里似乎不占很大地位。在北京时间长了，眼里嘴里都是什么“王牌”，就不大把地方单位看在眼里。拿到选题计划，一加翻阅，大吃一惊。猗欤盛哉，满满实实一厚本，而且挺有性格、特色。在在处处，都显出这是一件不能轻易看待的工作。

有多少年没讨论这种计划了。近十来年是闲人，不去说它。即使在当年，也不大做这类事。因为出版社都是国有的，好歹总有饭吃，何必忙这类事。

但在我当出版学徒时，曾着着实实上过这么一课，使我毕生难忘。那是曾彦修同志主持人民出版社时期，大约在1955年吧。当时的人民出版社有三个牌号：人民出版社、生活·读书·新知三联书店、世界知识出版社，于是就编了三本选题出版计划，请各界人士提意见，商讨如何实现。单在北京，我记得就至少开了十一个座谈会。每个会至少半天，然后便宴招待——便宴招待，这在当年也是一件新鲜事儿。北京活动完后，又组织了一批编辑去外地征求意见。后者我没有躬逢其盛，但从各位回来所写的访问报告看，影响可能更大。以后几十年人们艳称的陈寅恪、陈登原等教授，就都是那时同我们结识并在不久后出版了他们的书。当时做过的另一些大事是重印解放前学术旧著，以及翻译世界学术名著。而所有这些都是用三联书店名义进行的，因为当时有一个文件，提出三联书店的出书标准可以比较宽一些。

所有这些，都是在“开门办社”的号召下进行的。在这口号下，编辑部强调“以文会友”，提出“作家是出版社的衣食父母”，号召作家“翻箱倒柜”，多出作品。这带动了整个出版社的工作，一时间，轰轰烈烈，热气腾腾。我是小干部，对这些盛事出不了多少力，但真是学到了不少东西。可以说，这是我学习出版的一堂最生动的课。

可惜的是，到1957年，一切都结束了。这以后，不论上面怎么说，在我辈心目中，总是以“稳”为上，少做惊天动地的傻事。

开过这会，我深深感到，出版界生气正盛。那些工作室、二渠道，似乎很令我们这种“老出版”忧虑。但是，正是他们，我看都将通过竞争，汰弱存强，走向发展。市场竞争，商品经济，自由发展，总体来看，迟早会解决大部分我们觉得为难的问题。过去的盛事可再，盛事必再，也可说，盛事已再了。

2002年11月

谁是衣食父母？

20世纪50年代中，一种表述大大推动了书业的发展：作家是出版社的衣食父母。

当时可能是为了适应知识分子会议的召开，上面有人谈到出版行业，于是做出如是表述。这在那时是石破天惊的。因此而起，不少出版社订出一系列关于如何善待作家的规定；出版社领导人亲自赴各地组稿，同作家亲切晤谈。记得有一位西北的学者，在一部稿子的序言末尾写道："稿成，有书贾来，乃付之去。"我辈青年见之大哗，因为书贾云云，乃指当时根据上级指示去洽谈的出版社领导。无产阶级出版社领导焉可称之为"书贾"？但是领导对此，一笑而已，全文照印，一字不改。当年"衣食父母论"之作用，若此。

不用提以后的反复了。1957年，1966年，特别是后者，"衣食父母论"都遭到严厉抨击。有兴趣的朋友，大可发掘史料，写成专论，把中国出版业的这一侧面尽情表现出来。

我现在要谈的不在此，而是过去书业总是忘掉另一个衣食父母：读者。

鄙人业书五十余载，至少在改革开放之前，是较少听人真正提到读者的。说空话，当然还说读者第一。但是那时的一本书，只要出，总能印一万五到二万册，不愁读者。有的书印得少，不是销不出去，是因为内容关系要控制印数。尽管1949年以前有极其丰富的传媒联系读者的传统，甚至可以说，读者往往就是革命工作的支持者，但在胜利后，却往往较少提到了。一直到改革开放后，读者的地位才逐步提高。到了现在，随着营销的抬头，读者的"衣食父母"地位才呈现无遗。

20世纪80年代后我主要编《读书》杂志。起先也并不重视读者，后来发现，读者才真正是自己的知心人。你只要发了一些值得注意的文章，或者在编后记里有一些自己的见解，隔几天就会接到一大批来信。特别是，当自己受了些委屈，不慎发了几句牢骚，于是安慰者有，劝告者有，大多是表示支持，希望振作精神，为文化事业献身。我辈从小是做别人或被别人做“思想工作”长大的。看到这些信，再想想，还有比这更能让自己动心的思想政治工作吗？

退休之后，手中还积存了一批读者来信，闲时翻阅，心中仍然免不了激动。遗憾的是，十之七八来信都没作复，发表的也只十之二三。原因在懒之外，更在于当编辑的世故：怕在容易得咎的年代同陌生朋友多通信容易惹祸。其实全是多虑。看过去名编的书信，不少是同陌生朋友联系的，由此造成多少值得称道的文学因缘啊！

2003 年 1 月

再说读者

关于读者一文刚交卷，收到《南方周末》编者的伊妹儿，嘱补引一些读者来信原文。其时正患重感冒，天天手里捏一手绢，涕泗交流，目红鼻肿，如何还能写什么。现已小愈，就再补充一些。

先说几句闲话。说读者是“衣食父母”，有人说太轻了，也有人说太重了。其实，时髦地说，读者应是“上帝”，也许比“衣食父母”更确切些。此说已由雷群明兄在他的大著《编辑修养十日谈》167 页以下反复阐述，兹不赘。要赘的至多只是一句话：这本《十日谈》很可一读，特此推荐。

以下摘引一些信。

某年，我发了一些牢骚，说是作一编辑，所求在何，无非是“裤子、尊严、乐趣”三者而已。“裤子”喻保持最低限度的生活水准，尊严和乐趣不言自明，不去说它。一位读者来信说：

“我们读者所追求的不也正是‘裤子、尊严和乐趣’吗？十多年来，杂志定价上涨七八倍，吾辈读书人仍是如痴如迷地订买阅读着。你们的读者中恐怕绝少暴富者，虽不至于‘当掉裤子’，但需要翻遍裤兜的，却是大有人在。”

“不恭维地说，读你们编的杂志，已成为许多读书人内心的自豪之点，甚至代表某种尊严。我辈虽处海上，却是绿洲；虽在人间，却少烟心。也因而，我们都会从你们编的刊物中得到各自难以名状的乐趣。常看绿色有益眼睛与身心。这个刊物已成为我们的乐土。乐土，乐土，爰得我所。”

这类信很多，多引肉麻，引些别的。

一次是说及刊物维持困难，但又说刊物一定要办下去，因此希望支持。一位读者来信说，这类文字“读后令人胸闷气短，不无‘三百两’之嫌。恰如好端端一青年，无端尽说老字”。

这位读者又说，“倘真要读者多多支持，说白了，无非是花钱买杂志”。“对读者来说，这好办，只要‘值’。”于是此君对编辑工作提出三个建议：“一是赞成编辑部继施刀斧”，不登次等作品；“二是扩大约稿面”，建议请若干位作者“稍事休息”；“三是编辑部人手不必搞得太紧”。最后提示，“发行量多寡，不是杂志优劣的唯一或重要标准”，你们不要太在这方面着眼。

读者也是顾客，此理不错，但亦小有区别，别的行业有顾客，合则买，不合则去，没有像读者这类顾客的“多情”。也因此，邹韬奋先生当年编杂志时有一规定：

“对于读者的任何复信，必须诚恳详细，即使有的读者问得幼稚，我们仍然必须认真答复，不怕麻烦，诚诚恳恳详详细细地答复，如果怕麻烦，拆拆烂污，简单马虎，聊以塞责，都是本店事业上的罪人！”(引自上举《十日谈》第169页)

照这规定，我编书刊多年，极少同读者直接沟通，实在是罪莫大焉！

卫浩世的启示

作为“亚干部”，少了不少公费出国的机会。至少是外国的书展，没可能再去观赏了。前四五年一度想去看看台北的书业，那是要办重重审批手续的。报告上去，不料第一站就给打了回来，理由是“没有工作需要”。确实如此。有什么“需要”，让你这种破老头认为自己可以去观光台北的出版活动呢？

于是，兴趣转移到读读关于外国出版业的图书和刊物上。最近在读的是法兰克福前主席卫浩世的回忆录：《愤怒书尘》。

《愤怒书尘》，多怪的书名。看到德文原文，稍稍明白一点，是“把自己的愤怒写到书架的灰尘里去”。这多半是一句德文成语或名人名言，惜乎不学如我，一无所知。

把“愤怒”写入“书尘”，够凄凉，够惨痛。但更可观的是作者的愤怒。他是20世纪60年代的大学生。于是一切恍然大悟。这时期的欧洲青年，被称为“无父的一代”。他们否认和拒绝家庭、父亲甚至自己的语言。经过这种“自然放逐”，他们终于认识到创造的必要。卫浩世详细地讲述了他在悟识到一切之后，在书业创业的过程。于是，新一代的西方有识之士又开始了创造。卫浩世经过二十多年奋战，一步一脚印，终于把这个书展办成全世界出版人的“麦加”。凡是出版人，没有不到那里去朝圣的。鄙人当然也去观光过。尽管已在十好几年之前，也仍然印象深刻。

书展现在同我无关。值得一提的是，凡书业中有成就的人士，大多经历过一番思想乃至行为骚动的历程。他们不安于社会上现成的摆布，于是向书这个最敏感、最“触及灵魂”的行业进军，通过做书来述说自己的人生诉求。也只有这样去向书业进军，才能做出成绩，如卫浩世然。

这又想到当前大陆书业热烈的讨论：出版产业究竟是什么领先，文化呢，还是经济？我当然赞成刘杲先生他们的主张："改革开放和现代化建设需要出版产业为之提供有力的思想保证、精神动力和智力支持，需要出版产业宣传科学真理、传播先进文化、塑造美好心灵、弘扬社会正气、倡导科学精神。"要做到这一点，主持人就必须有文化理念，有某种精神骚动，促使他不得不尔，为文化献身，而不只是为了"码洋"。

明乎此，这里网络和报刊上热闹不堪的争论，似乎就容易辨明是非了。

2004 年 4 月

《第一推动丛书》推介

对于科普读物，我们总有一种过于简单的理解：它是青少年进入科学殿堂的入门之钥，是未来科学家的初步读物。在这种理解之下，一个成年的甚至是有成就有教育的知识分子，特别是人文科学的学习者、研究者，似乎与这些科普读物无缘，他们的科学训练，只能保留在高中毕业的阶段，再往前走，殆无可能。这种情况如果说在过去是可能的，现在是完全不能适应形势了。

在目前科技和人文科学急遽发展的情况下，一个人文科学工作者，特别是一个只学社会学、文学研究者，绝不可能是“科盲”。当前的学术要求是，每个学人，如果不重视各门科学“整合”的研究，不注意发展交叉学科，特别是不借鉴科学技术方面的新发现、新方法，自己的研究和成就就要受到极大的局限。可是他们如何去获得这些别的学科的知识？他们已没精力和能力去读一本新出的权威的《物理学教程》和《天文学教程》，他们也已没有可能去读懂或解开一道数学题。达文西式的全才，在当前世界上已不可能出现。

这样，就出现了对“高级科普读物”的需要。所谓“高级”，我理解，它指的是知识的涵盖面宽，要求读者的知识修养高，所叙述问题的程度深。这一点，区别于青少年阅读的初级科普读物。但是，它基本上是文字叙述，只说事情的来龙去脉、必要结论，没有对论述的数学论证，不说实验数据，因而它还是普及的。这类“高级科普读物”国外颇行其道，国内却很少。国内的科学家所写的，往往还是“初级科普读物”。这也反映了国内科学家只学训练、理论统摄和叙述能力方面的某些不足。

湖南科学技术出版社出版的《第一推动丛书》，我是将之当做这类

"高级科普读物"来理解的。它所叙述的，不是某种在现实生活中有用的科学知识、科学技能，而是一种科学的精神，或曰"科学的原动力"。这是科学的最高级的问题，也正是每个有教养的知识分子，每个人文科学工作者所必须关注的事情。掌握了这方面的知识，才能明了自己和自己的学科的地位和本质，才能启发所谓"自身成为自身的主宰"的自觉。

这套丛书出版未久，我未及细读。但是其中两本我是早就购读了台湾译本，并且立即受到震撼的。第一本是霍金的《时间简史》。我完全不懂天体物理学，读了它以后，我想也仍然不懂天体物理学。如果为追求这方面有关知识，不如去看一本天体物理学讲义。但是这本书告诉我们一种解开时空谜的不懈的创新精神，这是任何教科书里难以找到的。我曾经为此书专门访问英国驻华使馆文化处，建议他们支持出版本书中文版。可惜这一建议未被接受。第二本是刘易斯·托马斯的《细胞生命的礼赞》，台湾译本名《一个细胞的生命》，久大文化版。这是台湾漫画家蔡志忠先生送我的，他说他生平最服膺此书，由此悟及人生之无垠，对他自己的生命哲学的形成，极有启发。他把自己随身必携的此书送我，我们在从广州到北京的飞机上就生物界的生命问题讨论了二小时。回京以后，细读此书，端的不凡。我由此也进一步感染到生命的快乐。整个说，上述两书，一本讲宏观世界，一本讲微观世界，但都充满哲学的睿思才识，是每一个知识分子不可不读之书。这是每一个成年知识分子必不可少的"科普读物"，不然，你就会离这个科技革命的时代太远，甚至有可能被科技革命所带来的物质繁荣所淹没。

因此，我愿很负责地推荐这套《第一推动丛书》作为国家丛书奖的候选书。

1993 年 5 月 8 日

阿拉伯数码之灾

素昧平生的成幼殊女士给我寄来一本她编的《阿拉伯数码之灾》(知识产权出版社，2003，内部资料)，喜出望外。

全书批评1987年起内地实行的出版物中数字用法的一些规定。这类规定是我熟悉不过的事，近年来于光远、李普等长者不断为文批评这些规定，我亦颇有所闻。现在于、李诸老请成幼殊女士编了这么一本书，倒是意外。更意外的是，我大约半年前刚读过成女士写的一本内容和装帧都很美的书：《幸存的一粟》。由此书知道她是一位诗人，后来是外交官。诗人而关心出版物中数字用法，大是奇事。《幸存的一粟》由屠岸先生作序。屠先生是我经常请益的同业长者，序中提到的许多往事，我这上海当年的“小赤佬”，也略略有所闻说（我因年龄、处境都无缘厕身当年的文化界，但因幼小时在彼地做过佣工，常常听人说起此类轶闻)。更巧的是，此书第108页提到作者的表姐是杨静远女士。杨女士是我们20世纪50年代的同事，她当时是三联书店的编辑，人品、学问都为我所敬仰。因此，书读过后，立即向老杨致意。

大陆十几年来规定，出版物中的数字在绝大多数场合都必须用阿拉伯数字，许多报刊出版社都奉行不辍，尽管学界对此怨声载道。接到这个通知那年，我刚接手《读书》杂志主编职务不久，当时对于要否实行这一办法十分踌躇。我的前任是前辈陈原先生，他当时正任管理语言的机关的大头头，同时还在担任《读书》编委。按人事关系说，《读书》应当是执行这一规定的模范。但是，奇怪的是，我几次向陈老请示此事，他都含糊其辞，总是说你做主好了。我曾是他的小秘书，有点琢磨出陈老的意思，就悍然决定：《读书》不实行这办法。再请陈老过目有关决定，他亦不圈不批。于是多少年来，《读书》一仍其旧，不用阿拉伯数字（除了在征引书籍举证页数时可用外）——感谢我的后任，他们也从未改动过这个“土办法”。

这多少年，这里那里对《读书》都有不少非议，但似乎还没人非议过《读书》从不用阿拉伯数字。其实，按大陆出版业不成文的规矩说，不用也就不用了，只不过，你这书、这刊可能因此就评不上某某奖了，因为这一来就通不过某个关于出版物质量的规定。评奖之事，说大不大，说小也不小。你这领导人如果能使自己领导下的书刊经常得奖，大大有利单位处境乃至个人升迁。我辈既然深知个中奥秘，于是一下狠心：《读书》杂志索性不参加任何评奖。后来，更发展为：三联书店的出版物不参加评奖。

我很尊重大陆出版界的几个奖项。说实话，我还曾是某个奖的评委。这些奖，对提高出版物质量不无好处。其中对排校质量的规定，也有益扼制低劣出版物。只是这个阿拉伯数字用法，却实在要不得。

成先生出这么一本内部资料，看来是要贴钱的。年近八旬的老诗人还要出钱出力干这类傻事，是为良矣不良矣？也许标准不同看法就各异了。

2004 年 1 月

“看闹猛”小记

忽然收到一位上海教授的“伊妹儿”，约写一篇谈20世纪中国世俗生活演变的长文。喔唷，天哪！鄙人混迹文墨场中虽说已有几十年，却从来没有受过如此宠信。因为大家知道，我在这一“场”里，专事贩运倒卖，拙于自我生产，遑论生产长文。读过维伯谈学术是一种志业的宏论，深知其事之艰难崇高，岂敢贸然从事！

写不写长文再说。讲到世俗生活，倒是我经常关注的一种业余兴趣。所谓世俗生活，照现今先进理论家的说法，“边缘”之事而已。但“边缘”现在已成大热门，不说实践，就是理论，也能卖好价钱。不过我的兴趣不在那些费脑筋的理论，更花不起钱去实践，而只爱从书刊上远眺它的实情；说得难听，也就是喜欢“看热闹”，敝乡谓之“看闹猛”也。本着这心情，某日走过当代中国出版社的门市部，瞥见一本连阔如的旧作：《江湖丛谈》，略加翻阅，便觉合意。连老大名，凡在北方住过一些年的，可能都会知道。他是著名的评书艺人，曾经驰名艺坛。1957年，此公遭厄，其后少为人知。等到恢复名誉，其人已归道山。我究竟晚生，尽管略知其生平，竟然不知他还是个作家，早在20世纪30年代就在北方的报纸上写专栏，笔名“云游客”。所作后来汇集成书出版，现在这本书，便是它问世几近一个甲子以后的重印本。

《江湖丛谈》，谈的自然全是江湖之事。难为的是，所谈都为北方江湖上的“诀窍”和规矩，从秘密语言到活动地点、头面人物、组织结构、作业方式……特别是无奇不有的坑蒙拐骗伎俩，真可谓“北方江湖大观”。现在读来，最有趣的，自然是种种坑蒙拐骗的内幕，更因为其中不少把戏现在似乎还没有绝迹。这些把戏有的是死灰复燃，有的是根据当前的情况，更加扩而大之。还有一些，怎么说也算不上坑蒙拐骗，但其骗人手法可说是万古流芳，永世不绝。例如，书中讲到江湖上如何只看外表，不识真本领，某人技艺平平而长相出众，却能打败有真价实货的同行。作者于是总结说：

> 所以，我说社会里的人向来是认假不认真，有多好的本领亦不如相貌惊人。从古至今，有多少能人都是受这种制，未能发达，不怪刘备见了庞统轻视于他呀。

照新派理论，人不断在“建构及表现肉体自我”，服饰的用意亦即在此。江湖道中，其实早已有这种实践了。

对江湖社会的研究，正在引起注意，有一些很认真的研究著作出版。这里偏偏找本旧书来谈，只因其写得好玩。不过，这书用地道的北京话写成，好玩自然主要对北方人而言。就书写得好玩来说，也许写上海的江湖社会可以更讨好些（恕我孤陋，这样的书肯定已有过，并且不少了）。

本书是1995年出版的，已经五年了。装帧格式因而旧些，但好处是，定价也“旧”些：大三十二开五百五十页仅十八元。我似乎也在书店中见过别的版本，但忘了是哪里出的了。

2000年4月

一点想法

我是书商，可是并不喜欢读正儿八经的书评。原因也简单，不少书评往往只是空洞的赞扬，它既对提高我个人的文化情趣没有帮助，也对我的业务助益不大。会写好文章的人，似乎又不大愿意去写书评。书评文字，有时沦落到让我们这一流以书为商的人来写，那就更乏味了。

说这些话，大概同科学书的书评无关。我的科学水平，在一个场合说过，学到初中物理课的欧姆定律为止。所以，任你是空洞也罢，充实也罢，如何评一本科学著述同我无关。

但是，就这样，倒是喜欢上了《科学时报》的读书周刊版。读了好一阵子，还做了不少剪报。这是因为，我虽不爱读“书评”，但爱读同书有关的文字。你不是摆出架子，指出“本书首先阐述了……然后指明……”，“……对我们不无启发”，这我就爱看。特别是，讲点同书同作者背景有关的故事，皮里阳秋地指点一下什么，发明一些书中的潜在语言，更高兴。我当年自己编杂志，愿意找人写“以书为中心”的文章，就是这个原因。我在《科学时报》读书周刊版和别的地方，不时读到这类文章，令人高兴。

读书周刊五周年了，值得庆贺。我上面这类想法，不合章法，也不一定合乎时代要求。我希望读书周刊版永远是个关于书的“副刊”，可是，据说，在市场经济条件下，大势所趋，副刊正在走向“终结”。

但我衷心希望《科学时报》读书周刊这个副刊不要终结，至少不要太早终结。

买它一本并不冤

退休之后，有一点小遗憾：有些过去读过或知道的有意思的外文书，因为在职时忙于行政事务，来不及请人译出来问世。1996那年没事，整理一下这方面的书单，算算前后也有好几十种。凑巧，辽宁教育出版社发起编《新世纪万有文库》，同我商量外国文化部分书目。同他们谈得入港，索性把手边的目录奉赠。出版社以后陆续请人译出问世，这里要说的《格言集》（德国利希滕贝格著）就是其一。

这是一本德国的老古董，18世纪后半期的作品。从俄国作家如托尔斯泰的文字中，见过提到此人。但是，凭我那些德语道行，又怎么读得了它？凑巧，"文革"之后，从"干校"回京，让我在资料室"行走"。因缘时会，得以不时酣读这种种奇书怪文。一天，忽然发现《格言集》原来有俄语译本，赶紧找出结结巴巴读了起来。全书都是"语录"，不长，一段只百把二百字，好歹读得下去。不读则已，一读不觉大喜。原来托翁等名人并未负我，这书实在"对劲"得紧！

所谓"对劲"，按我们出版商的理解，就是，第一，不少话能说到读者的心坎里；第二，话说得俏皮聪明，好看耐嚼。姑引几句讲到我本行的话，可见一斑：

> "应该禁止的书，首推禁书目录。"
>
> "庸作虽厚，却空洞无物，以至可以不把它看作书籍，而看作书的硬纸封皮。"
>
> "人类智慧最近一个时期的最伟大发明之一，依我之见，无疑

是不看书而妄加评论的艺术。”

全书不贵，近二十万字，才九元二角。译文相当老到、精彩。买它一本，也许是不冤的。

历史的转折

邓云乡教授论北京的旧建筑，说："如果有一问：旧时北京街上什么建筑最漂亮？我会毫不迟疑地回答：牌楼。旧时北京街道上的旧牌楼，可以说是世界上最华瞻、漂亮的街头装饰建筑之一。国内有牌楼的城市虽多，但与北京是无法比拟的。"

引这段话只是为了吊胃口。邓教授说北京当年有大大小小三十五个牌楼，"可谓洋洋大观"。可是现在怕一个也找不到了。这涉及当年梁思成同当局的一段公案，说来忒繁，表过不提。但现在逛北京，例如走到东单牌楼的旧址，仍旧值得在附近走走。牌楼确是没有了，但在东单（"东单牌楼"的简称）十字路口北侧，有东方广场。这是李嘉诚投资的使北京比美曼哈顿的项目，当然可以一看。南侧，似乎只是一个运动场、一个街心公园。其实，这两处可说更有来头。希望路过东单的诸位，了解北京的"曼哈顿"之余，对这两处也切莫错过。

这一大片，原来是个空地。1948—1949 年，京中战局紧张之际，这里被辟为机场。许多显要人物就从这里乘飞机南下，由此才开辟了海峡彼岸的一片天下，使中国当代历史造成了现在的这个局面。遥想当年，衮衮诸公乘机南行时是怎样的心情，值得后人探索。更有一些显要人士，拒绝南下，例如陈寅恪先生，至今还惹人研探其中因由。当年的进进退退，全发生在这一小片土地上，其意义岂不大哉！

再往前若干年，1946 年 12 月 24 日圣诞夜八时左右，这里又发生了一件大事。北京大学先修班十八岁的女生沈崇离开八面槽她表姐的家，准备到平安影院看电影，走到僻静之处，突然被两个美国兵架住。这两个人是美国海军陆战队的队长皮尔逊和下士普利查德。他们把沈崇架到东单牌楼南侧的东单广场，大概即现今东单公园所在地。就在那里，沈崇遭到非礼。沈崇拼命抗争，大声呼救，路过此地的工人孟昭杰发现后，两次救助未成，便报警求助，才将皮尔逊等带到警察局。这就是抗战胜利后著名的“沈崇事件”。由这事件引起全国风起云涌的学生运动，更激起国共之间的激烈斗争。当时北京大学训导长陈雪屏在校内宣称：“该学生不一定是北大学生，同学们何必如此铺张?”也有人说沈崇是延安派来的特务。后来查明，沈崇不是无名之辈，而是清朝两江总督沈葆桢的后代，父亲时任国民党政府交通部处长。她本是胡适推荐入北京大学的。这才使得人们无话可说。

由沈崇事件引起的全国性的学生运动，可以说是国民党政府当年在大陆全面溃败的一个重要契机。历史学家金冲及先生因而称 1947 年是中国历史上的“转折年代”。

现在只能在这一小小的街心公园里见到几个孤独的老人在漫步。谁能想到，就在这个小地方，曾经开始了中国历史上的某个重大转折！

推荐《资中筠自选集》和《燃灯者》

真对不起，我耳聋眼花，九月份刚过了八十岁生日。很奇怪，年龄不饶人，总是觉得耳聋眼花，到什么程度？刚才大家讲的我也就听见30%。我也不喜欢戴助听器，我把所有听不见的话都理解为他说“I love you”。我预先也不知道我要讲，我觉得现在就是摆设，坐在那儿被照相，如此而已。

（主持人）要我讲讲好书的价值，这个问题太理性了，我不会说。我只能就这十本书讲讲。这里边的有些书我是读过的，我很喜欢的。我现在所讲的都是回忆，我只能够回忆往事，讲一讲过去的故事。我告诉大家，事先我一点都不知道有这十本书，我们不过是在好几百本书里边选。最后选中了是什么，我不知道，我到了会场上刚才才知道。

其中有两本我是特别感兴趣的，一个就是我们的资中筠老专家的《资中筠自选集》。资中筠先生年纪比我还大，我今年八十，她大概八十二了吧，我们是熟人。第二本书是《燃灯者》。这两本书都是跟20世纪80年代有关的，都是当20世纪80年代那时候三联书店我们《读书》杂志恢复工作的时候，最支持我们工作的两位专家。

资中筠是文化界奇人

沈昌文：我先讲资老太，她跟她的先生陈乐民先生都是外语专家，而且能写作。我劝大家看自选集，因为这是必须看的。此外你必须上网去看她这几天上个礼拜发表的新作品。因为我非常惊讶的就是资中筠这位老太太八十多了，她居然不断有新意。八十多岁的老太太写出来的文章不仅是没有老态，没有陈旧的笔法，而且全是非常新的思想，这个让我非常的受启发。我今天早晨就看了她的（文章），她现在当然除了写文章以外大量是在学术会议上的讲话，整理出来还是非常可观的。

所以我喜欢她的作品是两点，一点是思想的新颖，因为她是多年在国外，她了解海外的情况，也了解国内的情况。她最后职务是美国研究所社会科学院、美国研究所的所长，所以她很了解国外的情况。还有一点就是可读性。大家知道我是多年编《读书》杂志，我们做编辑做出版的很注重一点就是文章可读性。这个文章要是搞得很坚实、很难懂，出版出来书至少我就卖不出去了，我就开不了这么一个店了。我开的店主要是靠顾客来，所以我就要看着文章好看。资老太的文章不仅思想新颖，而且有很大的可读性。所以《资中筠自选集》我觉得是在座的各位朋友都是应该看的，绝对不能认为她已经是八十岁的老太太，认为她讲的是过去的故事。

我现在也不断出书，我讲的都是过去的，资中筠她讲的是最新的。我现在跟大家看书的时候，我自居为八零后，希望别人称为我八零后，我高兴。我每天坐公共汽车到处玩，我很高兴，司机看见就要大家给我让座，反倒我就很不高兴，心里说这个司机怎么能看得出来，我已经到了必须要别人让我坐的程度呢？我不是八零后吗？这个也没有办法了，自己的岁月总是藏不住，如此而已。

所以资老太的文章大家必须看，这个跟她本身的文化修养有关系，她不仅写作，而且她还弹钢琴。我过去经常还到她家里听她弹钢琴，她的一个妹妹就是有名的音乐家资华筠，大家都应该知道。所以这是一个非常值得注意的一位人物，这是一个值得注意的文化界的奇人。

浪漫的燃灯者和灯下的往事

沈昌文：还有一本书我很想谈谈的就是《燃灯者》。《燃灯者》讲的故事我有点知道，可不是很熟。我文化程度很低，进不了北大的门，北京任何大学的门都进不了，我也不可能有这个修养。可是我特别想跟大家推荐的是作者赵越胜先生，我想请大家注意除了《燃灯者》以外，还有灯下的人和故事，那些灯和故事发生在20世纪80年代，刚刚改革开放，好玩极了。我把不能跟他们参加的那些浪漫的和不浪漫的故事跟大家说一下，讲错了请大家批评。

最浪漫的事情是到湖里面去裸泳，我们的老头一听大吃一惊，居然北大那么多研究生跟学生已经解放到这个程度，以后的裸泳我没有参加。不过这个 Party 我是经常去的，尤其是在我们赵越胜家里举行的 Party。我特别想跟在座的三联书店朋友介绍，三联书店在20世纪80年代出的很多书都是他们策划的，越胜兄虽然没有出现，可是有很多事都是他们去编。他们编了好几套文书都是在三联书店出的，这对我们工作有很大的帮助，是思想界的前驱。

所以我对燃灯和灯下的故事十分注意，（赵越胜）他现在住在法国，很难见到他，我每次跟他见面都愿意跟他聊天、长谈，也愿意谈谈过去的往事。补充一个事情，他跟资老师一样是个音乐爱好者，他不演奏，但他喜欢听古典音乐，为了跟他交往，我也知道了这方面的事情，以便我至少做一件很小的事情，把三联书店的《爱乐杂志》不断地寄给他，表示我现在还愿意关心灯下的人。所以资老师跟赵老师的两本书我愿意在这里推荐，请大家注意我的角度仅仅是出版商，从这个角度谈谈我自己的认识和体会，感谢各位，谢谢。

2011年12月

我对王云五的重新认识

通知我到这儿参加这个会，心情很激动，因为我想这个会很可能是一个有历史意义的会，也可能是一个会犯历史错误的会。两个可能都存在。下面我简单说说，先介绍一下我自己，我今年八十二岁，耳聋眼花，可这样一个讲演我每次都来，我是看讲演，不是听演讲，我喜欢坐在第三排那个位置上，因为那下面就是一个喇叭，多少能听见20%—30%，不管怎么样我都参加各种公众活动，多发表意见，听也听不见，就看。

下面开始说说王云五。出版界的老人、近古的人尤其是三联书店的前辈没有一个不骂王云五的，我是在听骂王云五的骂声中长大的。1951年3月我到北京工作，我在出版总署，当时骂得最厉害的是胡愈之老先生，他是出版总署的署长。他们骂的话我全部同意。为什么？1945—1948年那几年我在上海，王云五在上海的名声坏极了，他发行金圆券，管经济，物价涨的幅度不是5%、10%，而是两天涨一倍，动不动以“倍”数计，这个不得了。所以我本人是金圆券的受害者。到北京，又在一些革命前辈的教育之下做出版，尤其是三联书店的前辈。我不知道今天的安排是否别有用心，专门选在三联书店作为会场太有历史意义了。因为三联书店的前辈都骂王云五。持这样的观点一直到我退休，1995年12月31日我离开三联书店，以前一直在这里，可以吹一句牛，我的一个很大的功劳：这个楼是我盖的。当时我找革命前辈邹家华（前国务院副总理，邹韬奋先生之子）说：“我们没有房子，怎么办？”他说：“你提一个计划。”于是我提着计划去以后，他说：“你这个人怎么这么搞的啊？我这个副总理亿以下的钱是不批的，你提着几千万的钱叫我怎么批？”我才知道，结果我只提了8000万，后来家华同志批给郝建秀同志（当时计委主任），批准给我 8000 万，先付了 1200 万，把一个印刷厂搬走，然后这个地方盖成现在这样的房子、这样的楼，我很高兴。

不管怎么样，在三联书店革命前辈的帮助教育下长大，对王云五没有好感。可等到我退休以后出现了新情况，我认识了一位先生，这位先生叫俞晓群，他在辽宁主持出版工作，要出书，要我帮忙，我非常乐意。他是数学家，在三联书店出过书，我们合作得非常好。他说他要出书，出的是什么书？他提的一个计划——《新世纪万有文库》。看到《万有文库》这四个字我就头疼，这是王云五的书，王云五搞《万有文库》很有名。晓群兄花了很长时间，对我这个老头慢慢启蒙、教育，给我书看。而当时社会上也出现了一些新的情况，我开始慢慢转变，尤其是等到我接触到《万有文库》工作后，我看到王云五的《万有文库》，出版工作为文化服务，完全从文化着眼，而不是经济，看起来是我想错了。所以我在俞晓群先生的领导下出版了六百多种书。这是我一生出版中做得最多的事，最多的事是我退休以后做的，出了六百多种书，每本都很便宜，十块、八块，内容很丰富，尤其是中间讲近代文化那一部分。这样我慢慢转变了对王云五先生的看法，对王云五先生文化意见的种种重新评价。因为我是在三联的前辈下教育长大的，这于我而言，是一个很痛苦的过程。

王云五有几个事情我永远忘不了：一个是“四角号码”——一横二垂三点捺，点下带横变零头，叉四插五方块六，七角八八小是九（王云五原来的四句）。我们做了革命出版工作以后，要跟王云五划清界限，各位在学校里念的不是这四句话，“一横二垂三点捺”我们改成“横一垂二点捺三”，“叉四插五方块六”我们改成“四叉五插六方块”，“七角八八小是九”改成“角七八八九是小”，这样一来就可以把“王云五”的名字拿掉了。所以“文革”以后很长时间都是用这个口诀。而现在“四角号码检字法”是不是还用老的口诀或者新的口诀我不知道，这个改动我参与了，我们对王云五痛恨到这个程度了。“一横两垂三点捺”我背得很牢，我做出版工作必须要记住的。一个人跟我讲“一横两垂三点捺”说明你是白的。要说“横一垂二点捺三”，我立刻认为你是红的，跟我一伙。这是很重要的界限，现在的年轻朋友可能不记得了。

王云五种种故事，我当时都仔细地探讨了，特别了解到王云五是自学出身的。自学——我特别有感触，都说“自学成材”，我却是“自学不成材”。初中二年级就不读书休学了，就在上海滩上混。在革命阵营里，我是工人出身，作的检讨很多。作的检讨最多的是伪造文凭，伪造了工作文凭、伪造了大学文凭。刚解放到上海招考的那些老区的人，很容易蒙骗，我们在上海，他们不知道我可以花几块钱就可以买一个工作证。解放以后的运动中，我受的打击最大的一个运动是：“忠诚老实政治自觉”运动。这个运动可能大家不知道，但只要我说杨绛《洗澡》你们就知道了。杨绛是高级知识分子，那时就叫《洗澡》，我们不叫，叫“忠诚老实”。我出于对党的忠诚，全交代了，党支部通知我：你回上海去吧。于是我就要马上离开北京了，正在我痛苦的时候，另外一个人把我翻译的书出版了。我在上海受地下党的影响学了俄语，到北京我发觉俄语书翻得很多，可翻俄语的专家不认识几个行话，“开本”不会讲，“页码”不会说。于是我专门翻技术强的书，从俄文翻译成中文，一下子我变成专家了，于是我留在了北京，就这样留下来了。

不管怎么样，对于王云五认识的改变，对我来说是根本性的，而且是发生在我退休以后，每次我到这个会场来都有这个感觉。你们往后看桌子上的书，全是讲蒋介石好话的书。我们内部人员走这个门，每次从这个门出来感慨：“出了那么多书，现在改革开放对蒋介石的那么多活动重新评价。”于是我非常放心参加今天王云五的会，我想对王云五应该有所重新认识，对此我想我们三联书店的朋友都会同意这一点。今天我只是讲我的一点认识经过。

这本书我看得很认真，但不知道怎么弄丢掉了，昨天晚上找不到。

今天早晨这儿一开门我就进来了，进来了发现书架上没有这本书，到里边去查就查出一本，这本我买走了。所以现在敝店已经没有这本书了，足以可见这本书受重视的程度。不管怎么样，各位关心文化、关心出版，九州出版社出《王云五全集》是非常好的，值得文化界的朋友、出版界的朋友重视。谢谢！说的都是空话，对不起。

粗犷的废话

前一阵，眼睛前、脑子里转的尽是台湾的什么事情；这一阵，又发现我们亲爱的龙应台大姐公开表示："将回到文人平静的书桌"，心里好一阵高兴。这高兴同蓝、绿无关，只是觉得我们大陆出版界又会有事可做、有好书可出了。

正当这高兴劲儿，信箱里忽然出现了晓群老兄的大作《精细集》全稿，并说要我写一序言。脑子一下子从海峡对岸还转不回来，边读俞作，边在想海峡那边的事。于是，俞兄大作中讲到的海峡对岸有关的故事，就特别引起我的兴趣。

《精细集》里讲到几次王云五，那确实是俞兄同我交往中就两岸问题帮助我最早的一次。我从20世纪40年代后期就想到台湾去谋生，其中故事在我的自传里说过多次，现在不必啰唆。参加革命出版工作以后，听三联书店前辈几次痛骂王云五，很受教育。何况我当年在上海也目睹"金圆券"之巨害，相信这位王先生实在害人不浅。可是，我退休后投入俞兄麾下不久，他居然提议学习王云五的《万有文库》。起头我实在接受不了，以后倒觉得非常有滋味。这才认识到对王云五这种人还得从两方面来看。俞晓群这次用事实教育了我。这一举措，同我所敬仰的一位出版界领导人刘杲老兄近年教导我们的"文化是出版的目的"一说有暗合之处，所以我更加信服。

俞晓群在本书里说，不久前他在台湾见到了"王云五"。看了标题吓得我一跳。细读全文，方知他指的是王云五的后人和有关事业。看到这里，突然联想到，其实台湾的出版同行中不少人有类似这位王先生那样的出版业绩，而他们并不像王云五那样晚年堕落为"战犯"。我这里首先想到的是郝明义先生。

俞兄在本书中说，“有两位与我合作的出版家，也是把握好作者的楷模。一位是台湾大块文化出版公司的郝明义先生，他出版《几米绘本》十余年，专门组织一个团队为几米先生服务，从设计、预算到印装，再到全球版权交易，每一项工作都细致入微、面面俱到，为《几米绘本》的精美上市，畅销不衰，立下大功”。这位郝先生，是我介绍俞兄同他认识的。郝明义主持过台湾“商务印书馆”，可以说是王云五事业上的后人。我过去同他相识不久，一件事就让我惊讶万分。那是他托我洽购马克思《资本论》中文版的版权。他要在台北出《资本论》，让我这大陆的“马克思主义者”高兴得不得了。我退休后，立即投入他麾下。他要我们编一系列的 MOOK。这是出版界的新玩意儿，要点在于灵活、机动。我真奇怪，这位出版家，天生残疾，行动不便，可是思路之敏锐灵活，罕有人可与之比。他在这方面的种种创意，值得我以后写一长文。

我同俞晓群共同认识的台湾文化人，不可胜数，这里难以多提。这些文化人能同晓群相熟的一个重要原因，我想大多是对方的中国传统有巨大吸引力。台湾文人的中国传统，说出来会吓人一跳。前些年我同晓群去台北，著名漫画艺术家蔡志忠听说我们来了，请我们共进午餐。到了饭馆，一开席，我们大嚼，主人蔡先生却一点不动筷子。他解释说，今天是他斋戒之日，不能进食。中国文化人的这一传统，现今在大陆还有几人奉行，可蔡先生却履行不辍。凡此种种，想必对我们的俞老总会有不小的吸引力。我现在每天都要读不少台湾消息、台湾文人的作品，其源在此。

不久前在网上读到一文，题曰“在台湾找中国”。文中说：“我们过往所了解的中国，只是一半，另一半在台湾，这一半虽小却浓缩了中华民族的文化精粹。他们跟我们一样，他们跟我们又不一样，太不一样了。”文中还举例说：“他们以忠孝仁义命名道路。台湾的路名很中国，香港的路名很殖民，大陆路名很革命。道路不只通东西南北，也通古今。东西主干叫忠孝路，南北纵横叫复兴路（台北）；还有仁一路、信二路、义三路、爱四路（基隆）；或者一心路、二圣路、三多路、四维路、五福路、六合路、七贤路、八德路、九如路、十全路（高雄）。”这些论述，我想晓群兄是会同意的。尤其是，俞晓群这位数学家，其实他更长于国学。他这一阵在上海的报纸上写了好几篇谈国粹常识的小文，深入浅出，最令我辈浅学者受益，我很钦佩！

俞兄这一大作，所论不只台湾文化。可以说，这是他近些年文化、出版活动的一些总结性论述，极有价值。但我此刻脑子里还满是什么“九合一”，大陆文化出版界一片“万种归一”的光明灿烂，就等以后再说吧。

2014 年 12 月

“束诸高阁”

南海出版社要推出希尔弗斯坦（Shel Silverstein）的几种画册。多少年来，我对希尔弗斯坦很有一点入迷。当年见过一两本原文版，以后又买了台湾的中文版。但是说起来寒碜，我并不很懂这些画，乃至可以说，我这人压根儿就不懂艺术。我之所以对这些书入迷，主要不在于欣赏画，而是喜欢此公特异的观念，以及他的引人入胜的手法。

我特别喜欢那张《阁楼上的光》的图和它的说明，这里有点故事，得从我的生活经验说起。

我们上海的穷孩子，居住条件当然极差。“阁楼”是我从小羡慕的住处。我当年住的比“阁楼”还差劲许多倍，是上海话叫的“棚户”，即用木板搭成的沿街小屋。我当时极大的乐趣是，躺在破床上，从板缝里望出去，看外面车水马龙，好生热闹。外面这芸芸众生，此来彼往，人仰马翻，在追逐，在竞赛，而我一个小人儿，躲在一个小窟窿背后，在那里好笑——笑的不是当年的世道，这我还不懂；而只是高兴自己可以因此不做功课。

这种后来社会学家所津津乐道的“窥视”心态，一直延续多年。年长后，在北京编杂志，十分羡慕上海亭子间里的文化人。“亭子间”不是“阁楼”，应当说还比它较高一等，但性质类似。编杂志也者，虽然天天跟各色各样有知识的人打交道，而自己不过是个“知道分子”。我们愿意观察世界上的林林总总，而自己却不怎么说话——万一有关部门查问起来，回答的话也还多半是假话。我们的“说话”方式，就是自己不说让人家说。这与在阁楼上的“窥视”，有何异哉。

老了以后，在在处处让我懂得，自己已被“束诸高阁”，真正从内容到形式都生活在一个“阁楼”里了。但我在这个阁楼里，可以窥视到的却比过去多得多——因为我天天在网上“潜水”。我还能检索GOOGLE，窥视过去。你真难以想象在当今条件下一个半死不活的老家伙被“束诸高阁”以后的乐趣。

我很遗憾，比我年纪大一岁的希尔弗斯坦并不懂“束诸高阁”这句中国话，他因而从没引用过。假如他知道躲在高高的阁楼里“往外偷看”的是个七八十岁的老头，并由此引起许多人生的思索，那又有多妙！

但希尔弗斯坦究竟是个妙人，他说出来的话比我这类中国读者想得到的多得多。就以这本书的第二篇说，“多少”，照作者的说法，“面包能有多少片？看你切得是厚还是薄。一天能有多少好？看你怎么过完。……”多妙！是的，一点不错，世上的幸与不幸，端在你自己的态度和作为。

我记得台湾版的希作出版后有的评论家指出，他写的东西有“禅意”。从希尔弗斯坦的经历看，似乎同禅没什么瓜葛。不过他的创作渊源要另有专家来探讨，非我辈所能胜任。在我想来，类似“禅”的一些观念，是人类的共同财富，可以从各种不同途径总结出来。我读《失落的一角》时，总有一种我这类老书商的失落感：那几张简单的图，我不也会画，那我也不发财了？！（听说此公稿费收入不菲）可是看到最后才意识到，作者的观念，虽简单而我何尝说得出。随便认为自己什么都做得到，不就正是希尔弗斯坦指出的那“失落的一角”的心念在作怪。

希尔弗斯坦的作品我原先一直以为是画给成人看的，后来听说那是儿童画，颇为不解。我想象中的美国儿童一直是被鼓励着去冲、去打，去时时处处 aggressive，不需要什么“一天能有多少好？看你怎么过它”的想法。但既然儿童也在看，想来是我揣测错了。不过不论如何，我总认为成人更应该看它，包括像我这类“束诸高阁”、行将就木的半废人。

2005年1月

“穿绷”的愉悦

退休以还，常爱读关于江湖的书，由此联想“出版江湖”的种种。讲正儿八经的出版、传媒之道的讲义教材，到这时已经不想去钻研了，只有了解和回忆一下自己在“出版江湖”方面的经历，还觉得有点意思。

我同江湖之道渊源颇深。十六七岁当小学徒时，常常伺候一些地下共产党员。他们到上海来采购物品，同种种人物接触，在台面上讲的，都是江湖套话。可往往是话里有话，有深意存焉。我记得，当时那位领导人虞天石，私底下看他忙于研读古典诗词歌赋，可一到场面上，立即表现为十足的生意人，尽说些庸俗不堪的生意经。我由此懂得，做人所以要有两副面孔，有时实在出于需要，并不是存心要做什么“两面派”。那时还有一个共产党员，天天同一些“白相人”打桥牌，可我看他深晚还在床上细心研读一本英文的桥牌手册，方知他白天在桌上嚷嚷的什么 diamond，spad……都无非是刚从书上看来的应对之道。

20 世纪 50 年代以后，自己一心学做正道的革命出版工作，不敢旁骛。可到了二十世纪八九十年代以后，就一心扑到出版江湖上了。现在晓群兄所记我的种种，大概不少属于我们一伙的江湖行为，包括正面的、积极的和消极的。当然，他出于善意，不会写我的江湖劣迹。记得有位大学者，曾经专门为文揭发我的江湖劣迹。可惜他调查研究不够，所举种种，不免大多不符实际。但他最后说，“我唯希望昌文宁可越老越糊涂，不要变得越老越不要脸”！这话我还经常念叨。其实，我同这位老兄结交，还真出于一个不要脸的江湖劣迹：他答应一家出版社出一套书，条件不够好，订了合同后还要我去抢过来，由我来出，多给他一些钱。我稍使江湖小技，一抢到手。可惜，这“小技”后来却为一位老翻译家吴劳老兄发现，他在一公开场合把我大大羞辱一番。我当时还不算老，也许因这缘故，大学者没有把此事列入他所痛恨的“不要脸”之列。

照老上海规矩，凡属江湖作为的事最好不要“穿绷”。但我现在，却唯恐其不“穿绷”，因为讲这类经历会给我这老年人带来愉悦，也许也能让年轻朋友开开眼界。远在台湾的杨渡先生十多年前闻说我的种种，赠我一诗，末句谓：“幸有老眼不昏花，趁早轻狂学嘻皮。”“嬉皮”之事，当然都属江湖之列。杨兄真是知我哉！但是说来归去，今天能把种种江湖都“穿绷”，更令老汉高兴。我希望俞兄再多写些，尽量把这个“出版江湖”都弄“穿绷”，可以“知它”，也可以“罪它”，总之让它为更多的人所了解。

2013 年中秋节，鄙人 82 周岁生日

“任时光匆匆流去……”

朋友间说起我的业余爱好，总有人好心地说：“沈公对邓丽君情有独钟。”这不是一句坏话，但也总让我有点不好意思。不是说人老了不能去听邓丽君，只不过这话在某些圈子里似乎也可暗示：此人不懂贝多芬。我听了这话所以要讪讪然，戚戚焉，也正因为我果真不懂贝多芬。

我的青少年是在上海的小铺子的柜台旁过的。所受的音乐教育，是每天十来个小时无间断地听大喇叭里播放的周璇、白光乃至沈俭安、薛筱卿……以后上了北京，天天是无休止的斗争——阶级斗争，加上为自己的生存而斗争，实在顾不上去学习欣赏什么贝多芬。有朝一日，等我有点闲时光了，彼时彼地，自然而然，听上了邓丽君，而不是贝多芬。

邓丽君妙处何在，要音乐家才能说明白。我至多只是觉得节奏熟悉并且好听而已。她的歌词，不少让我喜欢，比如“有缘相聚又何必长相欺，到无缘时分离，又何必常相忆”；“我喜欢绵绵细雨，因为我有多少美丽的回忆”……不过把这种喜爱形诸笔墨一定会让批评家笑歪嘴巴。因为古往今还，不知道有多少诗人写过有这类内容的比它精彩得多的名句。何况，这些歌词又不是邓小姐自己写的。因此，要说从文字上去关心邓小姐，那么，对邓迷来说，就只有去了解她的生平一途了。这就说到了现在这本书。

这是一本小书，远在沈阳的辽宁教育出版社出的。书名叫《美丽与孤独——和邓丽君一起走过的日子》，日本人西田裕司著，七万两千字，定价大洋七元。西田是邓在日本的经纪人，书中只写自己同邓的交往和印象，不是全面的传记。这一来，也许使这本书更有了一些可读性。因为它比较真实、朴素。这同我们预先设定的一个熠熠发光的“明星”形象不大一致，但因此也使得读者多了一份信任感。说实话，我现在读书，极怕“渲染”之作。平平常常一件事，经过生花妙笔一张扬，倒反而使人起了疑心。原因无他，在这某些方面大大超前现代化的社会里，我们实在觉得已被重重包围在一张渲染和夸饰的网里。你要做一个多少文明些的人，非得时时刻刻去考虑怎样从这中间挣脱开去。

作者想写邓丽君的美丽与孤独，实际上大多着墨在她的孤独而非美丽。书里印了几张美人玉照。美则美矣，大概很少有人为这美肯花七元钱去买这本书。也许可说，书里讲了邓的“内心美”；但此美为何，一言以蔽之，怕亦即在于孤独。市上曾流行一张邓小姐的CD，名字似乎叫“十亿人的掌声”。这么一个被上亿人欢迎的人，特点却在孤独，岂不怪哉！这不是说其人落落寡合，或者眼高于顶。从西田的描述来看，倒毋宁说她还平易近人。然而，凡人一旦成名，立即陷入一种包围，逼你从众；万一你不肯就范，还要保持个性，那么，出路只有：孤独！

邓丽君与大陆观众并无一面之缘，她同大陆孤独不孤独，固无论矣。但照我们想来，她在台湾想必处境极佳，诸事顺遂。事实相反。此人在其生命后期，简直不想回台湾长期居住。她喜欢香港，但是那里会引起她对遭破产的婚姻的悲惨回忆。一个名女人，人们当然会关注她的婚姻。偏偏在这件事上，她无法适性而为。她要想在这里保持个性——那么你就孤独；要不你就去同一个比自己小十五岁的外国男人同居。这位邓小姐的寻求孤独的极境，是她的生命的终结。可以说，此人是以身殉个性、殉孤独的。遗憾的是，著者限于叙述亲历，此处着墨不多。而在邓丽君故后，有关方面又刻意作秀，甚至要搞什么“国葬”，弄得人们眼花缭乱。想到这些，禁不起会联想起中国近现代一些大思想家关于妇女问题的言论。为省篇幅，兹不具引。有心的朋友，翻翻三联书店新近重印的聂绀弩著《蛇与塔》即知。

读了这本书，再听邓丽君，听到：“任时光匆匆流去我只在乎你”，似乎更亲切了。这亲切和这“在乎”，与其说是对毕竟知之并不甚多的邓丽君小姐，毋宁说是对中国历史和现实中众多富有个性而命运蹇涩的女士们。

2000年3月

听听邓丽君吧！

工作做累了，我爱听邓丽君。怎么会特别喜欢邓丽君？我说不清。我周围的老领导老上级，都是有极高的音乐素养的。例如陈原，他是柴可夫斯基专家，译过许多柴氏论著，这不去说它。有一次他发高烧，我去看他。只见他趴在地毯上，耳朵冲着 HiFi 那里大声地奏鸣着乐声。他告诉我，这里放的是贝多芬第几。他觉得，只有这样听贝多芬，才能稍稍平息高烧给自己带来的难受。又有一次，他很得意地要我专门去看他。进门后，他说你听听刚才是什么音乐？我大为诧异！哪里有什么音乐？原来，他很得意地买了个门铃，按以后，奏的乐声来自贝多芬的什么什么。老人买到了这么个门铃，得意之余，特意要我来赏新。可怜我这“乐盲”，虽然连声赞妙，事实上是一无感受。真是贝多芬于我何与哉！

但我还是要听邓丽君，原因大概就是自己是“乐盲”，外加是懒汉。了解贝多芬、柴可夫斯基……多累！幼年失学，没从小接受好的音乐修养。长大了只好走旁门左道，流连于所谓大众文化，挑些易于理解的东西来做消遣。听了邓丽君后，又收集她的纪念品，包括照片、邮票，当然更有唱片、图书。我特地编印过一本《美丽与孤独》，一个日本作者写的邓丽君的印象记，用来做我对她的悼念。这是邓丽君逝世后写的，其中写邓的寂寞和孤独，特别凄凉。最近这一阵，又入迷于平路的《何日君再来》。平路的书读来很费劲，当年读《禁书启示录》时，便已一身大汗。但读过以后，总还要反过来再看一遍，因为平路总是设计一大堆“关子”，挑战读者的智力。你不可能相信作者说的只是你直觉到的这些简单道理，于是再回过头去，一读再读。蓦然发现奥义所在，于是喜何如之。这《何日君再来》更是扑朔迷离。全书只字不提邓丽君，然而全书处处存在着一个活生生的邓丽君。如此牵肠挂肚，平路女士把我这老龄读者折腾得简直坐卧不安。但再苦也舍不得把书扔掉，非要看看平路如何写出邓丽君毕生的难题：“怎么样才能够逃离别人的眼光!”

当编辑太苦，所以非得要有精神上出路不可。“无名英雄”云云，只是皮相之见。难为的是无名的折磨。一个天生的 paradox 不断考验着你：要“导向”，给读者的东西要精捡苦选，削皮去核，狠心舍弃；可是又要最大限度地满足读者的需求和喜好，要给他们最新、最美的东西。为后者着想，其实并不是出于什么自由化倾向。现今编辑如我辈者，其道德观念还远不到出版前辈前六七十年的远大理想的水准，只不过觉得不这样做有点对不起人。最从坏里说，也无非有些好胜心理而已！可要是一旦处理不好这个 paradox，那后果就严重。要知道，编辑的一切物质待遇都是同它挂着钩呢!

你如此劳心费神，万一无法从现行奖制中得到宽慰，更万一你有时处理失慎，犯了错误——如我当年常有之情况然，那么，亲爱的朋友，我劝你，在编稿之余，乃至在紧张工作之际，听听邓丽君吧：

> Goodbye my love，我的爱人，再见。
> 不知哪时再相见!
> 我的爱，相信我，总有一天能再相见……

2002 年 12 月

自愧不如

前几年台湾《联合报》上，登了一篇女作家张爱玲的旧作：《编辑之痒》。张女士说，她为《皇冠》杂志写了一篇文章，说自己“不会待人接物，不会说话。话虽不多，‘夫人不言，言必有失’”。结果，刊出时，“言必有失”被改成“言必有中”。另外，上海的旧路名“张家浜”，被印成“张家滨”。张爱玲不无沮丧地说：

> 英文名言有“编辑之痒”（editorialitch）这名词。编辑手痒，似比“七年之痒”还更普遍，中外皆然。当然“浜”改“滨”，“言必有失”改“言必有中”不过是尽责的编者看着眼生就觉得不妥，也许礼貌地归于笔误，径予改正。在我却是偶有佳句，得而复失，就像心口戳了一刀。明知一言既出，驷马难追，何况白纸黑字，读者先有了个印象，再辨正也晚了。

张爱玲究竟是见过大场面的，相当通达，没有因为“心口戳了一刀”而大骂编辑，甚至还说，这是一位“尽责的编者”。看来，这位编者确非全然无能之辈，至少，他读过四书，知道“言必有中”的出处，这在这里也颇为难得。不过，究竟还是改错了。

20 世纪 40 年代中，看过葛传椝教授的谈学英语的书。在南方，葛教授是出了名的严格且直言不讳的英语专家。他讲许多人的英语底子不错，可是还是读不通某些英语书，原因在于读者的聪明不如作者。作者的机智、幽默、借喻、反讽，诸如此类，读者如果缺少作者的那点灵性，便会堕入五里雾中。自大一点的读者，也许会斥责作者的不通。换了编辑，大概便会动手替作者改文章了。

20世纪50年代初，吕叔湘先生提倡做翻译必须有“杂学”，举了“六字真言”为例。他在翻译班上用一篇文章请学生做练习，其中“六字真言”英译文居然没一个学生能够还原，都觉得不知所云。吕先生是出名厚道的，他没说什么聪明不聪明，只是劝说新进的译者要看杂书（例如，读过《济公传》便知道“六字真言”是什么），有“杂学”。把吕先生说的这段故事挪到编辑工作上来，也很贴切。有的编辑说不定会把这六字真言统统删去。

编辑要尽责，不在话下。只是如何尽法，实在说来话长。作者大多是才俊之士。不如此，也无法把这三四千个汉字搬弄得那么出神入化。作者越是有灵气，编辑越是不易对付。编辑同作者，委实是一场比灵气的斗争。大体说来，应当承认，编辑之聪明、灵气多半不似作者。这不是说编辑不行，而是说编辑之所长，原不在此。编辑之自满，也许大陆这里又胜于世界别处。因为我们多年来对编辑的教育，是要他们去为人师。照这里四十几年来的传统，编辑可说权倾一时，既是审查者、把关者，又是指导者。看一部稿子，指出两三个问题，可说“指导有方”，其实从这稿子中得到十个八个教益，较少为人提到。编辑要“自愧不如”一些，也许反倒可以更加尽责，更能一杀编辑之“痒”。

刚做编辑时，学了《语法修辞讲话》，知道一句话有主、谓、宾之分，便迫不及待地小试牛刀起来。已记不清当时如何乱施刀斧，但相信，如把鲁迅的《野草》掩去作者姓名，那时至少可以找出十几条所谓语法问题。几年前刚读到张中行先生大作，颇惊讶其行文之突兀，但又有一种令人难忘的魅力。不过如在20世纪50年代拜读，大概便会斥为不通，至少是觉得有些逗号要删去。这不是说那部《语法修辞讲话》不好，只是自己学得浅容易满而已。在张老这些才智之士面前，犹不能自承愚鲁，其为编辑可乎？

写这稿时，正在读陈原老人的《语言学札记》校样，其中把pidgin译为“泾浜”，马上觉得，这里漏一“洋”字。鄙人曾经久居上海，岂能不知“洋泾浜”其字其事？刹那间，志满意得，仿佛发了一注小财。

但是，刚要下笔，忽然想起“编辑之痒”，于是马上去问陈老。方知他是故意不要“洋”字的，因为pidgin语，不只指中国的不标准英语，也指东南亚等很多国家的这类英语。中国的pidgin也许可译“洋泾浜”，那么菲律宾的pidgin又当如何译呢？显然，陈老于此有深究焉！看来，为编辑者，首要之务，是得自承谫陋——在高明的作者面前。

1998年3月

不良成性

在下的“不良”，首先在于“不良于行”。例如现在要我去逛北京的香山、八达岭，除非那里有金条可捡，就再也不肯“动窝”了。但是，一听说哪里的书市有“奇货”，仍会不惮远程骑自行车的辛劳，好好歹歹去走一趟。

如此说来，这已属于“良于行”，并无“不良”行为在内。但从思想意识看，实在还是“不良”，因为要去买的大多是盗版书、禁书以及种种不良读物。

因为身在书业，时常听说某书某书给“打招呼”了。“打招呼”这行话，在我们这行业特别重要。现在还没有出版法，而宪法上又规定有出版自由，于是一旦有有力者认定某书属“不良”范围，大多辗转地打个电话通知有关人士，吩咐作什么什么处理，是为“打招呼”。既然是“招呼”，你不听当然也可以。不过，一旦你老兄有可能被重用时，有关方面大多会问一句：此人听不听招呼。如果答案是否定的，那就是晋升的一个不大不小的窒碍了。

我不关心某人的进退，只是想一读其书。中国书店之多，打过“招呼”的书，二三天内总还能在市上找到。这便是一大喜事。还有的书，涉及诉讼，因而停售，更不难在零售市场找到。只怪自己见闻太窄，此前居然从来不知有此书，现在一闹出事故，才赶紧千方百计找来一读。无怪乎美国作家房龙说过，禁书“是一件极其愚蠢的事情，查禁图书与迫害作者的结果，只能是使那些根本就不会引起公众注意的图书，反而会因此备受瞩目”。我因此类传闻，前后花了个把礼拜时间，访求一套多卷本的某位艺术家的生平自述，居然从“劫余”中搜求到三四套。自留一套，其余为同好要去。又花了半个来月把上百万字的书浏览一过。对于我这个毫不通晓艺术的人来说，的的确确是做了个房龙说的“使那些根本就不会引起公众注意的图书，反而因此备受瞩目”的傻事的牺牲品，如是而已！

盗版书市场自然可取者很少。但有时亦有所得，所虑者只是错字太多，难以卒读。这时就要不惮其烦，设法校对若干页，发现错字不多，才买回来细读。最近想读一位大人物传记。上下两册，一百余万字，正版费用不赀。发现书市有盗版，我耐心地在摊旁粗读数页，似乎觉得质量尚可，而价钱仅正版的三四分之一。买回一部细细校勘，觉得错字的确不多（当然还是有），仿佛捡了外快。我知道，按机会成本的理论说，凭我花这校勘的时间去干别的什么业余劳动，所得也尽够买书。但还是要“不良”一番。此无他，“不良”成性而已！也因此，奉劝各位不在书业的非不良青壮老年：不必去冒买盗版书的险。

2004 年 3 月

《阁楼人语》后记

我编杂志是半路出家。1951 年考进出版社，分配做《新观察》和《翻译通报》等杂志的校对员，远远看着董秋斯、吴国英、戈扬、郁风等长者编出一期期刊物，羡慕得了不得。光阴荏苒，过了将近三十年，忽然奉调去编《读书》杂志。这是我生平第一次得偿所愿，开始编杂志。但那时编《读书》多半是业余劳动。主要的业务是编书，行有余力，则以编刊。好在有许许多多老人家、小人家在，我只是执行而已。

具体指导我编《读书》的，是陈翰伯、陈原、史枚、冯亦代、倪子明等等长者（人名恕不一一列举，因为有的长者不愿在下高攀他）。开头，自然是奉命行事，自己绝少言论。几年以后，稍稍觉得翅膀硬了一些，每次编完，想到要不要发些小议论。大抵从 1984 年后，也就是编了近三年后，每期末后开始写几句话，略表心迹。所以要略表，是因为那时每天看读者来信看出甜头。每期杂志出版，总有几十封来信，不免读后浮想联翩，进而发为文字。

这类文字，开头叫《编后絮语》。某年受“阁楼里的疯女人”说的影响，把自己的编辑室命名为“阁楼”。这不仅因为编辑室里女性居多，男子汉永远占少数，而且还考虑到编刊物不免常常犯错误，出了错承认是出于“发疯”，处分起来可以宽一些。另外，我原是上海滩上的小店员，一直羡慕上海的文人当年在亭子间里做事。那年头编辑室也居处湫隘，一旦命名为“阁楼”，并不以为丢脸，反以为荣。

之后，某日忽然读到 Silverstein 的诗配画：A Light in the Attic，里边说：

> 阁楼里亮着一盏灯……

我从屋外瞧见那灯火，

而我知道你人在屋内……正望着我。

于是，恍然大悟，在阁楼里可以做得大事，中外通例。我辈阁楼中人绝不可自怨自艾，更不必自轻自贱。要时刻想到，阁楼外有那么多眼睛望着自己，彼此相睇，心灵相通。

由是之故，以后把自己写的鸡零狗碎通统叫：《阁楼人语》。

蒙陆灏兄盛情，在1996年就将此类文字耐心收集起来，打算刊印。当时社会上对《读书》杂志的议论稍稍露头，我怕人们把这看成某种“新动向”，不得不央求陆兄暂停此事，让我销声匿迹。现在李辉兄又重提此事。眼下我确实住在一个真实的阁楼上，不免时常想起当年想象中的阁楼。遗憾的是，现在大概不会有人像当年那样“从屋外瞧见那灯火”。我无法天天收到那么多来信，让我知道我们正在彼此相望。此刻每日所为，无非再三诵读当年作者、读者写给“阁楼”的信，摭拾旧闻，回忆旧事。但这也好，好歹可以比当年的思路客观一些。现在思来想去，总觉得自己在编《读书》时的所为，乃至我的整个编辑出版经历，都逃不开基督教所说的“七宗罪”。《阁楼人语》中所表达的，无非是其中一二而已。由这说来，李辉兄是要我坦布罪状。我从这角度想开去，只得同意。

2003年10月

世界文化视野里的饮食之道

我素好饮食，特爱上小馆。老了以后，身上什么器官都在迅速退化中，唯独肠胃的功能退化得比较慢，还能跟年轻朋友比比高低。职业是编书匠，工作就是同文人学者说短论长，于是饭馆成为最好的聚会地方。近十多年来，喜欢同朋友说的话是：咱们哪天找地方叙叙！这“叙叙”，不是去中山公园，也不是逛天安门，而一定是去某家餐馆大快朵颐。

因为好吃，也就爱读关于吃的书。职业关系，可以说，我是收罗海内外关于吃的中文书比较多、比较早的一个。近一二十年，隔三差五也要去外国转转，于是也关心西方人的饮食。可是，大概除了咖啡、甜点和洋酒之外，我实在对西方人的烹饪没有什么了解。自己知道这属于一种欠缺。我每到纽约，最高兴的是去唐人街、弗拉盛买鱼、肉、海鲜，用典型的中国方法做一些菜，让下一代及其朋友们品尝。人们格于礼数，自然啧啧称美，于是更使我想不到要去弥补这一欠缺。我的一些长辈，例如出版界元老陈原先生，就有极宽广的国际视野。我常同他共餐。他除了广东老派（并非港派）的中餐外，所好就是西餐，特别是牛排。那个 steak，又只要五六成熟，我屡屡陪他共餐，几乎成了我的西餐启蒙食物。可惜我在这方面跟他学习得太少。

理性告诉我，西方的食物能为世界上这么多人所喜爱，自必有其优胜之处。我读过一些谈西餐的文章，至今印象犹深。例如，我略懂俄语，所以也喜欢有些俄国菜，特别是那个罗宋汤（borsch）。可是我在十来年前读到胡金铨先生的一篇文章，讲他在伦敦一家白俄开的餐厅吃的 borsch，那做法，令我大为钦羡，可是我从来没去过英国和俄国，无法享受。在北京，当共青团员时团组织就组织我们去“莫斯科餐厅”

吃过这菜，至今也许吃了上百次了，却总是品不出胡先生说的那味道。这让我不能不同西餐有了隔阂。于是，在这世界上时时刻刻都在讨论“比较”“融合”之际，我在饮食上却是落后了。现在中国大陆的书市开始注意出版谈饮食的书，但奇怪的是，别的方面讲创新，这方面最热闹的却是复旧和补课。谁说得出几十年前某个中国名菜的奥妙，谁就是大行家。

我现在找到了一位老师：张融融女士。她与我过去是同行，都是所谓传媒工作者，但不认识。近些时候我们在旧金山见面，共饭又同游。我由是知道她既擅文墨，又通中西的饮食之道。其后读到她的近作，大开眼界。她久居美国，又是一个有心人，有丰富的实际经验，同我们这类“土鳖”比起来，不可同日而语。我相信她的这类著作，有开放心胸的中国年轻读者会非常喜欢的。我虽已经老朽，但是倘若方便，也很想尝试一下她提到的美式馄饨汤和水煮咸牛肉之类。总之，谈起饮食，我想特别说一下，我们现在很需要从世界文化视野来看饮食之道，而不是仅仅固守中国历史上某个大人物品尝过的若干美味佳肴不放。也许这暗合西方的某种“后”什么理论，这就更好，让我们来赶赶这时髦吧。当然，我的本意，只是觉得要补一下欠缺而已。

总之，我在旧金山拜了张融融这个师傅，相信我以后一定会在她不断指导下，在饮食之道上，好好学习，天天向上！

吃遍中国

在北京，除非为了临时果腹，我劝阁下千万别去写着“川鲁粤名菜”的食肆。你想想，一家馆子能同时做出这三种各各风味不同的菜，还有什么特色可言。

住在北京，一大好处就是能享受特色。因为它毕竟是首都，四方来朝，八面进献，各各自成特色。这逼得老北京风味步步后退。连涮羊肉、烤鸭，现在都有外地巨头在做，让全聚德、东来顺不能不让出地盘。老食客目前在北京可讲究的，是吃真正地道的各地风味。于是摸索出一条捷径：去各省市办事处的饭馆吃饭。

北京早就有各省市驻京办事处，由来已久。但是，过去只办行政事务，不在北京做零售，更不要说开饭馆。“文化大革命”早期，江青曾为四川驻京办大吵大闹，说那是李井泉驻京的特务机构，专门收集她的情报的。以后红卫兵大闹四川驻京办，着实热闹了一场。打这以后，驻京办当然销声匿迹。但是到现在，随着商务开展，驻京办不仅在在皆是，而且大多开有饭馆了。

即使好食如区区，也难以每个驻京办的饭店都去过。但不论去过多少处，似乎去一处，爱一处，因为毕竟都是北京当地难以吃到的中国名菜。例如，在下的领导是安徽人，恁多年来，此公总要鄙人陪他吃安徽菜，而终难如愿。现在去了安徽驻京办，随时可吃上臭鳜鱼、安庆素火腿、徽州饼……可惜的是，当安徽驻京办开张之时，领导大人已经驾鹤西去，只留鄙人在安徽驻京办凭吊了。

当代北京人好旅游，一个好去处是云南。云南八大怪，让许多北京人如醉如迷。云南的饮食也怪，如过桥米线、汽锅鸡、瓤百合……要在北京吃地道云南菜，常去的是东便门的云腾宾馆。这是云南地方政府开的，严格说还不算驻京办，但比云南驻京办较近市内，遂常为喜滇菜者光顾。

有的菜馆开在驻京办里面，却不是驻京办开的，也往往有可吃之处。如张生记和楼外楼，一在浙江驻京办，一在杭州驻京办，都是吸引北京顾客吃杭州菜的好去处。尤其是张生记，下午六时后甭想找到座位。

眼下北京精明的食客，已有嫌省级驻京办的菜不够特色的，就去市级驻京办。如去四川驻京办的人太多，不少人改去成都驻京办；去福建驻京办的，不少改去福州驻京办。又有人说，更好的去处是福建长乐市的驻京办，更低一档，但更有特色，更可爱。

有时，去官方的驻京办次数多了，奉劝阁下去光顾一下民间的“驻京办”。例如云南傣家菜，北京已有多处。但不少人往往宁可去中央民族大学北路几个德宏傣族人开的小餐厅，认为那里的过桥米线更为过瘾。

总之，在北京吃各地驻京办（官方的和民间的）的饭馆，犹如吃遍了全中国——可以这么夸大地说。

2005 年 6 月

编辑与饮食

《视觉21》三周年特刊上，主编孙平先生大叹编杂志的苦经。他的一大苦事是：居然为了工作，“忍耐地吃了近一年千篇一律的快餐盒饭”，读来令人心酸。

我也曾是老编，自然也有苦经，不过，孙先生这样的苦头，我没吃过。我的苦经是常常要到上级机关去作检讨。编杂志这种事，四平八稳了对不起读者，归根结底是对不起党和人民。长了一些犄角，又容易出事，尽管自认为生这犄角还是为了党和人民的利益，但你水平太低，领会得不当，做得不合适，自然需要检讨。作过检讨，灰心丧气之余，所为何事：痛痛快快吃它一餐。

我编的是小刊物。我们当年，编辑部或在地下室，或在厂房，不成体统。本人忝为主编，文房四宝之外，斗室之内有三样不可少：冰箱、电砂锅、咖啡壶。电砂锅里经常炖着红烧肉，到时候，垂头丧气或兴高采烈地回到编辑部，肉香阵阵，好不刺激。然后邀约三二同事，打开冰箱里的“普京”（普通燕京啤酒），讨论过去、现在、未来，快何如之。这以后再看稿件、改校样，如得神助，灵感迭现。在心情振奋状态下，事情会越想越平和。适才作检讨时的满腹怨怼，抛到爪哇国去了。求“稳定”的心情不时呈现，最后有可能做到同上面的要求若合符节，功德圆满！

当然，上小馆亦可。这还可达到另一个目的：同作者交往。编辑也者，“交际草”之谓也。编辑而不交际，何来佳稿名作？有位记者在问孙先生编辑甘苦时顺便说了一句：“你是老板，可以打打牙祭的。”其实，编辑“老板”可打牙祭是实，但十分辛苦。因为边打牙祭边在动脑筋如何取得稿件。更苦的是，动脑筋如何退稿。约稿要打牙祭，退稿更要打牙祭。当过编辑的都知道，组稿容易退稿难。打牙祭要花钱。一个编辑部一共只多少钱可供打牙祭？遇到这场合，我的口号是：左顾右盼。菜馆的 menu，从来是左边菜名，右边价钱。左顾右盼之后，大致一算，知所适从。当编辑的人还要学会当出纳的本领，好苦哟！

打牙祭多了，会遭内部机关生活方面的批评，怎么办？我的办法是请人们去读读老编辑的回忆和日记。当年开明书店各位前辈的日记出了不少，其中“招饮”“小叙”之类记载屡见，更有“送一席去”之类的大动作。我经常录出一些名句，请同事瞻仰，说明编辑之需美食，古训昭然。当年上海四马路酒肆饭铺林立，想必小聚极易。编书与餐饮之关系，也许当年更为明白。

人谓编书犹如下厨，台北出版大家郝明义先生即有此论。我不当编辑多少年了。眼下编辑业绩全无，而下厨却成常事。对老了的编辑（不是“老编辑”，含义稍有不同）说来，应当说，下厨犹如编书吧！

总而言之，一当编辑，好比入了饮食业，你同饮食之道是脱不了干系了。

“以食会友”考备

我当年追随的出版界前辈教导我，做文化工作要“以文会友”。我不长进，除爹娘给的名字里有一“文”字外，生平无文可以会友，乃篡改为“以食会友”。近十几年来，此语颇为人闻，于是《北京晚报》的朋友来约我写关于今年读过的“食经”。既已有“好食”的恶名，也只能勉强写一点。

今年在“食经”的出版上，似乎进步不少。过去这里反对吃喝玩乐，当然稿源枯竭。我辈要读食经，非得到港台去买不可。现在，不少港台的好书已经翻印过来了。特别值得一提的是唐鲁孙著作多种，都在今年由广西师范大学出版。我见到已出的唐著共七种，其中两种专门说“吃”：《中国吃》《天下味》，还有两种不少地方说到饮食：《故园情》《大杂烩》。在我印象中，似乎还应有几种谈饮食的唐著，如：《说东道西》《酸甜苦辣咸》，不知是我没见到，还是还没印出来。似乎还有一种《唐鲁孙说吃》，别的出版社以前已经出过了。关于唐著，海内外谈论者已多。逯耀东先生的序言中说得最贴切：“唐鲁孙的馋人说馋，不但写出吃的味道，并且以吃的场景，衬托出吃的情趣，这是很难有人能比较的。”是为的评。写到这里，想到逯君的《肚大能容》这一佳作。手边无书，但想来这并不是今年出的。

大陆写食经的大家自然多得是，绝对不让港台，如王世襄、唐振常、汪曾祺、陆文夫各位。今年看得到的是邓云乡老人的《云乡话食》。这位老人极其熟悉京师饮食，后来久居沪滨，是我所仅见的满口京片子的江南学人。书中写八方饮食，又有大量文化故事。此书收入河北教育出版社的《邓云乡集》。这套集子共十几册，一次出齐，为出版业的大手笔。而且其中每集都能单买。比这一代老人年轻的写家有赵珩，可惜他自《老饕漫笔》后，今年似未见新作。但眼下市上有此书今年的重印本。再年轻些的美食图书作者，今年书市上我见到古清生、洪烛所著《闲说中国美食》（中国文联出版社）。古先生曾著《左烧烤右煨汤》，颇别致。市上还有一本书名颇怪的书：《翻译家王汶的食谱》（百花文艺出版社）。食谱我一般是不买的，不过书名有“翻译家”三字，吸引了我。买后读过，发现书中说的食经的确有翻译家擅长的中西沟通之妙，可惜书中对文化着墨不多，谈操作之道较多。假如认识这位大家，去府上扰一顿，才更有趣。写到这里，我想到一位也擅长中西饮食交流的作者——张融融女士。她久居美国，在那里研究烧中国菜，往往有新异的发现。似乎她今年在这里出了不止一本食经，不过我手边没找到，多半是借给朋友去看了。

大陆有把文人谈饮食的美文编集的传统，过去出过一些。今年见到两种：《文人饮食谭》（范用编，三联版）和《文学的餐桌》（焦桐主编，广西师范大学版）。前书比较传统，所收作品大多是夏丏尊、周作人等传诵一时的名作。后一本编者大概是海外的，收入海外佳作居多，极有新意。此书有北京大学陈平原教授序，指出：“台湾作家比我们幸运，以美文写美食，这条线半个多世纪以来一直没断……这本《文学的餐桌》……让我大开眼界。真没想到，竟然有这么多作家精于此道，也乐于此道。”

近年关于饮食图书的出版，有一新现象，便是不断有新的译作问世。今年可以一读的是三联书店出的《厨师之旅》，说一位名厨为了“寻觅世上最完美的饮食”所作的旅行。对我这种专跑本市曲里拐弯地方找脏兮兮小饭馆的俗人来说，读这些不免有些隔膜，但毕竟大开眼界。如果年轻三十岁，说不定也会有兴趣跑到西贡去吃眼镜蛇的心脏。

最后，不得不提两本有益的参考手册：《南方饮食掌故》《北方饮食掌故》（均为竞鸿主编，百花文艺出版社出版）。在膳饮之余，想知道一下今天所吃的名菜有什么典故，何妨一查，聊供谈助！再提一小事：多年想了解俄国菜，所得不多，日来在旧书店得一小书：《现代俄罗斯大众文化》（杨可、孙湘瑞著，中国经济出版社，2000年），其中有专章谈“俄式大餐与名人饮食”，读来极为过瘾。可见“馋书”作者甚多，大可发掘，出版业还大有可为。

鲑鱼·鲴鱼·鳝鱼

前不久有幸读到也斯先生《带着苦瓜去旅行》的名句，马上就想起恩伯托·艾柯的《带着鲑鱼去旅行》这一名篇。艾柯的书，说的虽然同也斯一样，是某种食物，含义似乎全然不同。他只不过是在借鲑鱼批判现代的计算机文明，没有像也斯那么多的深情寄托。这不去管它，在我们“好食之徒”看来，要讲究的是究竟这里的“鲑鱼”是什么，它怎么值得艾柯为它如此劳心费神，把一条熏鲑鱼从斯德哥尔摩带到伦敦，最后还落得个鱼变质生味，“当然不能吃了”的下场！

不懂意大利文，不知艾柯此书书名里说的究竟是哪种鱼。但既有识者译为“鲑鱼”，想当然，那大概是英语里的 Salmon，俄国人叫 Keta 的。若然，那不是“大马哈鱼”？这鱼同我也交往多年。小时候在上海，人们管它叫“东洋鱼”。我们穷人都是吃腌制的，虽然“生苦铁咸”（宁波话，喻其咸），也实在是佐餐的恩物。长大后到北京，发现它叫“大马哈鱼”，后来又叫“沙文鱼”，贵得非常。有时同外国商界朋友同去东华门护城河边的“四合院”（即有名的“北京五大牛 B 去处”之一）议事，送上来菜单，我多半不识，端详良久，发现一个洋文依稀见过，是为 Salmon，当然就点它。于是在那里吃过多次 Salmon，自然比在上海时吃的精彩，但等来结账时一看，单这个菜就要二三百元，不免代人肉疼。

由 Salmon 想到吃鱼。正好，陈冠中老兄来北京。他给上海一个杂志写稿，那里寄来稿费托我转交。打电话约他见面。他是个识趣的文化人，立刻约我在某个餐馆见。我想到北京光华路东端的“吴越人家”，那里的鲴鱼尝过几次，也许不致在这位见多识广的名人前面“露怯”，就约在那里吧。

说实话，这次全是冲着鮰鱼去的。读了艾柯的谈鲑鱼，很自然的，因此鱼而移想别鱼，更想将西方鱼的胜境同中国鱼的实际相结合，于是把兴趣从此鱼移到彼鱼上去了。鱼其物慕名已久，据说是湖北荆州的名菜。散文名家碧野多年前曾经为文描述过，题为“长江浪阔鮰鱼美”。他是老干部，当时大概还荣居湖北作协头头高位，在宴会中食得此物，信为美味，很让我辈一般读者垂涎三尺。他文末提到，正在试验人工饲养，不知会不会成功。成功以后，人们都可尝到，意思是说一般人在当时是不易尝到的了。以后，我作为“唐鲁孙迷”，又在唐著《说东道西》里读到过。唐先生对鮰鱼赞不绝口，用了不少品食家的美辞，如“膏润芳鲜”“汤浓味厚”“芳而不濡”“爽而不腻”“甘鲜腴肪”“郁郁菲菲”等等。唐先生尤其赞扬的，是此物少刺，因为鱼类“肉越细嫩，冗刺越多”，鮰鱼恰无此弊。后来又有人告我，苏东坡曾有诗咏此鱼，我既只有心去设法“入肚”，也懒得去查考了。

“吴越人家”原是上海的面馆，近年在北京开了分店。主持人吴越人先生，因唐振常先生之介，在上海见过，英年才俊，印象很好。谈起唐老，作为历史学家和作者，他对我教诲甚多，说不胜说。单是饮食之道，我每去上海，总要请教。他最爱谈川菜，恰恰也是我的所爱。他进“吴越人家”吃饭，谈起某菜，必定要吩咐今天在其中多放点什么，少放点什么，宛如在家中聚餐。美食家而能如此同餐馆打成一片，吾辈信不逮矣。可惜的是，就这几年，唐老以及吴越人先生相继过世，这些风光无法“依旧”了。

“吴越人家”是苏州风味，进门就听到播放一片苏州评弹的声音。放的“开篇”，似乎多半是严调，故事多半是讲杜十娘怒沉百宝箱，似乎店主人特别偏爱这几出。这也对我胃口。我其实与苏州毫无因缘，反而曾是同它生活习常非常对立的“阿德哥”的门徒后辈。但在上海为佣做工，天天在“店堂”听惯了这些国粹的 aria，反倒有了感情。“吴越人家”的菜还喜放糖。甜得让喜辛爱辣的湖南名媛、贵州名编、京中名流许医农老人家大光其火，以致她多次向我表示，永不能进那里吃饭。不过我倒越来越喜欢这甜，总是埋怨店家来了北京以后太迁就京派，把糖放少了。

鱼现在一定是人工饲养了，在北京不难吃到。我也在湖北饭馆吃到过几次。第一次是在东城大取灯胡同的一家，一盘鱼二百多元，一咬牙点了，于是方知天下有此一味，不枉成了唐鲁孙、碧野这两位大家的信从者。但是，现在尝到苏州厨子加工的此鱼，觉得鮰鱼的特色更加发挥无遗。唐鲁孙先生上举种种佳词美饰，于此可说更加贴切无间。自然，肥腴之物加上甜美，有人不免觉得腻。不知道为什么我年过七十以后，越来越喜欢这种“腻”。原因究竟在何，也许有人认为还得请 Freud 来解决吧！

“吴越人家”尚有一我喜欢的美味：无锡脆鳝。北京有好几家做这味无锡菜，不知为什么，却总是做得不够松脆。按说北京的气候应比别处容易做到境界，但总只有“吴越人家”做的够味。除此之外，这里的好处还在卖阳春面和葱油热拌面这些大众面食。这是上海老百姓最大众化的食品。我在五十多年前度工读生涯时，因为要赶时间上学，没法吃上工作场所供应的伙食，每天靠面摊上的这类面条过日子。记得1950 年，阳春面在摊上只卖九分钱一碗，店里最多一角五分；当然大马路日升楼的沈大成要贵得多，但与我无涉。现在“吴越人家”每碗二元。五十多年只涨十几倍，似乎够公道。而他们的面条，特别“劲道”，比面摊好过百倍。据“吴越人”先生过去对我说，那是因为他们自己做的面条，里面加了鸡蛋清。品酒美食过后，来阳春面一碗，既贵族又平民，颇合社会转型期之道，也与我理解的“后学”之搅七念三、不论程式相一致，快何如之！

那天冠中兄请客，还邀请了吕彤邻、查建英、于奇、徐淑卿等各位女杰（也许还有豪男，恕我忘了），相聚极欢。临了结账，正好将陈兄的稿费花个一干二净。各位嘉宾闻讯大喜，均赞我善点菜，会谋划，我当然也高兴。

我只盼望下次还有人请我代转稿费给陈冠中先生，让我再表现一次自己点菜和谋划的才能。当然，下次不吃鮰鱼了。

2002 年 9 月

从食素到主义

蔡澜先生有一文集《未能食素》，是我早年喜读的谈美食的图书之一。当年大读境外作家写的食经，油然而生的一个念头是：怎么能想办法到香港去住一阵，天天尝些美味。因为蔡澜以及其他诸贤所谈的美食，都在香港，不在什么尖沙咀金巴利道，便是湾仔的大王东街，叫我在北京哪里去找。天哪！那是二十世纪八九十年代的一“念”之动，虽说已离“文革”十来年，脑子里有这种叛逆念头还是太不应该，赶紧打住！

但是蔡著这一名称从此深入脑海，原因无它：“未能食素”，深得吾心！讲食经而进素餐，岂有此理。此所以鄙人虽然敬重及至畏惧酷喜素食的内人，而内心深处实不以为然也！蔡先生说，“我对肉类的兴趣不减，就像我不能抗拒雌性的诱惑一样”。对我辈处于衰退状态的老汉言，前半句自然是至理，后半句实在是力不能逮，除非指的是请我吃清炖老母鸡汤。

但也去过几次素菜馆。主要的原因，是要招待食素成癖的作家，特别是女作家——至今还少见男作家是嗜素的。三联书店附近灯市口大街的“绿色天食”，是常去的地方。同台湾历史小说大家林佩芬女士便几次在那里晤面。几次谈的都是闲话，没有考究食物。只觉得那里供应素啤酒，还让人高兴。结账时发现，价钱似高于对面的川菜或隔壁的西北羊肉。于是想想，一个人出家后要是专吃羊肉，不是比专门素食来得经济？李渔《闲情偶寄》中说，“饮食之道，脍不如肉，肉不如蔬，以其渐近自然也”。但这“渐近自然”的代价是不是太高一些呢？这些都是接受素食启蒙教育时的心情。

几个月前去了一次另一个素菜馆。那是台北《人间福报》主编永芸法师来京，应邀去柳芳南里的“荷塘月色”素食。那旁边有一排楼房，问下来原来其中有三联书店的宿舍，几位同事住在里边。而我这专门寻访北京餐馆的闲人居然忽视了这家餐馆，其之“憎素”可知。荷塘月色，好美的名字，菜如何，实未细品，只因为那天忙于同法师谈话。我非常奇怪，一位大学中文系的高材生怎么会出家学佛。于是想方设法，反复诘问，法师耐心地对我解说佛法。我并没有因之大彻大悟，马上拜师出家，但确实发现法师言之成理，觉得法师这么皈依我佛，良有以也！连夜细读法师赠我的大著《梦回天台远》，见到法师再三告诫“一切皆乃因缘生灭”的真理，觉得透辟之至。这次宴席，因席上畅谈佛理，使我对素食开始产生一些好感了，至少是至今未能忘却当时的那份“因缘”。

最近一次“皆乃因缘生灭”而与食素结缘，是在上月。旅美作家於梨华来，我纠合一批北京文人欢迎。一位小姐力主去一素菜馆：“百合素食”，在北三环蓟门桥。我知道同席的丁聪老人同我一样，是“未能食素”的。但丁夫人同意去，此老当然服从。到这饭馆后，看来普普通通，但一听介绍，觉得颇不简单。原来这里是一些素食主义者的集合地。主持人不为谋利，只为提倡素食。中午供应素食盒饭，每人八元。晚上的宴席，极为洁净。更有甚者，价钱低廉，我们十来个人，花费二百余元而已。

大家称赞菜好。只是不解的是，菜名多为荤菜，食之亦有荤味，而竟是素品。席上止庵兄对这种做法颇持异议。他以为既叫素菜，最好戒绝荤名，不必借鱼、肉之依托来张扬素食。此见颇获赞同，连饭店主持人也同意，只是希望以后慢慢改进。

归来以后，再问有关朋友，方知这里二楼还有佛堂，时常有高人宣佛。可惜我未得见。

这次经验使我对素食颇有敬意了。各行各业，总要有一理想，进而有一主义，才能全身心投入，完全做好。这里的素菜馆，是秉承一种信念而开办的。它至今并未彻底改变我“未能食素”的习惯，但我对这些素食主义者，深怀敬意矣！三种素食经验，正在慢慢改变我的观念。什么时候才能生一因缘让我彻底转变呢？我不知道。但又转念一想，世间不是还有酒肉和尚，而且近来很受人称赞的么？

多吃虫子

谈食经，前些时候此间流传的有关图书，很少谈到云南菜。这也难怪，这些大多是港台作家的作品，同云南比较隔膜。除非少数抗战时在西南联大待过的，才同滇菜有感情，例如汪曾祺先生。唐鲁孙先生也曾谈及。唐振常教授在五六年前出的《颐之时》，到手之时，正是我初试滇菜之际，很想在这位待过云南的大食家那里找到一些对时下滇菜的好评。一读之下，大丧其气。唐先生说："近有昆明之行，对于云南菜大倒胃口，未食佳味，只得恶品。"此前不久，我也去了一次云南，说实话，对滇菜印象也平平，这当然是因为没有当地"识途老马"带领，只是吃些宾馆里的场面食物而已。

不过，近二三年，我倒成了北京的滇菜迷了。首先吸引我的是住处附近的云腾宾馆（东便门旁边）。接着，去"茶马古道"。它开设后又迁址，现在东四环 SOHO 现代城。

未能忘情于滇菜，起因于五十来年前的回忆。20 世纪 50 年代初刚来北京，找了当年革命纪律的罅隙，溜到住处附近去上小馆。东单东观音寺胡同里开了一家康乐餐厅，在一个小四合院里，主人是位女士。餐厅布设得很典雅，有书画陈列。我们这帮江南小孩，自然啥也不懂，只想吃些窝窝头、馒头之外的东西。吃了几次，尝到一种"过桥米线"，叹为美味。过桥米线当年大概是五角一碗，即使按今天的标准看，做得也够地道。可是天哪！我当年的月薪才二十八元，够吃几次？幸而来京之时，母亲怕我初到北方给人骗走，在衬衣里缝了五十元人民币，供万一逃难之用。我到北京后见局面很稳定，将这五十元悄悄取出，全用在到康乐吃过桥米线和上别的饭馆吃木须肉了。我辈当年之"参加革命"，思想之不纯洁可见。现在"退休"，看到 20 世纪 50 年代后参加革命者谓之“退休”，此前谓之离休，两者待遇判然有别，不免怏怏。然而念及当年自己偷偷吃过桥米线等不规行为，心中也就释然。

五十来年后，不免常常想到过桥米线，找地方大快朵颐。以后，有云南朋友送我一方云腿。我是金华火腿迷，现在见到别一品种的火腿，赶快大尝新鲜。我见过梁实秋先生谈云腿的文章，他的评论是“脂多肉厚”。说实话，金华火腿虽美，但其之不够肥腴，我常以为憾。云腿香味稍逊，但用以蒸食，其肥腴可为补充。我不知道如果用它来做“蜜汁火方”，其味如何？想象之下以为不会错。总之，我对北京的杭州菜馆做的蜜汁火方，是越来越不喜欢了，总想如何改进一下。喜欢云腿的另一原因是据说金庸先生喜欢它。此事台北近出薛兴国先生大作《吃一碗文化》也提到过。凡金迷者不可不注意及此。

与云腿同类的还有“徐家渡香肠”，蒸食极美。奇怪的是，此物只在“茶马古道”一家有。这徐家渡仿佛是上海地名，当然绝对不是。

尝云南菜，必然要吃菌类，汪曾祺先生有文道之甚详。“菌”也者，蘑菇之谓，是中餐中极普通的食品，几乎任何一种风味的中餐中都有它的踪迹。明人潘之恒有《广菌谱》之作，其中已记载有云南产的鸡枞菌，可见历史悠久。汪曾祺先生最欣赏云南的干巴菌，誉为“味道最深刻（原文如此，并非误植），样子最难看”。他认为，此物入口之后，“只觉得：世界上还有这么好吃的东西”？因为它有“陈年宣威火腿香味、宁波糟白鱼鲞香味、苏州风鸡香味、南京鸭胗肝香味，且杂有松毛的清香气味”。此物我只在“茶马古道”尝过一次。当时宾客甚多，匆匆未及细品。以后不敢再尝，因为价钱太贵（近二百元一盘）。我常点的是鸡油菌，价钱仅上述十分之一，也好吃。但汪先生认为，这种菌“中看不中吃”。也许我辈水平（文化上和经济上），也只能到这功力了。诚望雄于资而志于吃者，去多试几次“干巴菌”，然后报道心得。

云南人民出版社二三年前出一书：《云南十八怪寻踪》，值得一读。一位大学教授评论此书说：“所谓‘怪’，就是个性”，是为的评。这十几种“怪”中有一种是：“蚂蚱当做下酒菜”。蚂蚱——蝗虫，拿来当菜吃，并不奇怪。但在云南，发展到“昆虫捉来皆为菜”，的确是洋洋大观了。北京的几家名厨过去有炸蝎子之类菜，鄙人所最嗜，现在似乎少见。像“茶马古道”的滇菜那样，一盘里有三种虫子，对我来说实在更加对劲。我最喜的一种昆虫是竹蛆，又名竹虫，下酒极美。说到酒，不能不提那里的“藏秘干红”“藏秘干白”，我不知道为什么要叫“藏秘”，当然同西藏有关，但可在云南饭馆吃到。用竹蛆下“藏秘干红”，别具风味，只是这道美味没法请小姐同吃。与我同过席的小姐，只有著名的新东方英语学校的芦裔颖女士，叨在同乡，且有同好，肯同我一起赏光“竹蛆”，其余诸位皆仿佛见到了怪物，骇然而退。以后只好不点此物，而且为了礼貌，不得不虚伪地声明这类东西本来“上不得台盘”。不过说到滇菜，我还是劝告各位多吃虫子。

云南菜中的砂锅鸡自然也是名菜，但近来似乎吃到的好的不多。我想起王世襄老人多年前同我说过的一句话：现在吃宴席，最要命的是鸡没好鸡，菜没好菜。意谓鸡鸭和菜蔬都用了“催生”的办法，产量高了，质地却已大不如前。砂锅鸡之少佳品，原因莫非在此？

2003 年 1 月

北京小吃

小吃这玩意儿，最能表现国粹。北京这么一个帝王之都，近几百年来大小贵族千万臣民在这里休养生息，着实造就了一种全中国乃至全世界难以望其项背的“小吃文化”。要认真研究起来，足可写出一本几十万字的大作。

不过，眼下要在北京找一整套典型的小吃系列，越来越难了。一来是过去多少年不重视国粹。无怪乎唐鲁孙老先生每到行文描述大陆的饮食时，总要在文末慨叹时光不再，尽管我们对他慨叹的内容不会全部同意。二来是近十来年京城的现代化着实冲击了典型的北京小吃。例如，来北京的朋友大多喜欢逛东华门大街的小吃街——这是政府特许的一条小吃街。可是，天哪，这里有多少称得上“北京小吃”？更何况走在不远处，肯德基、必胜客等洋小吃始终宾朋满座。要是给唐鲁孙、梁实秋、邓云乡、金受申、徐霞村诸君子见到此类情景，还不要气个半死?!

不论如何，咱们来说说当今逛北京时还能尝到的一些小吃吧！

一、艾窝窝，又名爱窝窝。一种糯米粉制成的凉食。邓云乡先生说：“苏州观前街黄天源，上海王家沙、沈大成、乔家栅等家的捣沙团子、刺毛团子，都是名店的名点，但总觉得没有爱窝窝好吃。”这是回民的食品，已在京流传多年。有一民谣用这食物喻人：“艾窝窝砸金钱眼，粘有准!”北京西城有一道观“白云观”，其中有一口井，井里有一石眼，春节中，游客多以铜钱打这石眼，侥幸通过者，被认为有好运。这句民谣里说，若以艾窝窝去打这眼，准保通过。这个比喻很典型地说明大多数北京人的性格：粘有准。鄙人居京五十余年，对他们的“粘”，痛恨之至；但是对“粘”后的“准”，又佩服已极。谈北京小吃，不可不同时念及如此种种，方有意味。

二、萨其马。顾名思义，这是满文或蒙文的发音，但究竟是满还是蒙，专家们其说不一。据说它的做法是“以鸡蛋清和奶、糖、面粉调成糊状，用漏勺架在油锅上，将面糊炸成粉条一类的东西，然后在模子中以蜂蜜粘压成型，稍蒸之后，上面洒以熟芝麻或瓜子仁、青红丝，用刀切成长方块即成”。这是冬天的点心，入夏后，即使有售，质量也不大行了。食用之际，如能同时念及当年北京满、蒙、汉混居的盛景，更能念及汉人经多年平稳生活后的没落景况，当然更有意味。

三、小窝头和豌豆黄。相传是慈禧太后在西安“蒙难”时吃过的食物。回京后，她想再尝尝这些劳苦大众的东西，要御厨房做。御厨房于是取其形式，而以栗子面等讲究的材料做成。现在去北京“仿膳”吃饭，人们必点这些甜品。此外还有一种“肉末烧饼”，相传亦为同一故事的产物。这些极普通的食品，必得伴以故事，方能令人大快朵颐。但单就“小窝头”来说，也实在不难吃，因为它是用栗子面做的。讲到这里，还可再提一下栗子。此物产北方，以河北良乡、涿县最佳。北京离良乡近，于是秋深之际，大街小巷，无处不见此物。居北京者，不可不一尝此妙物。

四、糖葫芦。此物近来在北京大行其道，做的人多半是外地来京的，因为做起来简单，遂多赖以为生。但这是地地道道的北京小吃。它是一串串由竹签穿成的干果，外面裹洒冰糖。干果中，以山里红（山楂）最多，也有用别的果品的。据说做时最难的是熬糖，过老过嫩都不行。现在用煤气灶、电炉熬，可以控制炉火，自然易于得心应手。这是让小姑娘高兴的恩物。京城之中现在还常见到妙龄少女，挟此一棒，边嚼边说，招摇过市。说到这里，还可补充两类好吃玩意儿：一是“拔丝××”（××指某种果品，如苹果、香蕉、山药），即在果品之外裹以糖稀。此物在街头不可得，在京派饭馆中作甜品来点。二是用山楂（山里红）做的种种小食，如金糕、果丹皮。老北京饭馆有金糕拌梨丝，是个好吃的凉小菜。有北京小姐留洋多年，问她想念什么吃的，往往答曰：果丹皮。

五、豆汁。这是最典型的北京饮品，大凡在北京待过的文化人，即使远离多年，也无不挂念此物。而来京的外地人，一尝即吐，简直视为毒物。它实际上是用绿豆面做成后使之发酵变质的“糟粕”。全世界的食客，大多有嗜臭之癖，尤以中国为最。在北京住得长了，初次尝后要吐，大约五六次，即嗜此不倦。喝豆汁的同时，必伴以咸疙瘩丝（疙瘩是蔓菁的别名）和焦圈（油炸食品）。说到北京的腐败变质的食物，还应当提一下麻豆腐和王致和的臭豆腐。前者即做豆汁时的沉淀物，用来炒菜，有异味。后者可说是一切国产臭品中的最臭的食物。将窝窝头（玉米面制成的京中最低级的食品）切片，烤热，涂以王致和臭豆腐后食用，则全地球臭品中之美者，莫过于此了。

六、炒肝。有一首诗咏炒肝的：“稠浓汤里煮肥肠，交易公平论块尝，谚语流行猪八戒，一声过市炒肝香。”这实际上是烩猪肠，肝也者，偶然见到一二片而已。汤肉满是葱蒜，用来抵消肥肠的膻气。此物大多用来作早餐，同时可用包子佐膳。自然，食量大些的，还可同时食用烧饼和炸油饼。北京的烧饼又名胡饼，据说东汉以来即有此物。有一种烧饼又名糖火烧，通州大顺斋作，市内也有见到。

至于油饼，类似上海的油条，为极其大众化的食品。近年北京摊贩多用薄塑料袋装热油饼，据说这会产生某种化学物质，导致男性不育。每日清晨，每见摩登仕女提这么一个塑料袋，欣然过市，不禁为他（她）惋惜不止。

七、灌肠。这是一种奇怪东西。与猪肠大概历史上有因缘，现在已经全无关系了。它只是用淀粉做成一圆棍状东西，切成薄片，在猪油中炸熟。食时醮蒜泥盐水。切片厚薄，油的成分（据说要用几种动物油合成），都有讲究。而这盘蒜泥盐水，更是刺激得你苦恋不舍的一个重要根由。

八、爆肚。肚者，羊胃之谓，音“都”，千万不要读作“杜”。爆也者，指用热水烫。所要讲究的，除了爆的火候外，主要指所取羊胃脏的部位。普通的部位叫毛肚，嫩的、厚实的部位称肚仁、肚根、散丹、肚板、肚领，其中尤以肚仁为最佳。既然羊肚可以烫熟吃，羊肉当然尤其可以。这就是“涮羊肉”。那是京中名菜，不算小吃，从略。但由此连类而及，羊头肉却不得不一提。过去北京每至严冬，类有小贩叫卖此物。特点是切得绝薄，味道极鲜。现在北京偶有见到。台北作家逯耀东在新东安市场以此就黑咖啡吃，把古今中西都充分融会贯通了。

九、打卤面、炸酱面。北方人好吃面条，形形色色，不胜枚举。通俗些的，上面两种较有特色。同南边不同的，面都是干捞，无汤。卤和酱是北方主要拿手好戏，内行与外行做起来截然不同。这是经饱的食物，不只是点缀性的小吃。同样有名的经饱的面食，当然首推饺子。值得一提的是近年北京的饺子大行其道。不只可以随便买到速冻饺子，而且随处有饺子店。北京姑娘过去以能擀饺子皮、包饺子为绝活，现在想必早已退化，只能把它成为一项“虚拟”的项目了。

十、心里美。这是指一种内红外绿的萝卜，是过去多少年里北京人严冬中唯一的水果。现在北京冬天不仅能随时吃到南方的果品，连花旗蜜橘、拉美香蕉都随处都是，再提它，就太老“土”了。但是，上小馆点一碟拌萝卜皮或糖醋萝卜丝，用来就“普京”吃，仍然别有风味。而由此念及北京姑娘的“心里美”，则是永远值得记惦的。

2005 年 7 月

北京菜、苦瓜和诗

有朋自远方来，来的是香港诗人也斯，也就是香港岭南大学梁秉钧教授。梁教授把他在加拿大读大学的儿子也带来了。小梁先生从来没来过北京，我当然很愿意为他导游一番，但没时间。无奈之下，同他们上几次北京馆子吧。

谈起地道北京味的馆子，我居此虽已五十多年，却实在不很内行。20 世纪 50 年代初刚来北京，上小饭馆只会点一个菜：木须肉，附带吃木须饭。“木须”也者，据说即“木樨”，黄的炒鸡蛋加上黑色的木耳，大概同木樨花相像——不过说真的，当时我连什么是木樨花也茫然。后来同北京的小姐谈恋爱、结婚，老去岳家吃“肉饼”，觉得实在好吃——倒不全是因为当时爱得发了昏，什么都觉得好。婚后，太太妊娠，想吃一个叫什么“灌肠”的东西。20 世纪 60 年代初，所谓“三年困难时期”。现在年轻人中所谓自由派和新左派还在争论当时究竟困难有多大，但在我说，当时第一浮肿没劲，第二到处买不到食物，却都是事实。好歹从东单骑车到和平门，找到了所谓“灌肠”。喔！原来只是油炸的淀粉制品。尝了一下却真好吃！也不全因为有这历史因缘，它从此成为我的恩物。打这以后，“北京制造”的食肴源源进入家庭，至少每年除夕总要大吃一次“春饼”，是我们家中的大事一桩。

对北京菜有兴趣，还得感谢我学习做编辑时的一位导师：朱南铣先生。朱先生是清华高材生、“红学”专家。他博学多闻，学贯中西。大学里读的大概是逻辑哲学，可是我亲眼看他单凭查一本《佩文韵府》，就不知怎的给一本《历代名人年里碑传综表》找出了多少处“硬伤”。三联书店里，就数他有学问，也数他自由主义——不是现在艳称的“自由主义”，而是过去老挨批的那种自由主义。他夜里喝醉了可以倒卧街头，隔天让党委书记在大会上批评。朱先生不知恁地，对我这走“白专道路”的半知识分子还感兴趣，多次劝我跟他学艺，建议从做“棋史”入手。做不多久，我的“白专道路”挨批，于是改邪归正，一心一意研读马列，以后入党提干……表过不提。但不论如何，与朱先生共同嗜吃小馆的劲头不减。他当年常去的是一家在东四叫“灶温”的小饭馆。到了那里，老白干加上锅塌豆腐、炸酱面，还有什么“猫耳朵”之类。席间此公常说的话是，书不是像你们这样读的。他们当年，白天在清华听听课，晚上到广和听听戏，学问也就自然来了。你们组织这个那个学习组，临了倒没搞出什么来。

尽管我不是朱老的好学生，却总是他的座上客。直到 1969 年我们同去干校，他当时因为历史问题，成为管制对象，但还是偷偷约我去镇上喝酒。一次，他不免醉了一些，同我谈了许多家事，还背诵了不少在干校牛棚中写的诗。回来后，分手不久，听说有人在河旁挑水时溺水，救起来一看，果真是此老，已经一命呜呼了。

与朱南铣先生同席时的种种口腹享受，直到后来读唐鲁孙先生的论著时才懂得一些其中的文化涵蕴。例如“灶温”的特色和由来，唐著中就说得明明白白，我由是也喜欢上了唐鲁孙著作。在我还掌握一些出版小权时，颇想印一下唐著。托人去问台北有关出版社一位主持人，人称“姚阿姨”的出版家，能不能卖版权。回答说，姚阿姨打算自己到大陆来印。在大陆印书，谈何容易，因此这事似乎也没下文。这也好，可以让我这类总算读过唐著的人多些吹牛的机会。

写了千多字，还只是引子。下面就说说同大小二梁共进晚餐事。所谓宴请，只是两次。第一次上南城龙潭公园里的京华食苑。这家饭馆好在占地理优势，在一个刚修葺完事的公园里，小桥流水，相当幽静。要是客人多，可以到湖中岛上的亭子，不过我们那天没去。宴席厅也颇宁静，我请几位熟谙北京的同事一起去，点的菜无非是麻豆腐、炒烙炸、煎灌肠、干炸丸子、卤煮火烧、豆汁、马蹄火烧等等，大体是唐先生论著里提到过的，当然味儿想必大不如前了。卤煮火烧里有猪内脏，为我的恩物，颇虑为雅人所不屑，不料也都一扫而空。讲食经的人，肯为猪内脏说好话的不多。我只记得香港的陈存仁先生说过吃内脏有益的话。不论如何，更值得称道的是，五六个人吃下来，算账居然仅一百多元。这是吃北京家常菜不能不提到的优胜之处。

第二次，去东来顺吃涮羊肉。专家指导，说时下比较可吃的东来顺是建国门内海关旁边的那家。请没来过大陆的海外小朋友吃涮锅，应当容易讨好，我看大家都能接受。不过我的坏习惯是总要叫一盘羊尾，一人自涮自乐。这羊尾美物，在座仕女居然无一人肯问津，怪哉。顺便谈谈，那天同席的，有港台沪京四地的大名家陈冠中先生，当当书屋主人俞渝女士，京中名流于奇小姐，台北大块出版公司徐淑卿女士等等。吃完羊肉，各位仕女还有兴趣去一家意大利餐厅 Assaggi 喝咖啡，我究竟太老，虽有羊尾支持，也难顶住困劲，不得不在 Assaggi 略坐便告辞。后来刊出留影一张，其中也就没有我了。吃了中国涮羊肉后再喝意大利咖啡，想必别有滋味，但我已没法说了。

梁诗人其实也是个食客。他的诗集中专有一章名为“食事地志”，以食事喻诗情，极有味道。一首诗名“带一枚苦瓜旅行”。当然是寓情之作，我不解诗，未可深究。但是，我记得香港陈存仁医师对苦瓜的考证。他说苦瓜是三保太监带到中国来的，产在南中国，闽广更多，“至于江浙一带，则不知苦瓜为何物”。怪不得我直到中国大陆改革开放后，方在宴席上识得此物。但以后却实在爱上了它。也因此，禁不住反复诵读了几遍诗人诵苦瓜的名句：

它的外表还是晶莹如玉
澄澈得教人咀嚼可以开怀
我在说每个该好好说的
明白的话里说我自己想说的
混乱的话，我独自摆放杯盘
隔着汪洋，但愿跟你一起
咀嚼清凉的瓜肉

总有那么多不如意的事情
人间总有它的缺憾
苦瓜明白的。

2002 年 8 月

带着臭豆腐去旅行

想再谈谈读了《带着苦瓜去旅行》和《带着鲑鱼去旅行》后，自己有些什么想法。

我在想的是：要是我，带什么食物出去旅行呢？

左思右想，觉得最好是带一罐北京王致和的臭豆腐去旅行。这事说来话长，且容慢慢道来。

出身江浙的人，日常佳肴，往往有一味是臭的和霉的食物。这似乎是尽人皆知之事。来了北京，与“臭”绝缘多年。1984 年有缘去香港公干，在北角某处一条街上，忽然闻到强烈的炸臭豆腐香味。似乎是 20 世纪 50 年代后第一次闻到这味道，几乎陶醉，赶紧偷偷地大快朵颐。大陆人第一次去香港，新奇之事尽多；不知为什么，北角的那股味道我总是忘怀不了。

我是上海人，按说并不最嗜臭。但我幼小在宁波商店学手艺，每天清早，要到一间湫隘的小屋子里的臭缸里捞取臭苋菜梗和臭冬瓜作菜肴，供一应店伙佐早餐。臭物捞出后，上面不免沾了不少蛆虫，要送到老主人的太太那里，让她一一捡出；一边捡，一边念“往生咒”，免得我们小孩子家无故杀生，造成祸孽。如是若干年，对臭物由厌恶到喜爱，直至后来不可一日无此君了。

年稍长以后，在柜台边读上海小报，慢慢晓得名人也有颇嗜此的。周作人很早就讲到它，不过他老是绍兴人，所说之“臭”，宁波人大多称“霉”（周作人当时也说，“名称有点缠夹”）。其实“霉××”和“臭××”吃起来各呈其妙，都是佐膳佳品。鲁迅先生似乎不大喜欢霉臭，大概是“五四”以后受科学熏陶所致。来北京后曾在周建老麾下工作，常见周师母，可惜当时地位悬殊，周师母虽然平和已极，也不敢贸然请教，不知研究科学的周三先生是否嗜“霉”好“臭”。

北京近年来总算能吃得到霉、臭两味了。宁波菜馆中，我常去的有两家：北新华街西中胡同的宁波宾馆，以及旧鼓楼大街的蒋家菜馆。他们有时将臭苋菜梗和臭豆腐合蒸在一起，取名“臭味相投”，把宁波人的自嘲精神表现得很可以了。再加一盘冷菜臭冬瓜，所谓宁波臭物，大抵已尽于此。我虽每去必吃这几色，但又觉得不够满足。说实话，主要是嫌它们臭得还不够。这自然可以理解：现在已经没有“造臭”的环境了（例如我上面说的那种放“臭缸”的湫隘小屋）。近十来年，去过几十次上海，似乎那里的各色“臭品”也使我觉得不带劲。只有一次在上海古北路状元楼，算是尝到一次够臭而又看上去卫生的臭冬瓜。我自幼对宁波人开的状元楼有好感，纯粹的宁波风味。过去似乎是在沪东，现在西边也有了。

顺便说说，蒋家菜馆的臭物让人不过瘾，而咸炝蟹却实在不赖。这似乎是专门从宁波运来的。安镇桥新开的张生记开业时颇想在北京自制咸炝蟹，有时真不错，有时不行。现在索性不做了。

谈起“霉”，在北京自然还得数咸亨酒家和孔乙己。近年在安立路的古越人家吃到过一两次胜于上面两家的霉千张，但以后似乎又不如了。最近与王蒙老兄共席，他告我，他在我诱骗下去他家附近的咸亨吃了几次霉千张，有几次居然吃得十分来劲。这使我大为惊讶。王兄是地道的北方人。我与他同席多次，一次是吃大闸蟹。人各两只，别人尚在“雕琢”，而王兄的分内却已须臾而尽。这使我大为惊讶。我虽然自小知道清道人日啖百蟹的故事，但清道人的弟子刘硕甫先生传授过我书法，亲口告诉我写字可以“意到笔不到”，吃大闸蟹却绝不可“意到”而已，必须精镂细挖，方可尽味。王兄此举，使我悟到南方人同北方人的巨大差异。现在王兄居然嗜霉千张，可见他真是从善如流，不愧是文学大家，怪不得既可写名世的长篇，又能作“笑而不答”之类杂文，而又各呈其妙。

谈了半天，无非是说北方颇少好的“臭货”“霉货”。如是南人而居北方者应如何？根据我的经验，郑重推荐北方的一味绝好臭品：王致和臭豆腐。此物谈北方食物的大家多不屑提起。我只在当代大食家沈宏非先生文中偶一见及。他认为："南臭热烈豪迈，排山倒海，臭而烘烘；北臭则阴柔低荡，销魂蚀骨，臭也绵绵。"他说的"北臭"，明白地是指王致和臭豆腐。并且指示它的吃法：油炸窝头片后，抹上臭豆腐。他认为那味道是"刚柔并济，冰火相拥，悲喜交集的香臭大团圆"。居北京而又想过"臭"瘾者，不可不一读沈作。可以补充的是，据说王致和原在安徽，以后来京。说不定南北之"臭"出于同源呢！

台北郝明义先生来京，请他品尝这"悲喜交集的香臭大团圆"一次，郝兄居然欣赏。于是我们想到用王致和臭豆腐来促进两岸交流，赶紧买了几瓶，让他带回。后来考虑海关检查，未能带走。现在留着让我天天品此美味，时时回忆两岸的友谊，好不高兴煞人。

什么时候让我亲自带一罐王致和臭豆腐出国去旅行呢？

2002 年 10 月

肉食小记

我同朋友们时常聚饮，大家知道我喜肥肉赛过一切。但我不大说这方面的体会，怕的是俗不可耐，有扫雅兴。

肥肉也者，在我记忆里，多为文人雅士所不齿。改革开放之初，我因职务之便，常去香港。借便，除了去苏浙同乡会大嚼之外，就是买些谈饮食的书回来。最早接受的是陈存仁医师的著作，以后越看越多。他们的书里，当然不全盘否定肥肉，但引述了许多我此前不知的前哲明训，如：

《左传》：肉食者鄙。

苏东坡：可使食无肉，不可居无竹。无肉令人瘦，无竹令人俗。人瘦尚可肥，俗士不可医。

林语堂：中国人惰性重，就是因为吃猪肉的影响，外国人蛮性重，就是吃牛肉的影响。

这些话当然一点吓不倒我。这首先是我在那时挺不看重海外。经过“反右”“大跃进”“文革”，我辈又是承命出去“指导”工作的，何尝把海外文化人看在眼里。大家只要看我写的当年在香港如何把“XO”当成绍兴花雕而大上其当的故事可知。更主要的，我有自己好吃肥肉的亲身体验。从1945到1951年，我在上海为佣做工，处境十分凄惨。那时，唯一可快朵颐的，是为客人收拾餐桌上的残余时，忽然见到余下的肥猪肉，估计大司务会赏给我辈下人，快何如之。更高兴的是，为了赶着上夜校，吃不上晚餐，在法租界太平桥边的小摊上吃一碗“阳春面”。有时想奢侈一番，来碗“大肉面”。这块大肉下去，去霞飞路俄国老师那里学俄语，或去五马路格致中学附设补习班学习收发报时，都会效率特别高。晚上在格致中学学习收发报，窗外多是妓院，声色犬马，呼幺喝六，我那时悬念，他们所吃的也无非只是红烧肥肉而已，不然哪来那么大玩劲。

20世纪50年代后来北京参加工作，月薪二十八元，吃肥肉少些。我当然不守清规，会悄悄去小饭馆，但在那里找到的肉只是“木须肉”，虽然也能解馋，总引不起前此生涯的美妙回忆。后来在小摊上发现一味“炒肝”，其中有肥肠，稍可补肥肉的不足。限于那时的经济、政治条件，始终没勇气去大饭馆名正言顺地点一份大肥肉。直到1961年，老婆怀孕，亟需营养，我们相约在北海的仿膳酒楼好歹吃了一顿像样的红烧肉。三年困难时期，物价吓人。两人一餐所费，计巨资人民币壹拾大元。归来不敢声张，因为恰好有对同业夫妇，当年居然在酒楼饱嚼一餐，耗资四十元，党内口头通报批评。我当时刚入党，自然不敢声张自己的丑事。幸好那天没有碰到任何熟人。

以后自己当上一个部门小头头，又加上改革开放，当然肆行无忌。但是敢于畅言自己爱吃肥肉的，根本上还是得力于革命领袖的相同爱好，在这方面，当年的传说是很多的。

现在，很有些女士忌食肥肉，怕变胖。读到过我所敬爱的女作家李碧华一段名言：“如果世人没有男人，女人根本无须在乎体重。”我作为男人，很奇怪这议论。六十多年前，我在上海当小厮，所见美女极少是减肥的。现在，我常去北京的一些上海饭馆吃饭，那里墙上挂满了上海当年的月份牌，其中所绘美女都是肥肥的。不过现在美女不吃肥肉这一特点，我倒常利用来为自己谋好处。在“娃哈哈”吃东坡肉，有女士在场，我往往把上面的肥肉先分出来，夹在自己盘里，殷勤地招待女士们吃下面的瘦肉或者干笋。不少女士认为我善体贴，不知道我在谋私利。当然，一旦不如此，我每见女士们把肥肉夹在盘里摒掉，也实在懊丧不止。

现在“毛家菜”饭馆里专做“毛氏红烧肉”，想必所来有自，但我往往并不满足。我喜欢的是上海的“好婆烧肉”，因为它增了甜味。这味菜到了北京，可能因为人们不解何为“好婆”，改名“老外婆红烧肉”。我常去东华门附近“石库门酒家”品尝此味。现在我一闭眼就想得起法租界白来尼蒙马浪路上那一排石库门房子，因为那正是我当年从太平桥出来上夜校的必经之途。

2009 年 4 月

回到“前现代”去

说起饮食，我很注意市上新出的几本谈后现代饮食的书，买来很费心地拜读一过。二十来年前很吃了“后现代”这劳什子的亏。自以为英文 post 这词至少认得它已几十年了，小时候在上海走过外白渡桥便见到邮局门口大招牌上有这词，哪知道现在这里居然不是“邮局”的意思了。编杂志时，便因此上了大当，因此以后一见“后……”，便心惊肉跳，以为天下又有新事要出现了。

饮食的后现代论，是是非非，不去说它。但看那些书后自省，不管时代的要求如何，在我这老迈的过时人来说，饮食的现代化已经吃不消，最好是回到前现代的年头。

天天去三联书店，要在美术馆附近找吃的。娃哈哈当然是常客。有一天看见那里菜单上有“烤子鱼”，赶紧点了。搬上来，很明显，那不是“烤子鱼”，而是“多春鱼”。多春鱼不难吃，但我这上海人不服气，非要找店里争个明白。奇怪的是，店里的负责人说这就是“烤子鱼”。难道我在上海的二十年光阴白过了？争也争不清楚，幸好不久去新开张的苏浙汇吃饭，总算吃到了正宗的烤子鱼。可是过几个月去，在苏浙汇又点不到“烤子鱼”了，以为店里怕麻烦不做了。可是偶尔看到别人桌上还有，一问之下，方知现在这里已改名为“凤尾鱼”。凤尾鱼应是它的正名，只怪自己寡陋。好歹以后时常吃到，心就安了。

“苏浙汇”有恁多名菜，最有名的当然是鲥鱼，但我很少吃它。因为它太高级，我小时候在上海从未吃过。我只敢在有别人付账的宴席上点它。我喜欢吃苏浙汇的蛋烧肉。浓油赤酱，十足的上海味道，价钱也不贵。当然它似乎还比不上上海小店的“老外婆红烧肉”，但是既然不在上海，如此也就满足了。

我不知道北京饮食的现代化甚或后现代化的标志是不是菜肴的辛辣化。不管理论如何，看来实际上在往这方向走。如果这解释可行，那更说明我在日离“后现代”。因为我这老上海人实在没法接受够多的辛辣刺激。每天中午，在东四或美术馆周围，我最有兴趣去找老式的乃至有点脏兮兮的并不专做辣菜的小饭馆，美术馆东门的公共厕所对门，有一家大槐树烤肉馆，是我近来常去的地方，烤肉在北京到处有，多数是韩式的，我在纽约时喜欢上它，觉得它还可以让我在那里找到一些“东方”。北京的这家烤肉，纯粹用炭火，外加上烤馒头、窝窝头和疙瘩汤，让我完全回到几十年前在老北京旗人家里做女婿吃饭时的光景，很高兴。吃过中饭，门口一辆平板三轮上照例围了些老头在打扑克。起初以为是赌博，有一天看上了半个多小时，没发现有现金进出，大家只是好玩而已，那使我想到几十年前闲得发闷时打“克郎球”的情趣。

遇到有外地或海外朋友来，在那里吃烤肉太寒碜，于是往北多走几步，到一标着“老么摄影”的小巷，进去一家饭馆叫刘家大院。那是地道的北京小馆，有豆汁、灌肠以及种种地道的北京菜，最妙的是它本身就是一个四合院，院子里摆的是公共座，北房和两边是包间。有时我们也多走几步去隆福寺的白魁老号，那是更地道的北京清真菜。说起清真菜，我也常去三联书店隔壁的一家叫黄河水的陕西面馆去吃羊肉泡馍和某某面。说是某某，因为它的广告写的字我完全不识，只能用手指点这点那。在那里的乐趣是从桌上可以遥望我的年轻同事们进进出出。要是某个领导机关要我监视这家书店进出的人们行踪，这是最佳据点。可惜的是，我三天两头在此，上级纪委还没将此重任交付给我。

清真菜吃多了，有一阵忽然来劲，往北走几步到钱粮胡同里去逛新疆饭馆。我很奇怪为什么这条小胡同里新疆同胞那么活跃，开了好几家有特色的饭馆。常去的一家是北疆的，叫鼎香餐厅；另一家是南疆的，叫亚克西大胡子。那些地方，一进门便闻见强烈的羊肉味，我因而不敢带女士来此。但是，也可以用别的方式约女士聚会：这里往东几十米，有家驯鹿咖啡馆，十足的现代气派。我自己去尝够了羊骚味，然后徜徉到“驯鹿”去与比较时潮的人物应另一约会，借机也让自己时髦一番，高兴时还能在那里说几句洋泾浜外语，其乐也无穷。近一阵的时髦是在这类场合讨论“凹造”。这两个字是洪大妹子在她的博客里提出来的，我正在深刻领会和研习之中。如此后现代，当然只能偶一为之。

这么“非后现代”甚或“非现代”下去，怎么办？我已有盘算：下一步，便是自己多下厨为自己和家人做菜。好歹已经退休赋闲，回到“前现代”恰是正道！

2006 年 7 月

后　记

编印这样一本书，我很惶恐。我不是学者，生平没有任何学术著述，如何会有学术文集可以奉献。当然，我这一辈子是在文化圈子里工作，不免经常舞文弄墨，所作之文不算少，但大多为自娱而作，文中聊聊本行杂事，如斯而已！

但是，在出版行业中，我们“三联人”有一特点，就是少谋经济利益，多创文化成果。邹韬奋先生所倡导的各种先进精神，如我者之后人，大多没有做到。只有这一点，我还是时刻牢记不忘的。

也因此故，我同中国文化书院一直保持比较密切的关系。我敬仰汤一介等老前辈的文化业绩，包括他们创建中国文化书院的辛勤劳作。我因而积极参加书院的活动，具体学习和体认他们的文化素养和文化理念。我对文化书院还有一个特别的好感：他们团结了一大批文人学者。每次书院的活动，使我有机会与许多学人晤谈，获益匪浅。特别是，书院经常邀请海外学人莅会，使我们得以了解海外的国学进展，也帮助三联书店拓展同海外学者的联系。

多年以来，我一直视中国文化书院为自己的师长，所言必从。但是，现在要出我的文集，却不免踌躇。因为我这区区文化商人，又没有高等学历，所作如何可与书院诸位贤硕并列。在书院同志一再动员下，不得已编就本书，敬请读者批评指正。

全书几十篇拙作，共分三类：纪事，怀人，杂感。所述多为私事陋习，不关大局。不少文章讲述本人生活和工作的特点，如喜好饮食之类。还有一些谈自己儿时的辛酸经历。种种见识，至为浅薄，敬请读者谅解！

沈昌文

2015 年 10 月

总后记

时间过得真是很快，《九秩导师文集》好像就是昨天的事情，转眼间，今天就要忙《八秩导师文集》的编选出版了。

三十年间，我们一些导师进入了历史，尤其可痛的是，在2014年的9月9日晚9时，我们的创始院长汤一介先生，在教师节前夜，在院庆前夕，永远地告别了我们……

为了筹备中国文化书院院庆三十周年的节日，我们翻阅着一张又一张泛黄的照片，查阅着一条又一条昨天的消息，看着先生们熟悉的笑脸，回忆着如梦如烟的往事，我们的情感沉浸在历史的记忆里，我们如同要回家的孩子，寻找着我们的“大先生”，那个“可以领我们回家的人”。

孔子云：三十而立。

面临而立之年的“中国文化书院”，依然“脚踏大地，仰望星空”，三十年来，我们为“理想、梦想、现实与历史责任”而努力着，追求着，坚持着，我们不曾放弃过自己，力争做好中国文化传统的守望者努力推动中西文化的对话。

这套《八秩导师文集》，比起《九秩导师文集》而言，似乎更容易执行，那些按九十岁为标准，如果今日健在都已百岁的老人，很多先生都已经成为历史的过往，其子女后人，其学生弟子的寻找，也真的不是一件容易的事，而书院同仁坚持努力，有三年余，方有十五卷《文集》的问世。

《八秩导师文集》，如同另起炉灶，过程艰辛，不必细言。自定议之日，依然延续《九秩导师文集》之定位，献礼“中国文化书院建院三十周年”，同期出版的还有《中国文化经纬丛书》20卷、《中国文化书院大事记》等，不揣浅陋，以“家底”示人，与海内外学术界文化界同仁分享，其高义并非能简单地说，我们希图助力“中华民族文化的伟大复兴”……

三十年的生命历程，三十年的尘烟往事，我们仅以神圣的虔诚的名义，用我们的心、汗水、泪水，献给母院——永远的“中国文化书院”三十岁的生日，并以孩子们的名义，向先贤致敬，向先生致敬，向未来致敬！

《八秩导师文集》能够刊行，特别要感谢东方出版社的鼎力支持。也要感谢江力同志，这套文集的编辑历经两年，他从约稿、审定、编辑，做的工作最为辛苦。

谢谢为这套丛书著者付出辛劳、作出贡献的家属、亲友及学生们！

王守常

2014 年 12 月 12 日